Ich umarme dich mit all meiner revolutionären Hingabe

ERNESTO CHE GUEVARA

Gesammelte Briefe 1947–1967

Herausgegeben von
María del Carmen Ariet García
Disamis Arcia Muñoz

Aus dem Spanischen
von Stefanie de Velasco

Kiepenheuer & Witsch

Aus Verantwortung für die Umwelt hat sich der *Verlag Kiepenheuer & Witsch* zu einer nachhaltigen Buchproduktion verpflichtet. Der bewusste Umgang mit unseren Ressourcen, der Schutz unseres Klimas und der Natur gehören zu unseren obersten Unternehmenszielen. Gemeinsam mit unseren Partnern und Lieferanten setzen wir uns für eine klimaneutrale Buchproduktion ein, die den Erwerb von Klimazertifikaten zur Kompensation des CO_2-Ausstoßes einschließt.

Weitere Informationen finden Sie unter
www.klimaneutralerverlag.de

FSC
www.fsc.org
MIX
Papier aus verantwortungsvollen Quellen
FSC® C083411

Verlag Kiepenheuer & Witsch, FSC® N001512

Titel der Originalausgabe: Te abraza con todo fervor revolucionario. Epistolario de un tiempo 1947–1967

1. Auflage 2021

Aus dem Spanischen von Stefanie de Velasco
Brief an Fidel (S. 295–331): Aus dem Spanischen von Astrid Roth

Covergestaltung: Barbara Thoben, Köln
Covermotiv: © Joseph Scherschel / Getty Images
Gesetzt aus der Adobe Caslon Pro und der Brandon Grotesque
Satz: Buch-Werkstatt GmbH, Bad Aibling
Druck und Bindung: CPI books GmbH, Leck
ISBN 978-3-462-00073-3

Inhalt

Jugendbriefe (1947–1956)

Briefe aus dem Guerillakrieg in Kuba (1956–1959)

Briefe als politischer Führer der revolutionären Regierung (1959–1965)

Anhänge

Fidel:

Despues de agotadoras jornadas no
pectivas inmediatas de acelerar la marcha
la tropa montada a medias y sin monturas.
aqui, en la arrocera Bartles, pero no llegó.
no se ha visto ni un casquito y los aviones
n
escuchada con muchas dificultades a travez

Todo indeca que los guardias no quiere
tengo miedo a una retirada con 150 inexperto
guerrilla armada de 30 hombres puede hacer ma
paso deje las bases de un sindicato arrocero
raron al suelo. No es que haya claudicado fren
es excesiva, les dije que eso se podría convers
tipo con conciencia social puede hacer maravill
esconderse. De mis planes futuros no te puedo d
que yo mismo no lo se; depende más bien de circ
ra que estamos esperando unos camiones para ver
para los tiempos anatviónicos de ...

Vorwort Aleida Guevara

Beim Lesen der Briefe meines Vaters[1]

Dieses Buch ist ein Juwel. Es entstand in Zusammenarbeit des Centro de Estudios Che Guevara (Havanna) mit den Verlagen Ocean Press and Ocean Sur. Die darin zusammengestellten Briefe zeigen die persönliche Seite des Mannes, der mein Vater war.

Oft kennen wir eine Person nicht wirklich, wenn wir aber ihre Briefe lesen, verstehen wir, wer sie war. Insofern ist dieses Buch etwas sehr Besonderes für mich, weil es Briefe aus unterschiedlichen Phasen seines Lebens enthält, die die Entwicklung einer realen Person zeigen, eines echten Menschen.

Wenn Che sich auf eine Rede vorbereitete, wählte er seine Worte immer sehr genau und formulierte vor, was er sagen würde. Ihm lag sehr viel daran, seine Gedanken klar auszudrücken. In den Briefen an seine Freunde und Familie wird hingegen seine ehrliche und spontane Seite sichtbar. Die Briefe meines Vaters zu lesen ist deswegen eine faszinierende Möglichkeit, ihn richtig kennenzulernen. Erst vor Kurzem äußerte der kubanische Schriftsteller Miguel Barnet sein Bedauern darüber, dass wir keine Briefe mehr schreiben. Ich finde, er hat recht. Heutzutage empfangen wir E-Mails oder Nachrichten auf unserem Smartphone. Handschriftliche Briefe sind wie ein verloren gegangenes Kunstwerk. Das ist schade, denn

---

1 Auszüge aus Aleida Guevaras Vortrag bei der Vorstellung der spanischen Ausgabe dieses Buchs.

wenn Sie dieses Buch lesen, werden Sie Zeugen dessen, wie ein junger Mensch sich über die Zeit verändert.

Der erste Teil dieser Auswahl stammt aus seiner Jugend, als Ernesto Argentinien zum ersten Mal verlässt. In einem Brief an seine Mutter, die er liebevoll »Vieja« [alte Frau] nennt, schreibt er:

> Zwei Dinge sind mir inzwischen aber klar geworden: Erstens, dass, wenn ich irgendwann die wahrhaft schöpferische Mitte des Lebens von 35 Jahren erreiche, meine ganze oder jedenfalls ein großer Teil meiner Aufmerksamkeit der Nuklearphysik gelten wird oder der Genetik, jedenfalls einem der Felder, in denen die interessantesten Wissensgebiete aufeinandertreffen. Zweitens, dass die Bühne meines Lebens Amerika sein wird, und zwar viel mehr, als ich es je geglaubt hätte. Das habe ich jetzt wirklich verstanden, ich fühle mich als Amerikaner, als jemand, der sich von anderen Völkern der Welt unterscheidet. Natürlich werde ich aber den Rest der Welt bereisen.

Er bricht auf als sorgloser Reisender und ambitionierter Wissenschaftler und berichtet seiner Mutter in Briefen, wie sich seine Weltsicht spürbar »schärfte«, als er miterlebte, wie 1954 die demokratische Regierung Guatemalas mit der Rückendeckung der USA gestürzt wurde:

> Die Art und Weise, wie die Gringos (vergiss nicht, dass die Gringos Yankees sind) Amerika behandeln, ließ nach und nach ein Gefühl der Entrüstung entstehen, gleichzeitig versuchte ich, die Theorie dahinter zu verstehen, den Grund ihrer Handlungen, und fand eine wissenschaftliche Erklärung. Danach kam Guatemala und all das, was so schwer zu beschreiben ist.

Als seine erste Tochter Hilda im Februar 1956 zur Welt kommt, schreibt er an seine Mutter, die er nun »Großmütterchen« nennt:

> Jetzt sind wir beide ein bisschen älter geworden oder – würden wir uns als Obst sehen – reifer. Die Kleine ist ganz schön hässlich, aber ich muss sie nur anschauen, um zu wissen, dass sie etwas ganz Besonderes ist und gänzlich anderes als all die anderen Wesen in ihrem Alter. Sie weint, wenn sie hungrig ist, sie macht sich regelmäßig in die Hose, das elektrische Licht stört sie, und sie schläft fast ununterbrochen, und trotzdem ist da etwas, was sie völlig von anderen Babys unterscheidet: Ihr Vater heißt Ernesto Guevara.

Das ist mein Vater!

Einen der interessantesten Briefe in dieser Sammlung schreibt Che im Mai 1959 als Führer der revolutionären Regierung an den Chefredakteur des kubanischen Magazins *Bohemia.* Er formuliert eine Antwort auf die persönliche Kritik, die an ihm als Ausländer und Fremder in Kuba geübt wurde:

> Es ist nicht meine Absicht, mich gegen betrügerischen Unterstellungen zu verteidigen oder dagegen, wie auf scheinheilige Weise meine argentinische Nationalität ins Spiel gebracht wird; ich bin Argentinier, und ich werde meine Herkunft niemals verleugnen (verzeihen Sie, dass ich diesen Vergleich wage, aber Máximo Gómez verleugnete seine dominikanische Herkunft ebenfalls nicht), aber ich fühle mich kubanisch, unabhängig davon, ob dies gesetzlich geregelt ist oder nicht, weil ich als Kubaner wie das kubanische Volk in der Zeit des bewaffneten Kampfes Opfer gebracht habe und heute den Wunsch teile, dass sich die Hoffnungen erfüllen.[2]

---

2 Am 9. Februar 1959 erhielt Ernesto Che Guevara die kubanische Staatsbürgerschaft.

In diesem Buch finden sich unzählige Briefe, deren Lektüre, da bin ich mir sicher, große Freude bereitet, und dazu zählen insbesondere jene, die Che während seiner Reisen als Repräsentant der kubanischen Regierung an meine Mutter sandte. Etwa der folgende, der wenige Wochen nach der Hochzeit meiner Eltern verfasst wurde:

> Sie haben mich im Namen der Republik ausgezeichnet. Ein sehr großer Orden, er steht mir ganz prächtig, und das sage nicht nur ich. Ich war auch schon auf dem Silbermarkt, um dir dein Armband zu kaufen, ich habe allerdings nichts Passendes für dich gefunden, ich bringe dir aber ein paar andere Kleinigkeiten mit. Die Reise hierher ist sehr schnell vergangen, ohne dass wir uns irgendetwas hätten anschauen können, und hier in den Vereinigten Arabischen Emiraten ist es das Gleiche. Ich schlafe sehr wenig, ich kriege kaum noch die Augen auf.

Am nächsten Tag besuchte die Delegation Gaza, und sie war entsetzt über die Bedingungen, unter denen die Palästinenser dort leben mussten.

> Ich habe die brasilianischen Verantwortlichen besucht, die sich um diese Orte kümmern. Ich habe neue Regeln brüderlicher Diplomatie zwischen den Völkern etabliert, ich bin nämlich an der Schulter des ägyptischen Beamten, der mich begleitete, eingeschlafen.

Und er schrieb viele weitere wundervolle Briefe an meine Mutter. Ich liebe diese kurze Bemerkung:

> Ich kann dir nicht viel schreiben, die Zeit ist zu knapp. Ich wollte dir nur sagen, dass ich einen wunderschönen Kimono gekauft habe, der für mich einen besonderen Zauber hat, weil er von einer Geisha ist, die mich verführen wollte.

Meine Mutter konnte sehr eifersüchtig sein.

In einem ausführlichen Brief an den argentinischen Schriftsteller Ernesto Sábato, der in dieser Sammlung enthalten ist, schildert Che den Ablauf der kubanischen Revolution und welche Rolle Fidel Castro darin seiner Ansicht nach spielte. Che beschreibt Fidel als standhaft, als einen, der immer an vorderster Front kämpfte und der immer ehrlich darüber sprach, was er als Nächstes zu tun gedachte. Da die US-amerikanische Regierung, so führt Che gegenüber seinem Landsmann aus, ein festes Bild davon hatte, wie lateinamerikanische politische Führer waren, verwirrte sie Fidels Ehrlichkeit. Was die kubanische Regierung beispielsweise über die Agrarreform sagte, hielten die USA für eine Drohung, für etwas, das Kuba nicht umsetzen würde, wenn das Land nur genügend Geld bekäme. Als die revolutionäre Regierung dann genau das tat, was sie zuvor gesagt hatte, dachte die US-Regierung ernsthaft, dass die Kubaner gelogen hätten. Sie konnten nie verstehen, dass die revolutionären Führer die Wahrheit sagten.

Der Humor meines Vaters ist in sehr vielen Briefen präsent, etwa wenn er an Dr. Eduardo Ordaz schreibt, der den Druck von 6300 Exemplaren einer Zeitschrift über Psychiatrie zu verantworten hatte, er sei am »Rand einer neuroökonomischen Psychose«: Er befürchtet, dass 3000 Exemplare zu viel gedruckt wurden, da in dieser Zeit nur 3000 Ärzte in Kuba praktizierten:

> Ob wohl die Ratten diese Zeitschrift nutzen, um ihre Kenntnisse im Bereich der Psychiatrie zu vertiefen oder um ihre Mägen zu besänftigen; oder hat vielleicht jeder Patient ein solches Exemplar auf seinem Nachttisch liegen?

Che ist beeindruckt von der Qualität der Zeitschrift, besteht aber darauf, dass die Auflage zu hoch ist. »Glauben Sie mir, weil die Verrückten immer die Wahrheit sagen.«

Ches bislang unveröffentlichter Brief an Fidel vom 26. März 1956 ist einer der wichtigsten in dieser Sammlung. Es ist eine wirklich faszinierende Analyse der Situation in Kuba. Er teilt darin seine Gedanken über Fehler, die in Bezug auf die Wirtschaftspolitik gemacht wurden, im Finanzhaushalt, er spricht über die internen Dynamiken der gerade erst gegründeten kommunistischen Partei und eine Reihe weiterer Themen. Er skizziert seine Ansichten über die große Bedeutung des politischen Bewusstseins im Hinblick auf die Herausforderungen für die Entstehung einer neuen Gesellschaft und erklärt, dass während des Transformationsprozesses der kubanischen Wirtschaft auch ein neuer Mensch entstehen wird.

Die Sammlung endet mit zahlreichen Abschiedsbriefen, bei denen ich immer weinen muss. Kurz vor meinem sechsten Geburtstag schrieb er uns, seinen Kindern, aus Bolivien:

> Ich schreibe euch von ganz weit weg und in großer Eile, deshalb kann ich euch nicht von meinen neusten Abenteuern erzählen. Das ist schade, weil sie sehr spannend sind […].
>
> Jetzt wollte ich euch sagen, dass ich euch sehr lieb habe und die ganze Zeit an euch denke, und an Mamá, auch wenn ich euch ganz Kleinen fast nur von Fotos kenne, weil ihr noch so klein wart, als ich gegangen bin. Ich lass bald mal ein Bild von mir machen, damit ihr wisst, wie ich jetzt aussehe, ein bisschen älter und hässlicher.

An mich, als die Älteste, schreibt er: »Sei immer schön fleißig und hilf deiner Mamá so gut du kannst.« Er erinnert Camilo daran, in der Schule nicht so viele Schimpfwörter zu benutzen und sich angemessen auszudrücken. Er hofft, dass sein jüngstes Kind, Ernesto, als Mann heranwächst, bereit, den Imperialismus zu bekämpfen. Und wenn der Imperialismus besiegt ist, verspricht er ihm und Camilo Ferien auf dem Mond.

Ich war verärgert, als ich diesen Brief als Kind las. Warum fuhr ich nicht zusammen mit meinen Brüdern zum Mond und sollte stattdessen ein braves Mädchen sein, das im Haushalt hilft? Später habe ich ihm vergeben, als ich sah, wie viele Fotografien er von mir in seinem Büro hatte. Ich wusste, obwohl er mich nicht mehr mit auf den Mond nehmen wird, trug er mich doch immer in seinem Herzen.

Biografische Notiz

Ernesto Guevara de la Serna, den das *Time Magazine* zu den »Ikonen des 20. Jahrhunderts« zählt, wurde am 14. Juni 1928 in Rosario, Argentinien geboren. Er reiste während seines Medizinstudiums in Buenos Aires und auch danach mehrmals durch Lateinamerika – unter anderem 1952 mit Alberto Granado auf einem unzuverlässigen Norton-Motorrad, eine Reise, von der er in seinen frühen Tagebüchern *The Motorcycle Diaries* berichtet.

Politisch aktiv wurde er 1954 während seines Aufenthaltes in Guatemala, bevor die demokratisch gewählte Regierung von Jacobo Árbenz durch einen von der CIA organisierten militärischen Übergriff gestürzt wurde. Ernesto floh nach Mexiko, nachhaltig radikalisiert.

Über Kontakte, die er in Guatemala gemacht hatte, traf Guevara in Mexico City auf eine Gruppe exilkubanischer Revolutionäre. Im Juli 1955 lernte er Fidel Castro kennen und schloss sich daraufhin dessen Guerillaexpedition an, die den Sturz des Diktators Fulgencio Batista anstrebte. Die Kubaner gaben ihm den Spitznamen »Che« – eine beliebte Anrede im argentinischen Spanisch.

Am 25. November 1956 stach Guevara an Bord der Motorjacht *Granma* in See, als Arzt der Guerillatruppe, die den bewaffneten revolutionären Kampf in den Bergen der kubanischen Sierra Maestra begann. Innerhalb weniger Monate wurde er von Fidel Castro zum Kommandanten der Rebellenarmee befördert, auch wenn er weiterhin die verwundeten Guerillakämpfer und die Gefangenen aus Batistas Armee medizinisch versorgte.

Im September 1958 spielte Guevara eine wichtige Rolle beim militärischen Sieg über Batista, als er und Camilo Cienfuegos jeweils eine Kolonne von Westen her ins Landesinnere führten.

Nach Batistas Flucht am 1. Januar 1958 war Guevara einer der wichtigsten Führer der Revolutionsregierung, zuerst als Leiter der Abteilung für Industrialisierung des Nationalen Agrarinstituts (INRA), anschließend als Präsident der Nationalbank. Im Februar 1961 wurde er zum Minister für Industrie ernannt. Er war außerdem eine zentrale Figur der politischen Organisation, aus der 1965 die Kubanische Kommunistische Partei hervorging.

Neben diesen Ämtern repräsentierte Che Guevara die kubanische Revolutionsregierung auf der ganzen Welt, führte Delegationen an und sprach vor den Vereinten Nationen und auf zahlreichen politischen Konferenzen in Asien, Afrika, Lateinamerika und den Ländern des sozialistischen Blocks. Er machte sich einen Namen als leidenschaftlicher und eloquenter Redner, als Fürsprecher der Menschen im globalen Süden. Eine seiner berühmtesten Reden hielt er 1961 auf der Konferenz von Punta del Este in Uruguay, eine Kritik an John F. Kennedys »Allianz für den Fortschritt«.

Gemäß seinem Vorsatz, an dem er, seit er der kubanischen revolutionären Bewegung beigetreten war, festgehalten hatte, verließ Guevara Kuba im April 1965, zunächst, um im Kongo eine von Kuba aus organisierte Guerillatruppe anzuführen. Er kehrte im Dezember 1965 heimlich nach Kuba zurück, um eine weitere Guerillatruppe für die Kämpfe in Bolivien vorzubereiten. Nach Bolivien reiste er im November 1966 mit dem Plan, die bolivianische Militärdiktatur herauszufordern und eine revolutionäre Bewegung auf den Weg zu bringen, die letztendlich den ganzen lateinamerikanischen Kontinent erfassen sollte. Das Tagebuch, das er während seines Kampfes dort führte, wurde als *Bolivianisches Tagebuch* bekannt. Guevara wurde verwundet und von bolivianischen Truppen, die den Aufstand bekämpften und von den USA unterstützt wurden, am 8. Oktober 1967 gefangen genommen. Am folgenden Tag wurde er kaltblütig ermordet, seine Leiche wurde verscharrt.

Che Guevaras sterbliche Überreste wurden 1997 entdeckt und an Kuba zurückgegeben. In Santa Clara, Kuba, wo er einst eine wichtige Schlacht gegen das Batista-Regime für sich entschieden hatte, errichtete man ihm eine Gedenkstätte.

Chronik

14. Juni 1928 Ernesto Guevara wird im argentinischen Rosario geboren, als Sohn von Ernesto Guevara Lynch und Celia de la Serna; er ist das erste von fünf Kindern (Roberto, Celia, Ana María and Juan Martín).

1. Januar 1950 Der junge Ernesto macht sich auf seinem Motorrad auf eine 4000 Kilometer lange Reise durch die nördlichen Provinzen Argentiniens.

Januar–Juli 1952 Gemeinsam mit seinem Freund Alberto Granado reist er auf einem alten Norton-Motorrad durch Lateinamerika.

10. März 1952 General Fulgencio Batista führt den Militärputsch in Kuba an.

6. Juli 1953 Nach Abschluss seines Medizinstudiums am 12. Juni reist er ein weiteres Mal durch Lateinamerika. In Bolivien sieht er die Auswirkungen der Revolution von 1952.

26. Juli 1953 Fidel Castro schließt sich dem revolutionären Kämpfen gegen Batista an und führt den bewaffneten Angriff auf die Moncada-Kaserne in Santiago de Cuba an, der jedoch scheitert.

Dezember 1953 Ernesto trifft in San José, Costa Rica, auf eine Gruppe kubanischer Überlebender des Moncada-Angriffs. Er reist weiter nach Guatemala, wo die Bodenreformen des demokratisch gewählten Präsidenten Jacobo Árbenz die United Fruit Company herausfordern.

21. September 1954 Ernesto flieht von Guatemala nach Mexiko, nachdem ein von der CIA gedeckter Staatsstreich Präsident Arbénz stürzt und seine Unterstützer brutal unterdrückt. Ernesto arbeitet als Arzt im Zentralkrankenhaus von Mexiko-Stadt.

Juli 1955 Ernesto Guevara lernt Fidel Castro kennen, kurz nachdem dieser aus dem Gefängnis entlassen wird und in Mexico-Stadt eintrifft. Seine kubanischen Freunde nennen ihn ab jetzt »Che« (eine übliche argentinische Anrede), er ist sofort bereit, sich der geplanten Guerillaexpedition nach Kuba anzuschließen.

18. August 1955 Che heiratet die peruanische Revolutionärin Hilda Gadea in Mexiko. Im Jahr darauf kommt ihre Tochter Hildita zur Welt.

24. Juni 1956 Che wird bei einer Razzia gegen kubanische Exilrevolutionäre verhaftet.

25. November 1956 Zweiundachtzig Kämpfer, unter ihnen Che Guevara als Truppenarzt, fahren an Bord der Motorjacht *Granma* von Tuxpan in Mexiko in Richtung Kuba.

2. Dezember 1956 Die *Granma* erreicht Kuba am Strand von Las Coloradas in der ehemaligen Provinz Oriente, doch die Rebellen werden von Batistas Truppen in Alegría de Pío zurückgedrängt. Eine kleine Gruppe Rebellen dringt tiefer in die Berge der Sierra Maestra vor und beginnt von dort aus, Landarbeiter zu rekrutieren. Innerhalb eines Monats gelingen ihnen einige bedeutsame Siege gegen Batistas Truppen.

21. Juli 1957 Nachdem sich Che in zahlreichen Guerillakämpfen bewiesen hat, wird er zum Kommandanten befördert und führt von nun an die neu gegründete Zweite Kolonne der Rebellenarmee.

11.–21. Juli 1958 Die Rebellen schlagen Batistas Armee in entscheidenden Kämpfen und vergrößern die von ihnen kontrollierten Gebiete rund um die Sierra Maestra.

31. August 1958 Che Guevara und Camilo Cienfuegos führen ihre Guerillakolonnen westlich von der Sierra Maestra in Richtung Zentralkuba und eröffnen dabei neue Fronten in der Provinz von Las Villas.

28. Dezember 1958 Che Guevaras Guerillakolonne beginnt mit dem Angriff auf Santa Clara, innerhalb weniger Tage kann sie die Stadt unter ihre Kontrolle bringen.

1. Januar 1959 Batista flieht. Fidel marschiert im Osten der Insel in Santiago de Cuba ein, das Militärregime bricht zusammen. Die Rebellenkolonnen von Che Guevara und Camilo Cienfuegos erreichen am folgenden Tag Havanna.

9. Februar 1959 Che Guevara wird kubanischer Staatsbürger.

2. Juni 1959 Che heiratet Aleida March, die zuvor im Untergrund aktiv und während der Revolution Guerillakämpferin war.

12. Juni–8. September 1959 Che Guevara reist nach Europa, Afrika und Asien; er unterzeichnet im Namen der Revolutionsregierung zahlreiche Verträge über wirtschaftliche, wissenschaftliche und kulturelle Zusammenarbeit.

7. Oktober 1959 Che Guevara wird zum Leiter der Abteilung für Industrialisierung des Nationalen Agrarinstituts (INRA) ernannt.

26. November 1959 Che Guevara wird zum Präsidenten der Nationalbank von Kuba ernannt.

5. März 1960 Bei der Trauerfeier für die Opfer des Terrorangriffs auf das französische Schiff *La Coubre* im Hafen von Havanna macht der kubanische Fotograf Alberto Korda sein berühmtes Foto von Che Guevara.

17. März 1960 US-Präsident Eisenhower bewilligt einen Plan der CIA, die kubanische Revolutionsregierung zu stürzen und Exilkubaner für eine Eroberungsmission auszubilden.

23. Oktober–23. Dezember 1960 Che Guevara macht eine lange Reise, die ihn in die Sowjetunion, die DDR, die Tschechoslowakei, nach China und Nordkorea führt.

24. November 1960 Che Guevaras Tochter Aleida March (»Aliucha«) kommt zur Welt.

3. Januar 1961 Washington bricht die diplomatischen Beziehungen mit Havanna ab.

23. Februar 1961 Die Revolutionsregierung gründet das Ministerium für Industrie und ernennt Che Guevara zu seinem Minister.

15. April 1961 Als Auftakt der von den USA geplanten Invasion greifen Kampfflieger Santiago de Cuba und Havanna an. Am nächsten Tag unterstreicht Fidel Castro während einer Massenkundgebung den sozialistischen Charakter der kubanischen Revolution.

17.–19. April 1961 Invasion in der Schweinebucht: 1500 Exilkubaner und Söldner greifen – koordiniert und unterstützt durch die Vereinigten Staaten – Kuba an, sie werden jedoch innerhalb von 72 Stunden zurückgeschlagen. Che Guevara wird zur Truppenkommandantur in die westliche Provinz Pinar del Río gesandt.

8. August 1961 Als Leiter der kubanischen Delegation verurteilt Che Guevara in einer leidenschaftlichen Rede vor der Organisation der Amerikanischen Staaten (OAS) auf ihrer Konferenz in Punta del Este US-Präsident Kennedys »Allianz für den Fortschritt«. Kuba wird daraufhin von der OAS ausgeschlossen.

3. Februar 1962 Präsident Kennedy verhängt gegen Kuba ein vollständiges Wirtschaftsembargo.

20. Mai 1962 Camilo Guevara March, Che und Aleidas erster Sohn, wird geboren.

27. August–7. September 1962 Che Guevara reist ein zweites Mal in die Sowjetunion.

Oktober 1962 Nachdem US–Spionageflieger auf Kuba sowjetische Raketen entdecken, kommt es zu einer internationalen Krise. Kuba mobilisiert die Bevölkerung. Che Guevara soll Truppen in der Provinz Pinar del Río koordinieren, um sie für einen US-Angriff vorzubereiten.

14. Juni 1963 Aleida March bringt ihre zweite Tochter, Celia Guevara March, zur Welt.

3.–17. Juli 1963 Che Guevara besucht das gerade unabhängig gewordene Algerien unter Präsident Ahmed Ben Bella.

25. März 1964 Che besucht die Konferenz der Vereinten Nationen für Handel und Entwicklung in Genf.

4.–9. November 1964 Che Guevara reist in die Sowjetunion.

11. Dezember 1964 Che Guevara nimmt an der UN-Generalvollversammlung in New York teil, er verurteilt den Krieg in Vietnam und bekennt sich zu den weltweiten Unabhängigkeitsbestrebungen von Puerto Rico bis Kongo.

17. Dezember 1964 Che Guevara reist von New York aus weiter nach Afrika und besucht Algerien, Mali, Kongo (Brazzaville), Guinea, Ghana, Tansania und Ägypten.

14. Februar 1965 Ernestito (»Tatico«), Che und Aleidas viertes Kind, wird in Havanna geboren. Am selben Tag nimmt Che Guevara an der Afro-Asiatischen Solidaritätskonferenz in Algier teil, auf der er die sozialistischen Staaten zu mehr Unterstützung der Länder des globalen Südens bei ihren Unabhängigkeitskämpfen aufruft.

14. März 1965 Che Guevara kehrt nach Kuba zurück und verschwindet bald darauf aus der Öffentlichkeit.

1. April 1965 Che Guevara schickt einen Abschiedsbrief an Fidel Castro. Er verlässt das Land für eine Mission im Kongo, die von Kuba unterstützt wird. Er reist über Tansania unter dem Namen Ramón Benítez in den Kongo ein.

18. April 1965 Den Journalisten, die sich nach Che Guevaras Verbleiben erkundigen, antwortet Fidel Castro, dass er »immer da sein werde, wo die Revolution ihn am meisten braucht«.

16. Juni 1965 Fidel Castro verkündet, dass Che Guevaras Aufenthaltsort zu dem Zeitpunkt bekannt gegeben werde, zu dem »Che Guevara dies möchte«.

3. Oktober 1965 Fidel Castro verliest während eines Treffens des Zentralkomitees der neu gegründeten Kubanischen Kommunistischen Partei öffentlich Che Guevaras an ihn adressierten Abschiedsbrief.

21. November 1965 Che Guevara verlässt den Kongo und beginnt seine Erfahrungen aus der afrikanischen Mission niederzuschreiben, die er als gescheitert ansieht.

Dezember 1965 Fidel Castro organisiert eine geheime Rückkehr Che Guevaras nach Kuba, dieser bereitet eine kubanisch unterstützte Guerillaexpedition nach Bolivien vor.

3.–14. Januar 1966 Die *Trikontinentale Konferenz zur Solidarität der Menschen in Asien, Afrika und Lateinamerika* findet in Havanna statt.

März 1966 Che Guevara kehrt im Geheimen zurück nach Kuba, er trifft in einem Trainingscamp in der Provinz von Pinar del Río auf kubanische Freiwillige, die für die Mission in Bolivien ausgewählt wurden. Währenddessen erreichen die ersten kubanischen Kämpfer Bolivien, um die Guerillabewegung vor Ort mit aufzubauen. Che Guevaras Genossin Tamara Bunke (»Tania«) ist dort bereits seit 1964 aktiv.

4. November 1966 Che Guevara erreicht unter falscher Identität mit einem uruguayischen Pass auf den Namen Adolfo Mena González La Paz, Bolivien.

7. November 1966 Che Guevara und einige andere Guerillakämpfer erreichen eine Farm am Ñacahuazú-Fluss, die das Hauptquartier der Guerilla sein wird. Che schreibt den ersten Eintrag für sein Bolivianisches Tagebuch.

13. Dezember 1966 Che Guevara trifft den Generalsekretär der Bolivianischen Kommunistischen Partei, Mario Monje. Zwischen den beiden herrschen Differenzen bezüglich des Erfolges einer Guerillabewegung.

März 1967 Die erste militärische Guerillaaktion gegen die bolivianische Armee wird erfolgreich ausgeführt. Die Nationale Befreiungsarmee (ELN) formiert sich und wird öffentlich als solche bekannt gemacht.

16. April 1967 Che Guevaras »Botschaft an die Trikontinentale« wird veröffentlicht, in der er zu »zwei, drei, viele[n] Vietnams« aufruft.

17. April 1967 Die Guerillagruppe unter der Leitung von Joaquín (Vilo Acuña) zieht von der restlichen Truppe getrennt weiter. Diese Trennung ist nur für ein paar Tage vorgesehen, doch die beiden Gruppen werden nie mehr zusammenkommen.

20. April 1967 Die französischen Intellektuellen Regís Debray und Ciro Bustos werden, nachdem sie mehrere Wochen mit der Guerilla verbracht haben, in Bolivien verhaftet. Sie werden zu 30 Jahren Gefängnis verurteilt.

Mai–Juni 1967 US-Spezialkräfte trainieren konterrevolutionäre Truppen der bolivianischen Armee, die ein Massaker an Minenarbeitern und deren Familien in der *Siglo-XX*-Mine verübt.

1. Juli 1967 Präsident Barrientos gibt öffentlich bekannt, dass Che Guevaras Aufenthaltsort in Bolivien entdeckt wurde.

31. Juli–10. August 1967 Die OLAS-Konferenz der *Organisation für lateinamerikanische Solidarität* findet in Havanna statt, um die Guerillabewegungen in Lateinamerika besser zu unterstützen. Che Guevara wird zum Ehrenmitglied gewählt.

August 1967 Ein Deserteur führt die bolivianische Armee zu dem Ort, an dem die Guerilla ihre Vorräte versteckt. Es werden Dokumente gefunden, die zur Verhaftung wichtiger Kontaktpersonen führen.

8. Oktober 1967 Sieben Wochen nach der Zerschlagung einer Guerillaabteilung wird die verbliebene 17-köpfige Gruppe von der bolivianischen Armee in eine Falle gelockt und in einem aussichtslosen Kampf in der Schlucht von El Yaro besiegt. Che Guevara wird schwer verwundet und gefangen genommen.

9. Oktober 1967 Che Guevara und zwei weitere gefangene Guerillakämpfer (Willy und Chino) werden von bolivianischen Soldaten im Auftrag der bolivianischen Armee und der US-Regierung ermordet. Die sterblichen Überreste werden an einem geheimen Ort in Bolivien vergraben.

15. Oktober 1967 Fidel Castro bestätigt im kubanischen Fernsehen den Tod Che Guevaras und ordnet drei Tage Staatstrauer an. Seitdem gilt der 8. Oktober als Tag der Guerillahelden. Drei

Tage später hält Fidel Castro auf Havannas Platz der Revolution vor fast 1 Million Menschen eine Gedenkrede für Che Guevara.

Mitte März 1968 Ein Mikrofilm mit den Texten aus Ches *Bolivianischem Tagebuch* erreicht Kuba.

Juli 1968 Che Guevaras *Bolivianisches Tagebuch* wird in Kuba veröffentlicht und kostenlos an das kubanische Volk verteilt. Es wird parallel in vielen Ländern veröffentlicht, als Antwort auf die Kampagne der CIA, die die revolutionären Bewegungen in Lateinamerika diskreditieren will. Es enthält ein Vorwort von Fidel Castro und wird sofort zum internationalen Bestseller.

Juli 1997 Fast 30 Jahre nach seiner Ermordung werden die sterblichen Überreste Che Guevaras und weiterer Guerillakämpfer in Bolivien entdeckt und nach Kuba überführt. Dort werden sie in einer neu geschaffenen Gedenkstätte in der zentralkubanischen Stadt Santa Clara beigesetzt – an dem Ort, an dem Che während der revolutionären Kämpfe einen seiner größten militärischen Siege errang.

Vorwort der Herausgeberinnen

»Lass es mich sagen, auf die Gefahr hin,
lächerlich zu klingen – der wahre Revolutionär wird
von einem starken Gefühl der Liebe angeleitet.«

Ernesto Che Guevara

Briefe offenbaren häufig die innersten Gedanken und Emotionen eines Schriftstellers, eines Intellektuellen oder Künstlers oder, wie in diesem Fall, eines Revolutionärs, der über einen außerordentlichen Intellekt ebenso wie über einen brillanten Stil verfügte. Ernesto Guevara de la Serna – oder »Che«, wie die Welt ihn nannte – war in seinem kurzen, außergewöhnlichen Leben ein beharrlicher Briefe- und Tagebuchschreiber. Seine Tagebücher und Briefe sind meisterhafte Erzählungen, die sich durch brutale Ehrlichkeit auszeichnen, durch auffällig mangelnde Ichbezogenheit, durch einen messerscharfen Geist, einen eisernen Willen und die Fähigkeit, die Liebe und Zuneigung auszudrücken, die er für seine engsten Freunde und Angehörigen empfand.

Mehr als 80 % der vorliegenden Briefsammlung ist bisher nie aus dem Spanischen übersetzt oder im Ausland veröffentlicht worden. Beginnend mit den Briefen, die der junge Medizinstudent während seiner frühen Reisen durch Lateinamerika verfasst, lässt sich nachvollziehen, wie Ernesto über die Jahre hinweg seinen einzigartigen Schreibstil verfeinert. Als sich Ernesto schließlich in »Che« verwandelt (eine typisch argentinische Anrede, mit der man sich selbst und andere bezeichnet), tritt an die Stelle des alles in sich aufsaugenden jungen Mannes, der Lateinamerika für sich entdecken will, ein hingebungsvoller Revolutionär und eigenständiger politischer Denker. »Wir alle sind Architekten eines neuen Typus Mensch, für die neue Gesellschaft, die wir entwerfen wollen«, schrieb Che Jahre später, und es ist genau dieser Prozess des Werdens und der Verwandlung, der sich in den vorliegenden Briefen verfolgen lässt.

Obwohl er während seines Studiums nicht zu den radikalen Studenten gehörte, schreibt er bereits 1954 von Guatemala aus an seine Mutter: »Die Bühne meines Lebens [wird] Amerika sein, und zwar viel mehr, als ich es je geglaubt hätte; das habe ich jetzt wirklich verstanden, ich fühle mich als [Latein-]Amerikaner, als jemand, der sich in dieser Art von anderen Völkern der Welt unterscheidet.«

Er war immer ein kompromissloser Wahrheitssucher, nur dem verpflichtet, was er in einem der letzten Briefe an seine Kinder als »die heilige Pflicht der Befreiung der Menschheit« bezeichnet. Che riet ihnen: »Seid immer in der Lage, die Ungerechtigkeit aufzuspüren, egal welche Ungerechtigkeit begangen wurde, gegen wen auch immer, egal wo auf der Welt. Das ist die schönste Eigenschaft eines Revolutionärs.«

Seine letzten Briefe an seine Partnerin Aleida, seine Kinder und an Fidel Castro sind nostalgisch und wehmütig, zugleich sind sie ein festes Bekenntnis zu seinen Idealen. »Viele werden mich einen Abenteurer nennen«, schreibt Che an seine Eltern, bevor er Kuba 1966 für seine verhängnisvolle Mission nach Bolivien verließ, »und und das bin ich, nur von einem anderen Schlag, einer von denen, die, um die Wahrheit aufzuzeigen, Kopf und Kragen riskieren.«

Ches Tochter Aleida schreibt: »Wenn man eine Rede schreibt, achtet man genau auf die Sprache, auf die Zeichensetzung und vieles weitere. Bei Briefen an Freunde oder Familienmitglieder macht man sich über solche Dinge keine Gedanken, man spricht einfach, man ist authentisch. Das ist es, was ich an diesen Briefen so sehr mag; sie zeigen Che, wie er wirklich war und dachte. Dies ist das wahre politische Erbe meines Vaters.«

Einige der vorliegenden Briefe sind bekannt, die meisten jedoch sind hier erstmals von dem persönlichen Archiv im *Centro de Estudios Che Guevara* in Havanna, das von seiner Witwe Aleida March geleitet wird, zur Veröffentlichung freigegeben. Die Auswahl ist chronologisch angeordnet und gibt Einblicke in Momente aus Che Guevaras Leben, neue und persönliche Einblicke in die Motivationen, Gefühle und Handlungen eines herausragenden Menschen. Obwohl er nur 39 Jahre alt wurde, hatten nur wenige in der Geschichte der Menschheit einen solch großen Einfluss auf unser Leben und unsere Träume.

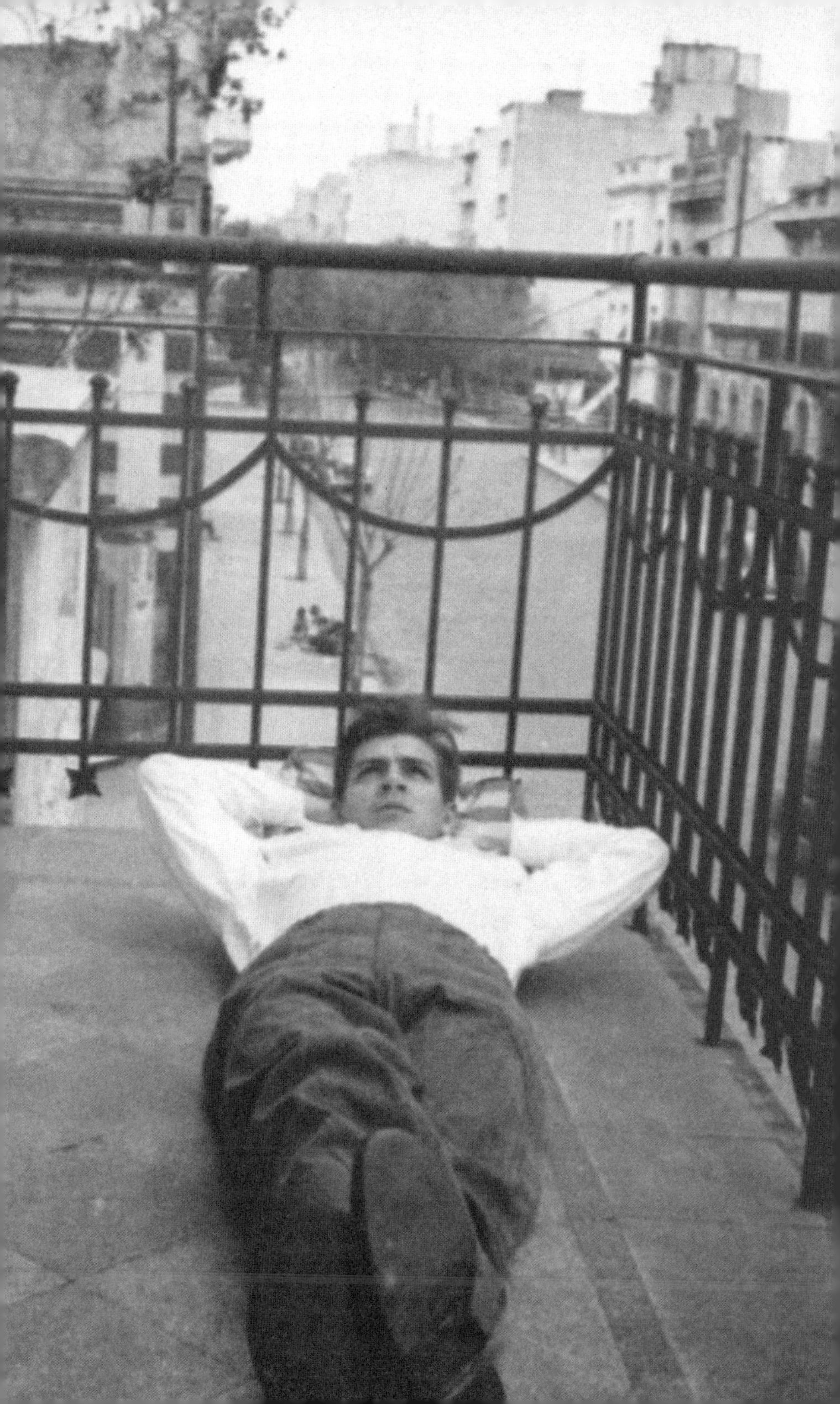

JUGENDBRIEFE

1947–1956

Einleitung

Seit seiner Jugend war Ernesto ein leidenschaftlicher Tagebuchschreiber, er dokumentierte seine Gedanken und Erinnerungen in Briefen an Freunde und seine Familie und machte sich ausführliche Notizen zu dem umfangreichen Lesepensum, das er sich selbst auferlegte. Die ersten Briefe dieses Bands schrieb er im Alter von 18 Jahren, als er zum ersten Mal seine Familie in Buenos Aires verließ. Ende 1946 schließt er die weiterführende Schule ab, lässt sich zum Bodengutachter ausbilden und arbeitet anschließend mit seinem Freund Tomás Granado im Straßenbauamt von Villa María.

Im Januar 1950 nutzt Ernesto während seines Medizinstudiums die Sommerferien und unternimmt eine Reise auf einem Motorrad durch die zwölf Provinzen Argentiniens. Er führt ein Tagebuch, in dem er die vertrockneten und unwirtlichen Gegenden beschreibt, sowie die Armut und Abgeschiedenheit, die in großem Kontrast zu dem Wohlstand stehen, den bürgerliche argentinische Familien – wie seine eigene – in den Städten genießen.

Im Dezember 1951, bevor er sein Medizinstudium abschließt, brechen Ernesto und sein *compañero* Alberto Granado (Tomás' Bruder) auf einem alten Norton-Motorrad »El Poderoso II« (»Das Mächtige II.«) zu einer Reise durch den gesamten lateinamerikanischen Kontinent auf. Sie kommen jedoch nur bis Chile und fahren von dort per Anhalter weiter nach Peru, Kolumbien und Venezuela, wo sie auch einige Zeit in einer Leprakolonie im Amazonas verbringen.

Nach einem weiteren Monat in Miami reist Ernesto zurück nach Buenos Aires – in einem Frachtflugzeug, das Pferde transportiert. Die Abenteuer dieser Reise wurden später unter dem Titel »The Motorcycle Diaries« veröffentlicht sowie fürs Kino adaptiert.

Nach seiner Approbation als Arzt im Jahr 1953 unternimmt Ernesto eine weitere Reise, die ihn zurück in die Anden bringt und von dort aus nach Zentralamerika, wo er die Auswirkungen der Bolivianischen Revolution von 1952 erlebt und 1954 Zeuge des von der CIA unterstützten Sturzes der gewählten Regierung von Jacob Árbenz in Guatemala wird. Diese Erfahrungen haben einen großen Einfluss auf die politischen Ansichten des jungen Argentiniers.

Bis 1955 – als ihm von kubanischen Freunden, die er aus Guatemala kennt, in Mexiko Fidel Castro vorgestellt wird – strebt Ernesto eine Karriere als Arzt in der Forschung an, er träumt von Reisen nach Europa und schreibt seiner Mutter, dass er sie in Paris treffen möchte. In den Briefen, die er in der Folge nach Hause schreibt, spricht er weiterhin von diesen Zielen, in Wirklichkeit hat er längst begonnen, sich gemeinsam mit Kubanern auf den Kampf gegen die dortige Militärdiktatur vorzubereiten.

Seine Korrespondenz aus diesen Jahren zeigt bereits einen unnachahmlichen Schreibstil, einen scharfsinnigen Geist und trockenen Humor, die Loyalität gegenüber seinen Freunden und eine tiefe Zuneigung zu seiner Familie, besonders zu seiner Mutter und Beatriz, seiner Tante mütterlicherseits. Was jedoch besonders auffällt, sind die beharrlichen Versuche, die Welt zu verstehen, und die Bereitschaft, Ungerechtigkeit und Grausamkeit anzuprangern, wo auch immer er ihnen begegnet. Darin sind diese Briefe ein Ausblick auf seine zukünftige Laufbahn als Revolutionär.

An den Vater, Villa María, 21. Januar 1947

Mein lieber alter Herr[3],

ich habe deine Überweisung erhalten und tatsächlich kommt mir das Geld gerade sehr gelegen. Ich habe dir nicht direkt geantwortet, weil hier noch einiges unklar war.

Die haben mich hier kaltgestellt und mich nach Villa María geschickt, aber mir gefällt das, weil ich hier Vorarbeiter spielen darf und dabei lernen kann, wie sich aufsteigen anfühlt. Erst mal werde ich enorm viel Arbeit haben, weil der Arbeiter vor mir oberfaul gewesen ist. Ich muss Tests durchführen, die etwa zehn Kilometern des Bauprojekts entsprechen, aber ich denke, in zehn Tagen wird es besser werden und ich werde auch wieder mehr Zeit zum Lernen haben.

Ich warte auf Nachrichten von Osvaldo Payer, der nach Uruguay aufgebrochen ist, um nach den Lehrplänen zu fragen. Wenn daraus was wird, bleibe ich den ganzen Winter hier, dann würde ich 80 bis 100 Pesos monatlich sparen. Ich habe 200 Pesos Lohn und die Unterkunft, das heißt, ich gebe eigentlich nur Geld für Essen und einige Bücher aus, um mich ein bisschen abzulenken. Meine Adresse lautet Vélez Sarsfield, Villa María.

Ich wohne nur zehn Blocks vom Zentrum entfernt.

Ciao und alles Liebe
Ernesto

---

3 Im Jahr 1946 beendet Ernesto Guevara im Alter von 18 Jahren die Oberschule und schreibt sich für einen Kurs als Bodengutachter ein. Gemeinsam mit seinem Freund Tomás Granado arbeitet er eine Weile im Straßenbauamt. Dafür verbringt er einige Zeit in der Kleinstadt Villa María und schreibt von dort diese Briefe an seine Familie.

An den Vater, Villa María, [Ende] 1947

Mein lieber alter Herr,

ich weiß, du hast dich über die Sache mit dem Transportwagen sehr erschreckt. Der Betrieb hat mir aber keinen Dienst erwiesen, vielmehr erweise ich dem Betrieb einen Dienst, denn er ist dazu verpflichtet, mir einen Wagen zur Verfügung zu stellen und dazu Leute, die die Materialproben nehmen, Hilfsarbeiter habe ich noch keine zu Gesicht bekommen.

Im Moment gilt meine größte Sorge der Verpflegung. Bisher hat der Betrieb für das Essen bezahlt, die reinste Bestechung. Das Einzige, was ich jetzt noch machen kann, ist, mit meinem Chef sprechen (ein Schmiergeldtyp allererster Güte) und fragen, was ich jetzt machen soll.

Dieses ach so tolle Verkehrswesen scheint eine Art Verein für Bestechliche zu sein.

Der Zuständige meinte zu mir, ich sei in zwanzig Jahren der Erste, der die Verpflegung infrage stellt, und einer von zwei oder drei Leuten, die bei dieser Form von Bestechung nicht mitmachen.

Du hattest die Befürchtung, dass ich mich zu sehr zurückhalten würde, aber ich habe die ein ordentliches Stück der Strecke ausheben und dann bauen lassen, derweil beschäftige ich mich mit den ausstehenden Proben. Kann sein, dass noch mal 80 cm tiefer gegraben werden und die Straße dann in drei Schichten gebaut werden muss, die haben alle ordentlich Schiss hier (und ich werde das Gefühl nicht los, dass an der ganzen Sache etwas faul ist).

Bis hierhin, Papa, eine Umarmung
Ernesto

An AMERIMEX[4], Buenos Aires, 28. Februar 1950

»Jahr des Befreiers General San Martín«

An die Geschäftsleitung von
Amerimex S. R. L.
Calle Reconquista.
575. Cap. Fed. [Buenos Aires]

Sehr geehrte Herren,

anbei sende ich Ihnen meinen MICRON-Motor, mit dem ich 4000 Kilometer durch zwölf argentinische Provinzen gefahren bin. Der Motor ist während meiner langen Reise perfekt gelaufen, nur am Ende bemerkte ich, dass die Kompression ein wenig nachgelassen hat. Dies ist auch der Grund, warum ich ihn zur Wartung einsende.

Mit freundlichen Grüßen
Ernesto Guevara Serna

---

4 Diesen Brief schrieb Ernesto nach seiner Motorradreise durch Argentinien im Sommer 1950. Er wurde im Magazin El Gráfico als Teil einer Werbeanzeige der argentinischen Firma AMERIMEX veröffentlicht, dem Vertreiber der Micron-Motoren.

An die Mutter, San Martín de los Andes, Januar 1952

Liebe Mutter,[5]

ich weiß, dass du ohne Nachricht von mir bist, doch umgekehrt habe ich auch von dir nichts gehört, und das beunruhigt mich. Dir alles zu berichten, was uns bisher passiert ist, würde den Rahmen dieser Zeilen sprengen, ich wollte dir aber erzählen, dass ich kurz nachdem wir Bahía Blanca verlassen hatten, plötzlich starkes Fieber bekam, 40 Grad, sodass ich den Rest des Tages auf der Pritsche im Zelt liegen musste. Am nächsten Tag konnte ich schon wieder halbwegs stehen und schleppte mich ins Regionalkrankenhaus von Choele Choel, wo ich innerhalb von vier Tagen wieder gesund wurde, dank eines noch wenig bekannten Medikaments: Penicillin.

Danach, und nach tausend anderen Problemen, die wir mit der gewohnten Geschicklichkeit zu lösen wussten, erreichten wir schließlich San Martín de los Andes, einen zauberhaften Ort, umgeben von unberührten Wäldern mit einem wunderschönen See; das muss man einfach selbst gesehen haben, es lohnt sich. Unsere Gesichter nehmen langsam Form und Farbe von Siliziumcarbid an, und wir bitten schon an jedem Haus, das wir unterwegs sehen, um Unterkunft, Essen und was es sonst noch so abzustauben gibt. Aus Zufall landeten wir bei den von Puthamers, Freunden von Jorge, vor

5 Von Dezember 1951 bis Juni 1952 bereist Ernesto noch vor seinem Studienabschluss gemeinsam mit seinem Freund Alberto Granado Lateinamerika auf einem Norton-Motorrad, das sie La Poderosa II nennen. Sie sind in Chile, Peru, Kolumbien und Venezuela und verbringen sogar eine ungewisse Zeit in Miami, in einem Güterflugzeug für Pferde – weil es die einzige Möglichkeit ist, nach Argentinien zurückzukehren. Dort trifft er die Entscheidung, ein Reisetagebuch zu führen. Diese Aufzeichnungen wurden erstmals 1993 unter dem Titel *Notas de Viaje* veröffentlicht. Walter Salles verfilmte sie unter dem Titel *Motorcycle Diaries*.

allem einer, ein Peronist und guter Trinker und definitiv der beste Typ von den dreien. Nebenbei diagnostizierte ich auch noch einen Tumor im Occipitalbereich mit vermutlich hydatischer Ätiologie. Mal schauen, was dabei herauskommt. In ein, zwei Tagen werden wir in Richtung Bariloche aufbrechen, aber keine Sorge, wenn du denkst, dass dein Antwortbrief um den 10.2. herum ankommen kann, schick ihn einfach postlagernd dorthin.

Also dann Mama, die nächste Seite dieses Briefes ist für Chichina. Umarme alle herzlich von mir und sag mal, ob der alte Herr im Süden ist oder nicht.

Eine dicke Umarmung von deinem Sohn, der dich sehr liebt
Ernesto

An Tante Beatríz, Iquitos, 1. Juni 1952

[…] und nebenbei werde ich dir noch etwas beichten. Was ich dir über die Kopfgeldjäger erzählt habe, war gelogen. Sieht leider so aus, als wäre der Amazonas genau so sicher wie der Paraná und der Putumayo wie der Paragon, das heißt, ich werde dir doch keinen Schrumpfkopf als Geschenk mitbringen können, ich hoffe, du kannst es deinem allerliebsten Neffen verzeihen, der in seinem jugendlichen Draufgängertum wohl etwas hirnrissige Ankündigungen gemacht hat. Außerdem hatte ich vor, meine Märtyrerqualitäten an Malaria und Gelbfieber zu beweisen, doch auch die, so stellt sich heraus, gibt es hier nicht mehr. Es ist zum Verzweifeln.

Morgen nehme ich ein Schiff, das wohl in drei Tagen in San Pablo eintrifft, dort werden wir eine Woche im Leprosarium bleiben. Von dort nach Leticia ist es eine Tagesreise, wenn ich also keinen direkten Anschluss für die Weiterreise bekomme, könntest du mich mit einem Brief erreichen.

Was eure Geldangebote angeht, bin ich doch Manns genug, um selbst klarzukommen, vor allem, weil ich weiß, wie knapp die Pesos sind. Ercilias Dollars habe ich noch, die haben uns in Lima geholfen.[6] Wir haben derzeit also keine großen Geldprobleme, kann aber sein, dass wir irgendwann in Kolumbien wieder Geld verdienen müssen, wenn es so weitergeht wie bisher. Aber ich glaube nicht, da wir Peru mit mehr Pesos verlassen, als wir bei der Einreise hatten. Ich wollte dich aber noch um einen Gefallen bitten: Könntest du mir an die unten angegebene Adresse (bitte denkt daran!) ein Yanal-Spray schicken sowie die entsprechenden Ampullen? Ich habe selbst gerade kein Asthma, aber dieses Medikament wird in Peru nicht vertrieben, in Kolumbien wahrscheinlich auch nicht, und es ist viel besser als die hiesigen Sprays.

Die Reise entlang des Putumayo (du hast ihn auf der Landkarte ja bereits gefunden!) wird ungefähr einen Monat dauern, so lange werdet ihr wohl auch nichts von mir hören. Es sei denn, irgendein Flieger nimmt uns mit nach Bogotá oder zumindest zum Hafen von Leguisamo, sodass wir uns die Fahrt auf diesem doch etwas öden Fluss sparen könnten.

Wenn wir gut durchkommen, werde ich Ende Juli oder Anfang August zurück sein, wenn nicht, weiß ich auch nicht, wann ihr endlich den prächtigen Bart bewundern könnt, der mir auf dieser sechsmonatigen Reise gewachsen ist […].

[Ohne Unterschrift]

6 Ercilia Guevara Lynch, Ernestos Tante väterlicherseits.

An den Vater, Iquitos, 4. Juni 1952

[…] die Ufer der großen Flüsse sind vollständig kolonisiert, um überhaupt indigene Stämme anzutreffen, muss man sich ein ganzes Stück die Nebenflüsse hinaufbegeben, Strecken, die wir zumindest auf dieser Reise nicht machen werden; Infektionskrankheiten sind hier jedoch verschwunden, auch wir selbst sind gegen Typhus und Gelbfieber geimpft und haben auch jede Menge Atebrin und Chinin dabei.

Stoffwechselerkrankungen sind hier sehr stark verbreitet, sie kommen vor allem durch den Nährstoffmangel, der im Dschungel immer wieder herrscht. Dieses Problem betrifft uns jedoch nicht, weil solche Krankheiten nicht durch eine Woche ohne Vitamine ausgelöst werden, und länger werden wir nicht entlang des Flusses reisen – was ohnehin noch nicht hundertprozentig sicher ist, weil wir schon die ganze Zeit überlegen, mit dem Flugzeug nach Bogotá zu reisen oder zumindest bis nach Leguisano. Es gibt hier schon Straßen, es geht also nicht darum, dass es gefährlich wäre, sondern darum, dass ich dadurch etwas Geld sparen könnte, das ich auf der Weiterreise sicher noch gebrauchen kann.

Je weiter wir uns von den Forschungsstationen entfernen, die uns unterstützen könnten, desto mehr wird unsere Reise von den Begegnungen mit dem Personal der örtlichen Lepraambulanzen geprägt, wir werden hier in unserer Rolle als Forschungsreisende mit großem Respekt behandelt. Das Thema Leprologie hat mich völlig gepackt, keine Ahnung, wie lange das anhalten wird. Die Art und Weise wie sich die Kranken aus dem Leprosorium in Lima von uns verabschiedet haben, ist vielleicht das, was uns Kraft gibt weiterzumachen. Sie haben uns einen *Primus*-Gaskocher geschenkt, dafür haben sie 100 Soles zusammengelegt, was für diese Menschen schrecklich viel Geld ist. Viele haben sich mit Tränen in den Augen von uns verabschiedet, und all das nur, weil wir keine Handschuhe trugen und keinen Schutzanzug, sondern ihnen die Hand gaben wie irgendeinem Nachbarssohn, mit ihnen herumsaßen und quatschten oder Fußball spielten. Vielleicht klingt das für dich nach vorgetäuschter Kumpanei, aber die positiven psychischen Effekte, die es hat, diesen Kranken, die in der Regel wie wilde Tiere behandelt werden, wie normalen Menschen zu begegnen, sind enorm, und das Risiko, sich anzustecken, ist dagegen außerordentlich gering. Bisher hat sich nur ein Krankenpfleger aus Indochina angesteckt, der quasi mit seinen Patienten zusammenlebte, und ein missgünstiger Geistlicher, für dessen Behauptungen ich meine Hände eh nicht ins Feuer legen würde.

Seitdem wir in diesen unbekannten Gebieten unterwegs sind, habe ich kein einziges Mal meinen Revolver herausgeholt, nicht einmal um ihn zu putzen, und solange die kolumbianischen Guerrilleros uns nicht angreifen, sehe ich auch keinen Grund dazu. Ich glaube, es wäre besser, wenn du bald nach Venezuela aufbrichst, anstatt uns hierher zu folgen, ich weiß, du bist nicht gerade der Sparsamste, aber ein Dollar, den du in einer Hosentasche vergessen hast, sind hier schon 30 Pesos und das ist eine ganze Menge.

Wenn ich du wäre, würde ich mich beeilen. Im Grunde sind sich alle darin einig, dass Kolumbien und Venezuela zurzeit die Länder auf dem Kontinent sind, in denen sich richtig gut Geld verdienen lässt. Um uns mach dir keine Sorgen, wir werden Peru mit mehr Geld verlassen, als wir bei der Einreise hatten, und das nachdem wir hier zwei Monate gelebt haben und kreuz und quer durchs Land gereist sind, außerdem scheint es so, als könnten wir überall Arbeit finden. In Lima hat Alberto gleich zwei Angebote bekommen.

Wir werden hier in diesem Dorf so kurz wie möglich bleiben, also solltest du lieber schnell antworten. Die letzten Tage hatte ich zum ersten Mal etwas Heimweh, aber nur kurz; ich bin die meiste Zeit im Modus des Weltreisenden, und es würde mich nicht wundern, wenn ich nach dieser Reise mal in Indien vorbeischaue und in Europa. Mit Alberto habe ich Tausende Projekte in der Planung, aber wie es weitergeht, entscheiden wir erst, nachdem wir wissen, was uns in Venezuela erwartet. Unser Ziel ist eigentlich, dass Alberto in Venezuela bleibt, um Dollars zu verdienen, und ich nach Hause fahre und meine Approbation beantrage, aber es gibt noch andere Möglichkeiten. Der grobe Zeitrahmen, den ich Mama gegeben habe, lautet: Wenn es klappt, komme ich Anfang August, um noch dieses Jahr die Approbation zu erlangen, oder Anfang nächsten Jahres, falls es mit der Approbation warum auch immer zu diesem Termin nicht klappt, dann würde ich noch bis März weiter herumreisen und währenddessen weiter studieren, was allerdings bedeuten würde, ein Jahr zu verlieren. Aber im Verhältnis zum Erfolg dieser Reise wäre das für mich nur ein wirtschaftlicher Verlust, zumal ich ja hier und da schon praktizieren konnte, allein von Allergiebehandlungen könnte man leben, weil davon niemand Ahnung zu haben scheint. Es ist schon unglaublich, dass dieses kurze Intermezzo bei Dr. Pisani[7] mir einen solchen Vorsprung in Sachen Allergien verschafft hat [...].

Ich schreibe euch von Leticia aus, was mein nächstes Ziel sein wird. Also, Papa, ich hoffe, dass sich deine Situation schnell verbessert und du so bald wie möglich nach Caracas aufbrechen kannst. Bis dahin eine dicke Umarmung auch für Mama und die Jungs.

Ernesto

---

7 Gemeint ist Dr. Salvador Pisani, Allergologe und Chefarzt der Universitätsklinik, an der Ernesto als Medizinstudent arbeitete und erste Artikel veröffentlichte. Diese Zeit wird ihm auch im Nachhinein, während seines Aufenthaltes in Mexiko, nützlich sein, wo er nicht nur als Arzt praktiziert, sondern seine einst begonnenen Studien fortsetzt.

An die Mutter, Bogotá, 6. Juli 1952

Liebe Mutter,

hier also bin ich nun, ein paar Kilometer weiter und einige Pesos ärmer, und bereite mich auf die Weiterreise in Richtung Venezuela vor. Bevor ich dir aber von meinen großen Abenteuern berichte, will ich dir die herzlichsten Glückwünsche zu deinem Geburtstag senden, ich hoffe, du hast ihn wie immer im Kreise der Familie verbracht.

Die Abreise aus Iquitos lief eigentlich nach Plan, zwei Nächte verbrachten wir in zärtlicher Begleitung der Moskitos, am Morgen dann erreichten wir das Leprosorium von San Pablo, wo man uns Unterkunft gewährte. Dem leitenden Arzt, einem großartigen Kerl, waren wir direkt sympathisch, und überhaupt verstanden wir uns auf Anhieb mit allen, außer mit den Nonnen, die erst mal wissen wollten, warum wir nicht zur Messe gingen. Es stellte sich dann heraus, dass die Nonnen für die Verwaltung zuständig waren und denjenigen, die nicht zur Messe gingen, die Rationen kürzten, wo es nur ging (für uns gab es nichts […], aber die Burschen trieben jeden Tag etwas für uns auf).

Abgesehen von diesem kleinen Kalten Krieg lebte es sich dort sehr angenehm. Am 14. [Ernestos Geburtstag] organisierten sie für mich ein Fest mit viel Pisco, einer Art Gin, der einem ordentlich zu Kopf steigt. Der leitende Arzt stieß auf uns an, und weil ich auch schon leicht einen im Tee hatte, antwortete ich mit einer feurigen panamerikanischen Rede, für die ich viel Applaus vom höchst qualifizierten und leicht piscoisierten Publikum erntete.[8] Wir blieben

8 Über dieses Erlebnis schreibt Ernesto später in »Der Tag von San Guevara« in den *Motorcycle Diaries*.

dort etwas länger als geplant, schließlich aber brachen wir nach Kolumbien auf. In der letzten Nacht fuhren einige Patienten aus dem separierten Krankenlager mit einem riesigen Kanu zu uns herüber und legten am Ufer an. Von dort aus gaben sie uns ein Abschiedsständchen, und einige hielten sehr emotionale Reden. Alberto, ganz der Perón-Nachfolger, antwortete mit einem aufwieglerischen Vortrag, der seine Zuhörerschaft sehr bewegte. Dieser Abend gehört zu den interessantesten, die ich bis jetzt erleben durfte. Ein Akkordeonist hatte sich Stöckchen ans Handgelenk gebunden, um die fehlenden Finger seiner rechten Hand zu ersetzen, der Sänger war blind, und von den anderen hatten fast alle durch die Krankheit entstellte Gliedmaßen, die im Schein der Laternen und dem Licht, das über den Fluss fiel, geradezu monströs wirkten. Ein Schauspiel wie aus einem Gruselfilm.

Die Gegend hier ist wunderschön, inmitten von Urwald, in dem nur einen Steinwurf entfernt indigene Stämme leben, die wir natürlich schon besucht haben. Außerdem gibt es weite Fisch- und Jagdgründe, sodass wir uns jederzeit den Bauch vollschlagen können, kurzum ein solcher Überfluss, dass wir die ganze Zeit davon träumen, die Hochebene des Matto Grosso auf dem Wasserweg zu überqueren, vom Río Paraguay bis zum Amazonas, dabei als Ärzte praktizierend. Ein Traum wie der von einem eigenen Heim … wer weiß … jedenfalls waren wir auf einmal etwas mehr in Entdeckerlaune, also fuhren wir ein ganzes Stück den Fluss hinab in einem Floß, das man extra für uns gebaut hatte. Am ersten Tag lief alles gut, aber nachts schliefen wir, statt abwechselnd Wache zu halten, beide unter dem Moskitonetz, das man uns noch geschenkt hatte, und am Morgen waren wir an irgendeinem Ufer gestrandet.

Beim Frühstück fraßen wir wie die Haie. Der Tag verlief auch weiter glücklich, weil wir uns entschieden, stundenweise Wache zu schieben, zumal die Strömung uns beim Weiterfahren direkt in einen Haufen unterirdischer Baumstämme trieb, der uns fast das Floß zerlegte.

[…]

Wir haben dann die ganze Nacht Wache gehalten und uns am frühen Morgen am Ufer festgetäut, um beide unter das Netz zu schlüpfen, denn die Moskitos sind um diese Zeit überall. Wir schliefen gut, doch Alberto stellte am Morgen fest, dass unsere beiden Angelhaken verschwunden waren, was seine Laune verschlechterte, obwohl er eh lieber Hühnchen als Fisch frühstückt, und als wir in der Nähe ein Haus sahen, beschlossen wir, erst einmal herauszufinden, wie weit es noch bis Leticia sein würde. Als der Hausherr uns auf Portugiesisch erklärte, dass Leticia sieben Stunden flussaufwärts läge und wir in Brasilien seien, gerieten Alberto und ich in eine heftige Diskussion darüber, wer während der Nachtwache eingeschlafen und damit schuld an unserer Lage sei, aber wir kamen zu keinem Ergebnis. Wir schenkten dem Hausherrn unseren Fisch und eine vier Kilo schwere Ananas, die uns die Kranken als Geschenk mit auf den Weg gegeben hatten, und blieben bis zum folgenden Morgen, an dem sie uns mit den Fluss hinauf nehmen konnten […].

Was unsere Misere etwas abmilderte, war ein Fußballteam, zu dessen Trainern man uns machte, während wir auf das alle zwei Wochen gehende Flugzeug warteten. Anfangs wollten wir tatsächlich nur die Spieler trainieren, damit sie sich nicht völlig blamierten, aber weil sie so schlecht waren, wechselten wir uns schließlich als Spieler ein, mit dem Ergebnis, dass diese als völlig mies bekannte Mannschaft bei einem kurzerhand organisierten Turnier ins Finale einzog und die Partie erst im Elfmeterschießen verlor. Alberto war regelrecht beflügelt, wegen seiner Ähnlichkeit mit Pedernera [ein legendärer argentinischer Fußballspieler] und seiner ebenso präzisen Pässe, erhielt er gleich den Spitznamen *pedernerita*, und ich schoss einen Elfmeter, der ganz sicher in die Geschichte Leticias eingehen wird. Der ganze Spaß hätte so weitergehen können, wenn sie zum Schluss nicht die kolumbianische Nationalhymne gespielt hätten. Ich hockte mich hin und wischte mir währenddessen ein wenig Blut vom Knie, wodurch ich mir den Zorn des Kommissars (eines Oberstleutnants) zuzog. Ich gab ihm ordentlich Contra, aber dann fiel mir ein, dass wir bald weiterreisen würden, und ich ließ es auf sich beruhen.

Nach der Flugreise, die sich anfühlte wie im Inneren eines Cocktailshakers, erreichten wir Bogotá. […] Der erste Tag war in Ordnung, wir konnten auf dem Campus der Universität zu Mittag essen, fanden jedoch keine Unterkunft, weil alles mit Stipendiaten besetzt war, die an einer von der UNO organisierten Vorlesungsreihe teilnahmen. Natürlich keine Argentinier. Nachts um eins fanden wir schließlich einen Schlafplatz in einem Krankenhaus, wobei es sich um je einen Stuhl handelte, auf dem wir die Nacht verbrachten. Nicht, dass wir so arm dran wären, aber Kämpfer unseres Kalibers sterben lieber, als für die bürgerliche Behaglichkeit einer Pension zu bezahlen.

Später meldete sich dann die Lepraabteilung bei uns, die schon am ersten Tag Witterung aufgenommen hatte wegen unserer Zeugnisse aus Peru, die voller Lob waren, unterschrieben von Dr. Pesce, der in etwa die gleiche Stellung wie Lusteau innehat. Alberto legte los, und sobald sie Luft holen wollten, kam ich ihnen noch mit meinem Allergiethema. Resultat? Arbeitsverträge für uns beide. Ich wollte auf keinen Fall akzeptieren, aber Alberto ganz offensichtlich schon, dann aber bekamen wir Ärger mit der Polizei wegen Robertos Messer, das ich auf der Straße hervorgeholt hatte, um ein Zeichen in den Boden zu ritzen – die reinste Schikane –, und beschlossen, so bald wie möglich nach Venezuela aufzubrechen, das heißt, wenn dich dieser Brief erreicht, bin ich wohl schon auf dem Sprung dorthin. […]

In keinem anderen Land, das wir bisher bereist haben, habe ich solche Repressionen gegen die persönlichen Freiheiten erlebt wie hier, die Polizei patrouilliert mit dem Gewehr auf der Schulter, und alle paar Minuten fragen sie dich nach deinem Ausweis. Fehlt nur noch, dass sie ihn beim Lesen falsch herum halten. Es herrscht gedrückte Stimmung, die einen ahnen lässt, dass sehr bald etwas passieren wird. In einigen Städten gibt es Aufstände, die Armee scheint nicht in der Lage zu sein, sie zu unterbinden; die Konservativen zerfleischen sich gegenseitig, und der 9. April 1948 hängt schwer wie Blei auf allen Bemühungen. Eine erdrückende Atmosphäre – wenn die Kolumbianer das weiterhin aushalten wollen, ist das ihre Angelegenheit, wir jedenfalls wollen hier so schnell wie möglich weg. Sieht so aus, als hätte Alberto auch die Möglichkeit, eine Stelle in Caracas zu bekommen […].

Eine Umarmung von deinem Sohn, der sich schmerzlich nach dir sehnt […].

Chau
Ernesto

An den Vater, La Paz, 24. Juli [1953]

Mein lieber alter Herr,[9]

ich habe länger nichts von mir hören lassen, weil ich hier einen Monat auf Arbeit gewartet habe, als Arzt in einer Zinnmine mit Calica als meinem Assistenten. Wir haben aber letztendlich aufgegeben, weil der Arzt, der uns die Arbeit angeboten hatte, gar nicht aufgetaucht ist und wir nicht ewig hier rumhängen und auf Geld warten können. Ich bin etwas enttäuscht, dass wir nicht bleiben können, weil das Land interessant ist und es hier gerade auf besondere Art und Weise brodelt. Am 2. August tritt die Agrarreform in Kraft, es wurden im ganzen Land Aufstände angekündigt. Wir haben unglaubliche Paraden gesehen, bewaffnete Leute mit Mausergewehren und *Piripipí*[10], die sie einfach abgefeuert haben. Jeden Tag sind Schüsse zu hören, es gibt Verletzte und Tote.

Die Regierung scheint nicht in der Lage zu sein, die Massen von Bauern und Minenarbeitern zu kontrollieren oder zurückzudrängen. Und es gibt keinen Zweifel, dass diese sich im Falle einer

9 1953 beendet Ernesto sein Medizinstudium. Am 7. Juli begibt er sich auf eine zweite Reise durch Lateinamerika, diesmal im Zug gemeinsam mit Carlos Ferrer (Calica), seinem Freund aus Kindertagen. Die beiden jungen Männer bereisen Bolivien, Peru, Ecuador. Der Plan war, anschließend in Venezuela Alberto Granada zu treffen, aber Ernesto reist in Begleitung von Eduardo García (Gualo) weiter durch Panama, Costa Rica, Nicaragua, El Salvador nach Guatemala. Dort möchten sie die revolutionären Prozesse unter Jacobo Árbenz in Augenschein nehmen. Von Anfang an notiert Ernesto, wie bei seiner ersten Reise, seine Erfahrungen in einem Tagebuch, das 2002 unter dem Titel *Das magische Gefühl, unverwundbar zu sein* veröffentlicht wird.

10 Piripipí: So nannten Paraguayer und Bolivianer Maschinengewehre, womöglich wegen ihres Klangs.

bewaffneten Revolution durch die Falange (die Oppositionspartei) auf die Seite der Nationalistischen Revolutionären Bewegung [MNR] stellen würden. […]

Ein Menschenleben ist hier nicht viel wert, und es wird ohne großes Aufheben gegeben und wieder genommen, das führt dazu, dass die Situation für den neutralen Beobachter sehr interessant ist, jedenfalls wenn man bedenkt, dass alle, die es sich unter irgendeinem Vorwand erlauben können – darunter auch wir –, es locker angehen lassen. Man hat uns aber sehr herzlich empfangen, und es gab nicht einen Bolivianer oder Argentinier, der sich nicht für unsere Reise und unser Vorhaben interessierte. Derzeit warten wir auf unser Visum für Venezuela, aber ob wir das überhaupt bekommen, ist noch völlig unklar. Falls dir irgendein Bekannter in Ecuador einfällt, schick mir seine Adresse an das argentinische Konsulat in Lima.

Gesundheitlich könnte es mir nicht besser gehen, auch wenn ich mich nicht an meine Diät halte. Schreib mir, um zu hören, ob ich in Lima etwas Neues zu berichten habe. Eine dicke Umarmung für die ganze Familie. Bis bald. Ich muss Schluss machen, ich werde gerade zum Milonga tanzen abgeholt.

[Ohne Unterschrift]

An die Mutter, Cuzco, 22. August 1953

Schau mal die Kopfzeile, Mami![11]

Ich habe mir zum zweiten Mal etwas gegönnt, diesmal mit Stil, aber es ist doch anders. Alberto[12] hätte sich ins Zeug gelegt, um Inkaprinzessinnen zu heiraten und verlorene Imperien wiederzuerlangen. Calica schimpft nur über den Schmutz, und jedes Mal, wenn er in einen Haufen Scheiße tritt, schaut er nur noch auf seine eingesauten Schuhe anstatt mal hoch in den Himmel oder zu einer der Kathedralen. Er atmet nicht Cuzcos anregende Atmosphäre, sondern nur Kochdünste und den Gestank von Kuhfladen; ist wohl alles eine Frage des Charakters.

Dieses ganze Hin und Her – ich reise weiter, ich bin schon fort, nein, doch nicht – ging mit der Notwendigkeit einher, dass man nicht wissen sollte, dass wir uns in Bolivien aufhielten. Es wurde eine Revolte erwartet, und wir hatten die vernünftige Absicht, diese aus nächster Nähe zu erleben. Leider passierte aber nichts Großes, außer gewaltigen Demonstrationen gegen die Regierung, die mir, entgegen den allgemeinen Behauptungen, doch ziemlich stabil zu sein scheint.

Ich habe überlegt, in einer Mine zu arbeiten, aber ich wollte ja nicht länger als einen Monat hierbleiben, und sie wollte mich für mindestens drei, also habe ich abgesagt.

Anschließend waren wir am Titicacasee oder an der Copacabana, und einen Tag verbrachten wir auf der Isla del Sol, wo ein berühmter Inkatempel steht und eine meiner größten Entdecker-

---

11 Der Brief wurde vermutlich auf dem Briefpapier eines nobleren Hotels verfasst.

12 Alberto Granado war Ernestos Begleitung auf seiner ersten Reise nach Cuzco 1952.

sehnsüchte sich erfüllte: Ich fand dort in einer Indigenengrabstätte eine kleine Frauenstatue etwa in der Größe eines kleinen Fingers, ein Götze aus *Chompi,* der berühmten Metalllegierung der Inkas.

An der Grenze [zwischen Bolivien und Peru] mussten wir zwei Kilometer zu Fuß gehen, und einen davon musste ich meinen Handkoffer voll hochexplosiver Bücher schleppen. Uns und den beiden Helfern hing die Zunge am Ende bis zum Boden.

In Puno gab es dann mächtig Ärger mit dem Zoll, wo sie ein bolivianisches Buch einkassierten, weil es angeblich »rot« sei. Ich konnte sie nicht davon überzeugen, dass es sich um eine wissenschaftliche Publikation handelte.

Wie es jetzt weitergeht, kann ich nicht sagen, ich habe nämlich keine Ahnung, nicht einmal davon, wie es in Venezuela laufen wird; immerhin haben wir unsere vorläufigen Visa erhalten […]. Ich kann dir aber schon sagen, dass ich weiterhin 10.000 USD zusammenbekommen will und dass ich vielleicht mit Alberto wieder eine Reise durch Lateinamerika mache, dieses Mal von Norden nach Süden und vielleicht im Helikopter, danach Europa und danach mal sehen.

[Ohne Unterschrift]

An Tita Infante, Lima, den 3. September 1953

Liebe Tita,[13]

es tut mir leid, dass ich Ihnen in meiner wundervollen Handschrift schreiben muss, aber ich habe nirgends eine Schreibmaschine auftreiben können. Ich hoffe, Sie finden einen freien Tag, den Sie der Lektüre dieses Briefs widmen können.

Spaß beiseite. Erst mal danke ich Ihrem Freund Ferreira für das Empfehlungsschreiben an das bolivianische Kolleg. Dr. Molina empfing uns sehr herzlich und freute sich, mich und meinen Reisebegleiter kennenzulernen, den Sie ja mal bei uns zu Hause getroffen haben. Er hat uns beiden auch direkt Arbeit angeboten, mir als Arzt und Calica als Krankenpfleger in einer Mine. Wir haben zugesagt, aber wir haben ihn von drei Monaten auf einen heruntergehandelt. Wir wollten eigentlich am nächsten Tag die Details besprechen, allerdings war Dr. Molina zu unserer Überraschung zur Inspektion der Minen aufgebrochen und sollte erst in zwei, drei Tagen zurück sein. Wir kamen dann also wieder und fragten nach ihm, doch obwohl man uns mitteilte, dass es nur ein paar weitere Tage sein würden, tauchte er nicht auf. Ich will jetzt nicht die vielen Male aufzählen, die wir nach ihm gefragt haben. Schließlich vergingen 20 Tage, bis er zurückkehrte, und somit wären aus dem einen Monat schon zwei geworden, und wir mussten ablehnen, aber er gab uns ein Empfehlungsschreiben für die Wolfram-Mine mit, wo wir dann auch zwei oder drei Tage blieben. Das war sehr interessant, zumal die Mine in einer wunderschönen Landschaft liegt. Insgesamt hat sich die Reise also gelohnt.

---

13 Berta Gilda Infante, Tita: Kommilitonin und enge Freundin des jungen Ernesto Guevara. Starb am 14.12.1976.

In La Paz habe ich dann gar nicht mehr an meine Ernährung und den ganzen Unsinn gedacht, und trotzdem ging es mir während der sechs Wochen dort richtig gut. Wir haben uns ein wenig außerhalb der Hauptstadt umgesehen, haben die Yungas besucht, unglaublich schöne Tropentäler, aber was uns viel mehr interessierte, war die politische Landschaft in der Gegend. Bolivien geht für ganz Amerika mit gutem Beispiel voran, wie ich finde. Wir waren an den Orten, an denen die Straßenkämpfe stattgefunden hatten, wir sahen Einschusslöcher an den Wänden, sogar die sterblichen Überreste eines Mannes, der an der Revolution beteiligt gewesen war und dessen Rumpf erst vor Kurzem auf einem Dachvorsprung entdeckt worden war, auf den ihn wohl sein Sprengstoffgürtel katapultiert hatte. Jedenfalls hat man dort sauber gekämpft, ohne Kompromisse. Hier werden die Revolutionen nicht wie in Buenos Aires gemacht, zwei-, dreitausend Menschen haben hier ihr Leben gelassen (keiner weiß genau, wie viele).

Die Kämpfe halten an, fast jede Nacht werden auf beiden Seiten Menschen durch Schüsse verletzt, aber die Regierung wird durch das bewaffnete Volk unterstützt, und es gibt keine Chance, eine solche bewaffnete Bewegung von außen auszuschalten, sie kann nur von innen besiegt werden.

Das MNR ist eine Koalition aus drei verschiedenen Strömungen: die Rechte, repräsentiert durch Siles Suazo, Vizepräsident und Held der Revolution; die Mitte, für die der Opportunist Paz Estensoro steht, der unter dem Strich aber wohl doch so rechts ist wie der Erste; und die Linke, repräsentiert durch Lechín, den bekannten Kopf einer Bewegung mit ernsthaften Forderungen, der sich privat aber eher als Schürzenjäger und Partylöwe betätigt. Wahrscheinlich wird die Macht am Ende der Gruppe um Lechín in die Hände fallen, schließlich haben sie die Minenarbeiter auf ihrer Seite, wobei der Widerstand der Regierungskollegen zu einer ernsten Gefahr werden könnte, jetzt wo das Heer sich neu aufstellt.

So weit das bolivianische Panorama, aus Peru erzähle ich später, wenn ich ein wenig länger hier gelebt habe, aber generell habe ich das Gefühl, dass der Einfluss der Yankees Peru jedenfalls nicht die vermeintlichen Vorteile gebracht hat, die man zum Beispiel in Venezuela sehen kann.

Was die Zukunft bringt, weiß ich nicht, keine Ahnung, wann ich weiterfahre und wohin. Wir hatten überlegt, nach Quito zu reisen, von dort nach Bogotá und später Caracas, aber wir wissen noch nicht, wie genau. Nach Lima bin ich über Cuzco gekommen.

Ich kann auch Ihnen nur, so wie allen, eine Reise hierher ans Herz legen, vor allem nach Machu Picchu, ich versichere Ihnen, Sie werden es nicht bereuen.

Ich gehe davon aus, dass Sie seit meiner Abreise wohl fünf Hausarbeiten geschrieben haben und dass Sie unter der Woche weiterhin Würmer angeln. Zum Thema Berufungen habe ich wenig oder nichts geschrieben, aber wenn Sie sich irgendwann mal dafür entscheiden sollten, das akademische Drecksloch gegen die weite Welt zu tauschen, dann

erinnere dich an diesen Freund
der Kopf und Kragen riskierte
um dir wo es nur geht zu helfen
wenn sich die Gelegenheit ergibt[14]

Bis dahin eine feste Umarmung
Ernesto

14 Ernesto zitiert die letzten Zeilen des Tangos »Mano a Mano«, der Text stammt von Celedonio Flores: »acordáte de este amigo / que por vos ha de jugarse el pellejo / pa ayudarte en lo que pueda / cuando llegue la ocasión«.

An den Vater, Guayaquil, [21. Oktober 1953]

Diesen Brief, von dem ich nicht weiß, wann du ihn lesen wirst, schreibe ich dir in meiner neusten Funktion als *100-prozentiger Abenteurer.* Viel Wasser ist unter den Brücken hindurchgeflossen seit meiner letzten schriftlichen Nachricht.

So sieht es derzeit aus: Calica, [Eduardo] Garcia (unser Neuzugang) und mich packte auf unserer Reise ein wenig das Heimweh. Wir sprachen darüber, wie gut es die beiden aus unserer Gruppe hatten, die nach Panama aufgebrochen waren, und auch über das tolle Interview mit X.X., diesem Schutzengel, den du mir vermittelt hast, aber das erzähle ich dir später. Jedenfalls sprach García eher nebenbei die Einladung aus, mit ihnen nach Guatemala zu kommen, und ich war in der richtigen mentalen Verfassung, um anzunehmen. Calica wollte uns seine Entscheidung am nächsten Tag mitteilen. Sie war positiv, und somit gab es vier neue Kandidaten, die den Yankees Schande machen würden. Aber damit nahmen unsere Irrungen und Wirrungen im Konsulat ihren Lauf, wo wir jeden Tag für ein Visum für Panama vorsprachen, und nach dem ganzen seelischen Auf und Ab schien Calica sich schließlich doch dagegenzuentscheiden. Dein Anzug, dein bestes Stück, den du wie deinen Augapfel gehütet hast, ist in einem Pfandhaus den Heldentod gestorben, genau wie alle unwichtigen Teile meines Gepäcks, das zum Wohl der hiermit sichergestellten (seufz) ökonomischen Stabilität unseres Trios[15] dezimiert wurde.

Und jetzt sieht es folgendermaßen aus: Wenn ein uns irgendwie wohlgesinnter Kapitän einverstanden ist, einen alten Trick anzuwenden, können García und ich nach Panama reisen. Anschließend wür-

15 Also Eduardo García (Gualo), Andrew Herrera und Ernesto, da Calica beschloss, weiter nach Venezuela zu reisen, wie er und Ernesto es ursprünglich in Buenos Aires geplant hatten.

den die, die aus Guatemala angekommen sind, mit denen, die bereits im Land sind, den Nachzügler holen, der als Sicherheit mit unseren Schulden zurückbleiben muss. Wenn besagter Kapitän es vergeigt, werden jene zwei Komplizen sich nach Kolumbien aufmachen, den dritten wiederum als Sicherheit zurücklassen und sich mit allen Mitteln, die Gott ihnen an die Hand gibt, nach Guatemala durchschlagen.

[Hinzugefügt in] Guayaquil [am] 24.: Nach einem nervenaufreibenden Hin und Her – sowie einer dezenten Bestechung – haben wir nun das Visum für Panama. Wir fahren Sonntag morgen los und werden dort am 29. oder 30. ankommen. Ich habe dies schnell im Konsulat geschrieben.

Ernesto

An Tante Beatriz, San José de Costa Rica, [10. September 1953]

Tante mein – Tante mein,

mein Leben war eine lange Folge widersprüchlicher Volten, bis ich mein Gepäck abwarf und mich, auf den Schultern nur mein kleiner Rucksack, mit meinem Kameraden García auf den gewundenen Pfad begab, der uns hierher geführt hat. In El Paso hatte ich die Gelegenheit, die Reiche der United Fruit zu sehen und mich ein weiteres Mal von der Grässlichkeit dieser kapitalistischen Oktopusse zu überzeugen. Ich habe vor einem Bild des alten und unlängst verstorbenen Genossen Stalin geschworen, nicht zu ruhen, bis diese Oktopusse erlegt sind. In Guatemala will ich das lernen, was mir zum echten Revolutionär noch fehlt.

Du sollst wissen, dass ich nicht nur als Arzt arbeite, sondern auch als Journalist und Redner, eine Möglichkeit, US-Dollars zu verdienen (allerdings nicht viele).[16]

Danke für deinen Beitrag, es umarmt und küsst dich dein Neffe – mit bester Gesundheit, leerem Magen und der sonnigen Hoffnung eines am Horizont aufsteigenden Sozialismus.

Chau
Chancho

An die Mutter, Guatemala-Stadt, 28. Dezember 1953

Meine liebe Mutter:

Endlich bin ich am Ziel, jetzt muss ich mich mit meinen Optionen beschäftigen, denn Argentinier bekommen hier wohl nicht immer das, was sie erwarten, und viele sind unglücklich. Ich denke, ich bleibe zwei Jahre, wenn alles gut geht, und sechs Monate, mehr oder weniger, wenn ich merke, dass es mir genauso ergehen wird.

Nachdem wir San José [Costa Rica] verlassen hatten, fuhren wir per Anhalter so weit, wie es der Weg erlaubte, und von da aus liefen wir etwa 50 Kilometer bis zur Grenze nach Nicaragua, denn der panamerikanische Highway ist hier nur ein Witz. Meine Ferse schmerzte wegen des Unfalls[17], davon habe ich dir ja erzählt, mir

16 Ernestos Artikel »Am Ufer des Flussriesen« erschien am 22. November 1953 in Panamá-América, sein Artikel über Machu Picchu in der wöchentlichen Beilage von Siete, Panama, am 12. Dezember.

17 Auf einer Lastwagenfahrt mit Gualo Garcia hatte Ernesto einen Unfall und verrenkte sich den Fuß.

ging es wirklich gar nicht gut, aber nachdem wir ungefähr zehnmal den Fluss durchquert und der Dauerregen uns durchgeweicht hatte, erreichten wir endlich die Grenze. Dort warteten wir den ganzen Tag auf einen Lastwagen oder eine andere Mitfahrgelegenheit nach Norden. Nicaragua ist bekannt für seine guten Straßen. Wir hatten die Hoffnung fast aufgegeben und uns damit abgefunden, zu Fuß weiterzumüssen (meiner Ferse ging es wieder besser, dank der Pflege einer alten Frau (ich hätte das niemals hinbekommen), als plötzlich ein Wagen mit einem riesigen Kennzeichen der Universität Boston auftauchte. Trotz unseres Misstrauens waren wir fast so weit, die Gringos um eine Fahrt anzubetteln, als wir den Riesenschnurrbart des dicken Ricardo Rojo sahen, dieses Radikalen im Exil, der gemeinsam mit den Brüdern Beberaggi Allende auf dem Weg nach Costa Rica war. Von den Brüdern hat Papa wahrscheinlich schon gehört, der Name ist oft gefallen, als Perón einem von ihnen die Staatsbürgerschaft entzog. Wir haben unsere Reise natürlich sofort unterbrochen, auch weil der Weg so unwirtlich war, und stattdessen gegrillt und Mate getrunken, ein richtiges Festmahl, es fühlte sich fast patriotisch an.

In Managua angekommen habe ich dann Papas bescheuertes Telegramm erhalten, ich frage mich wirklich, was das soll.[18] Ihr solltet langsam wissen, dass ich nur über meine Leiche um Geld bitten würde und dass ihr, wenn mal kein Brief kommt, geduldig sein sollt, ich habe nicht immer Briefmarken zur Hand, es geht mir gut und ich kriege es hin. Also, wenn ihr mal wieder ohne Grund beunruhigt seid, dann nehmt das Geld, das ihr für ein solches Telegramm ausgeben wollt, und werft es direkt aus dem Fenster, ich werde diese Telegramme ab jetzt nicht mehr beantworten.

---

18 In seinem Telegramm hatte Ernestos Vater um Nachrichten gebeten und gefragt, ob er Geld brauche.

Von Managua aus brachen wir dann mit den Brüdern Beberaggi in Richtung Guatemala auf, wo die beiden den Wagen verkaufen wollen, aber uns ging das Geld aus und wir mussten unsere letzte Habe verkaufen, wirklich alles, was uns in die Finger kam, Wagenheber, Taschenlampen, Reifen, alles, was sich zu Geld machen ließ.

Ich führe derzeit Gespräche über eine mögliche Anstellung im örtlichen Leprosorium, 250 Quetzales und die Nachmittage hätte ich frei, aber es steht noch nichts fest; ich werde schon irgendwas finden, denn die Leute hier sind hilfsbereit und Ärzte werden immer gesucht. Wenn nicht, gehe ich halt einfach zelten und schaue mir die Ruinen alter Zivilisationen an, du weißt ja, wie sehr diese Bauten mich immer begeistern.

Dieses Land ist wohl das einzige in Zentralamerika, das eine Reise wert ist, auch wenn die Hauptstadt nicht größer ist als Bahía Blanca[19] und mindestens genauso verschlafen. Hier ist auch nicht alles perfekt, es gibt staatliche Willkür, Raubüberfälle, trotzdem herrscht ein echt demokratisches Klima und zu den Ausländern pflegt man ein offenes, kooperatives Verhältnis, vielleicht kommen deswegen so viele hierher, um zu bleiben. Ich habe das Gefühl, dass auch ich hierbleiben könnte, wenn ich nur wollte, es gibt keinen einzigen Allergologen weit und breit, habe ich gehört. Ich habe aber keine richtige Lust, das stumpft einen am Ende nur ab und gewöhnt an ein bürgerliches Leben.

Also, meine Liebe, ich schicke allen eine Umarmung, besonders fest jedoch umarme ich das Geburtstagskind, bis bald.

[Ohne Unterschrift]

---

19 Eine Hafenstadt südlich von Buenos Aires.

An den Vater, 15. Januar 1954

[…] Ich hatte einen rätselhaften Austausch mit einem Gringo[20], der kein Wort Spanisch sprach, wir haben unsere eigene Sprache gefunden und verstanden uns prächtig. Über den Gringo erzählt man sich, dass er nach Guatemala geflohen ist, weil das FBI ihn jagt, andere sagen, dass er ein FBI-Agent ist. Fakt ist, er schreibt wütende Anti-Yankee-Texte und liest Hegel, trotzdem weiß ich nicht wirklich, auf welcher Seite er steht. Es ist wohl wie mit dem Hasen, der immer gerade entwischt. Bis hierhin, ich wünsche Ana María alles Liebe zum Geburtstag.[21]

[…]

Ich habe dem Gesundheitsminister einen Besuch abgestattet, mit der Bitte um eine Stelle und eine klare Antwort, ja oder nein. Der Mann empfing mich sehr freundlich, er hat sich meine Personalien notiert und mir einen Termin in ein paar Tagen gegeben. Diese Tage sind nun abgelaufen und letztendlich hat er mich nicht enttäuscht, er hat mir eine klare Antwort gegeben: NEIN.

Ich habe trotzdem etwas in Aussicht, um erst mal über die Runden zu kommen und Fuß zu fassen. Ich muss, um praktizieren zu können, hier in einen illustren Kreis von Ärzten aufgenommen werden, kommt mir fast oligarchisch vor (denen werde ichs zeigen).

Derweil verkaufe ich auf der Straße wunderschöne Bildchen des Herrn von Esquipulas, einem schwarzen Christus, der ein verrück-

---

20 Es handelt sich um Harold White, Professor an der Universität in Utah. Als Industrieminister wird Che White nach Kuba einladen, wo dieser bleibt und ein paar Jahre später stirbt. Sie wurden gute Freunde, teilten insbesondere ein großes Interesse für den Marxismus.

21 Der Geburtstag von Ches Schwester Ana María war am 28. Januar.

tes Wunder nach dem nächsten vollbringt.[22] Auf dem Bild, das ich verkaufe, ist er auf eine besondere Art angestrahlt, ähnlich dem System von Adolfo[23], nur schlechter. Ich habe inzwischen eine reiche Anekdotensammlung all der Wunder, die dieser Christus vollbracht hat, eine Sammlung, die immer weiter wächst. Die Ironie ist, dass ich sie von jemandem habe, der eine ziemliche Pechsträhne hatte, wenn du das glauben kannst. Die Stimmung hier ist auf jeden Fall großartig.

[…]

Was ich aber schon sagen kann, ist, dass ich diese Region nicht verlassen möchte, ohne Mexiko besucht zu haben. In ganz Amerika, würde ich sagen, und ich kenne mich aus, gibt es kein demokratischeres Land als dieses [Guatemala]; sowohl die Radikalen als auch das gesamte Spektrum der sogenannten Mitte sagen offen ihre Meinung, ohne Konsequenzen zu fürchten.

Ich fürchte jedoch, dass es nicht so bleiben wird, da die United Fruit (ein Unternehmen, das viele Bananen, aber noch viel mehr Kanarienvögel[24] züchtet) Unsummen für Propaganda aufbringen kann. Die oppositionellen Tageszeitungen veröffentlichen täglich ganze Redemanuskripte der Demokraten – Abgesandte des Unternehmens – oder Statements der Vereinigten Staaten, und der größte Teil dieses »Eintopfes« scheint in den Konferenzen von Caracas gekocht zu werden, wo die Yankees die Fäden in der Hand halten und alles dafür tun werden, Sanktionen gegen Guatemala zu erlassen. Alle Regierungen knicken nach und nach ein, ihre Söldner

---

22 Die berühmte Statue des schwarzen Christus von Esquipulas steht in der gleichnamigen Basilika in Guatemala.

23 Adolfo, Fotograf und Freund von Ernesto, der mit ähnlichen Beleuchtungssystemen gearbeitet hat.

24 Canarios nannte man in Argentinien die 100-Peso-Scheine wegen ihrer gelben Farbe.

heißen Pérez Jiménez, Odria Trujillo, Batista, Somoza.[25] Also die unsozialsten und faschistischsten unter den reaktionären Regierungen. Bolivien war interessant, aber Guatemala ist es noch viel mehr, weil sich das Land gegen alle auflehnt, aber ohne das kleinste bisschen wirtschaftliche Unabhängigkeit und unter allen möglichen bewaffneten Aufständen (Präsident Arévalo hat etwa 40 Putschversuche überlebt), und zwar ohne die Meinungsfreiheit auch nur irgendwie infrage zu stellen.

[Ohne Unterschrift]

An Tante Beatríz, 12. Februar 1954

Meine liebste, immer verehrte, aber immer noch nicht genug gepriesene Tante,

vielen Dank für deinen letzten Brief, dem Höhepunkt und die Ergänzung zu den beiden vorhergegangenen, von denen mich jedoch nur einer erreichte, was wohl bedeutet, dass der demokratische Postbeamte hier eine gerechte Umverteilung vorgenommen hat. Bitte, schick mir kein Geld mehr, ich weiß, was dich das kostet, ich hingegen finde hier die Dollarscheine quasi auf der Straße, ehrlich, du holst dir hier einen Hexenschuss, weil du dich ständig nach Geld bücken musst. Inzwischen hebe ich immer nur einen von zehn Scheinen auf, einfach um für Sauberkeit im öffentlichen

---

25 Die Staatsoberhäupter in Venezuela, Peru, der Dominikanischen Republik, Kuba und Nicaragua.

Raum zu sorgen, schließlich ist umherfliegendes und auf dem Boden liegendes Papier ja nicht ungefährlich.

Also, mein Plan für die nächsten Jahre ist dieser: Mindestens sechs Monate Guatemala, wenn ich nichts Einträgliches finde, was mir erlaubt, zwei Jahre hierzubleiben. Im ersten Fall würde ich dann für ein Jahr woanders arbeiten, das könnte in folgenden Ländern sein, in absteigender Wahrscheinlichkeit: Venezuela, Mexiko, Kuba, USA. Wenn es hier für zwei Jahre reicht, würde ich die letzten drei der genannten Länder besuchen, außerdem Haiti und Santo Domingo, dann Westeuropa, vermutlich mit meiner Mutter, wo ich bleiben würde, bis mir das Geld ausgeht. Im unwahrscheinlichen Fall, dass doch noch Geld übrig bleibt, komme ich dich auf eine günstige Art besuchen, also in einem kostenlosen Flug, per Überfahrt als Schiffsarzt etc.

In all diesen Plänen gibt es zwei Variablen, die viel entscheiden können. Die erste ist das Geld, das für mich zwar keine fundamentale Bedeutung hat, das aber doch oft eine Auswirkung auf die Dauer von Aufenthalten oder die Ausgestaltung von Vorhaben entwickelt. Die zweite, wesentlich wichtigere ist die politische Situation: Ich bin nicht der Dilettant, der nur redet und sonst nichts. Ich habe mich auf der Seite der Regierung Guatemalas engagiert, und zwar bei der PGT[26], bei den Kommunisten. Ich stehe in Verbindung mit Intellektuellen dieser Gesinnung, die eine Zeitschrift herausgeben, und ich arbeite als Arzt für die Gewerkschaft, die mich auf das Medizinkolleg angesetzt hat, das vollkommen reaktionär ist. Ich kann mir vorstellen, was du nun sagen wirst, aber zumindest kannst du mir nicht vorwerfen, ich würde nicht klar sprechen.

[…] Hinsichtlich der Aspekte des Sozialen in der Medizin und auf der Grundlage meiner bescheidenen Erfahrungen habe ich vor,

---

26 *Partido Guatemalteco del Trabajo,* die Guatemaltekische Arbeiterpartei.

ein sehr ambitioniertes Buch zu schreiben, was mich wohl zwei Jahre Arbeit kosten wird. Der Titel lautet: *Die Funktion des Arztes in Lateinamerika.* Ich habe nur einen groben Plan, aber schon zwei fertige Kapitel. Mit etwas Geduld und Arbeit kann etwas Gescheites dabei herauskommen, da bin ich mir sicher.

Eine stählerne Umarmung von deinem proletarischen Neffen.

Ein wichtiges P.S.: Sagst du mir, was du mit der Wohnung machen wirst, beziehungsweise ob ich dir Bücher schicken kann? Keine Sorge, ist nichts Heikles.

An Tita Infante, Guatemala-Stadt, März 1954

Wie auch immer das Leben verläuft, meine liebe Tita, am Ende werden wir alle alt:

Ein Jahr bin ich jetzt schon unterwegs, und so richtig bin ich in keiner Sache vorwärtsgekommen; ich gehe aber davon aus, dass Ihnen Abenteuer gefallen, also werde ich ein wenig von meinen Projekten, Reisen und Fehlschlägen erzählen.

Erst mal bitte ich vielmals um Entschuldigung, dass ich nicht schon früher geantwortet habe. Eigentlich wollte ich Ihnen einen Text über Guatemala und seine Bewohner schicken, hatte aber keine Zeit, ihn anzufertigen. Dann war ich auf der Suche nach einem einheimischen Schriftsteller, der ihn stattdessen schreiben sollte, um ihn anschließend dort zu veröffentlichen, aber daraus wurde auch nichts. Mir scheint, der Erfinder der Arbeit kam vor vielen Jahren zum Sterben hierher. Später bat mich eine Zeitschrift, ich weiß nicht einmal, wie sie heißt, um einen Text über Guatemala, und da dachte ich, ich schicke Ihnen dann eine Ausgabe davon, doch ich habe ihn in so kurzer Zeit nicht fertigstellen können, denn wenn ich es schon mache, will ich es auch ordentlich machen.

Ich erzähle Ihnen das alles, weil ich der Meinung bin, dass Guatemala ein Land ist, das man kennen und verstehen sollte. Angesichts der kriegerischen, bisher aber siegreichen Situation dieser Republik sind Ihre Befürchtungen aber nicht ganz falsch. Am 1. März, bei seiner jährlichen Rede im Kongress, verkündete Präsident Árbenz die Kooperation der Regierung mit der kommunistischen Partei und betonte, dass die Regierung die Rechte der Regierungsbeteiligten gegen jede Form der Sanktion verteidigen würde. Prinzipiell nehmen die Kommunisten meist umsichtige Positionen ein, und wenn die Presse nicht immer so ein Getue machen würde von wegen »Einführung bizarrer Lehren«, würde man kaum etwas merken. Aber es ist die einzige Partei in Guatemala, die mit einem Programm in die Regierung eingetreten ist, in dem es nicht nur um persönliche Interessen geht (vielleicht gibt es aber auch etwas Demagogisches in der Parteispitze); im krassen Gegensatz zu den anderen drei Parteien, die ein einziges Chaos sind, sodass es jeweils Gegenflügel gibt, die schamlos mit der Opposition paktieren, um die Mehrheit im Kongress zu halten (eine Kammer würde nicht reichen, um unser Programm durchzukriegen). Für den Fall, dass Sie nicht mehr über die Lage hier wissen als ich, will ich betonen, dass der Einfluss der PGT auf die anderen drei Parteien sehr groß ist, was mit dem Linksruck innerhalb Guatemalas zu tun hat, alles Strömungen, die dabei helfen wollen, Guatemala sozialistisch zu machen. Das wird jedoch eine schwierige Aufgabe, was wiederum mit den niedrigen Standards der Bevölkerung zu tun hat (damit meine ich in allererster Linie Bildungsstandards).

Dieses Land ist ein klassisches Agrarland, das sich gerade erst aus fast schon »orthodoxen« feudalen Strukturen befreit, und die einzige wirtschaftliche Karte, auf die es setzen kann, ist eine Monokultur, die auf dem Weltmarkt sehr viel Gewicht hat. Kaffee. Ich will nicht pessimistisch sein, aber einen Rückgang in der Kaffeewirtschaft würde die Regierung nicht verkraften, es sei denn, sie riefe den Notstand aus, was nur angesichts eines internationalen Boykotts durch die Gringos möglich wäre. Ich glaube, Guatemala wird seinen schwierigsten Moment in drei Jahren erleben, wenn ein neuer Präsident gewählt wird. Die Namen, die dafür derzeit kursieren, lassen wenig Hoffnung auf eine Fortführung der Revolution in der wundersamen Weise, die wir bisher gesehen haben. Wenn es Sie interessiert und es Sie nicht in Schwierigkeiten bringt, kann ich dazu gern ein paar Artikel schicken, aber das mache ich erst, wenn ich eine Antwort erhalten habe.

Ich wollte Ihnen eigentlich nur eine Seite schreiben, weil meine finanzielle Situation sehr bescheiden ist und ein neues Blatt weitere 10 Cent kostet, aber ich will doch ein paar Sachen wissen:

Erstens, wie geht es Ihnen, wie läuft es an der Uni und was sind Ihre Pläne oder Nichtpläne für den März (und die kommenden Monate, bis ich Antwort von Ihnen erhalte)? Ich frage, weil ich Ihrem Brief entnommen habe, dass Ihre Hoffnungslosigkeit gleichsam romantisch und gefährlich ist, so kommt es mir zumindest vor. Wenn man Fatalist sein will, ist mein Rat, dann immer im positiven Sinne, indem man sich nicht sorgt und nicht den sinnlos verstreichenden Tagen nachweint. Bitte nehmen Sie mir meinen ernsten Ton nicht übel, aber wie viel Gutes passiert, wie sehr man sich weiterentwickelt, wird einem oft erst im Nachhinein bewusst, wenn man auf die verstrichenen Jahre zurückblickt.

Zweitens, was ist aus Ihrer Intellektuellengruppe und der Zeitschrift geworden, die Sie gründen wollten, und wie geht es Paz und ihrer Gesundheit?

Drittens, was macht Montenegro? Ich habe ihm geschrieben, aber keine Antwort erhalten, dann habe ich Dicstein geschrieben und von ihm auch keine Antwort bekommen. Ich weiß also gar nichts von den Leuten, die ich aus den Kneipen kenne, in der die Mediziner sich trafen. Wenn Sie mir wieder schreiben, lesen Sie ihnen meine Fragen doch vor und schreiben die Antworten mit in den Brief.

Wenn ich nun auf mich zu sprechen komme, muss ich sagen, dass meine Versuche, Arbeit als Arzt zu finden, völlig gescheitert sind. Die Gesetze wurden hier so geschrieben, dass das Praktizieren das Vorrecht einer Gruppe von Oligarchen ist. Es sind die Erben derjenigen, die zwar die Revolution von '44 wollten – aber bitte bürgerlich –, nun aber auf keinen Fall ihre Beute teilen möchten. Neben meinen anderen Beschäftigungen habe ich mich derweil auch mit Ihren Untersuchungen [über Parasiten] beschäftigt und besorgniserregende Statistiken gelesen: 89 % der Kinder sind mit Spulwürmern und Necatorparasiten infiziert, außerdem habe ich mich mal der Hinterteile einiger *Vinchucas* (hier nennt man sie *Triatomas)* angenommen und nach den Trypanosomen gesucht, *cruxi* und *rangelis,* die man auch bei uns findet. So viel zur Medizin, denn abgesehen davon widme ich mich vor allem der Aufgabe, nicht zu verhungern, um durchzuhalten bis zum großen Schlag: Wie es aussieht, werde ich nach Petén in den guatemaltekischen Urwald aufbrechen, als Krankenpfleger mit mittelmäßiger Bezahlung, aber ich werde mit Kautschuksammlern und Holzfällern tief in den Wäldern in der Nähe einer alten Mayastätte (Yucatán ist eine wesentlich modernere Variante dieser mitten in den Wäldern verloren gegangenen Kultur) arbeiten und dabei alle möglichen tropischen Krankheiten besser kennenlernen. Das Einzige, was noch fehlt – hier fehlt immer irgendetwas –, ist die Genehmigung der Gewerkschaft, denn es ist ein wichtiger Posten im Spiel von Vorständen und Gewerkschaft. Ich hoffe, ich kann sie davon überzeugen, dass ich gar nicht so ein übler Typ bin, wie sie vielleicht glauben, weil der Chef mich empfiehlt. Wenn alles gutgeht, lassen sich in 15 Tagen schon die Moskitos auf meinem Körper nieder und ich vereine mich ein weiteres Mal mit Mutter Natur. Das Einzige, was mich etwas traurig macht, ist die Tatsache, dass ich in

Venezuela für die gleiche Arbeit täglich 800 statt 125 bekommen hätte. Dieses verdammte Geld!

Tita, ich sende brüderliche Grüße, ich erwarte ebenso ausführliche Nachricht und ein Ende Ihres Kreuzgangs. Bis bald!

Ernesto

An die Mutter, [Guatemala,] Ende April 1954

Mutter, liebe Mutter,

glaub nur nicht, dass die Anrede so lautet, um Vater eine Freude zu machen, aber es gibt Anzeichen dafür, dass sich etwas verbessert, die Aussichten sind nicht so schlecht, zumindest was meine wirtschaftliche Situation angeht. Ich habe keine Schwierigkeiten damit, euch von Tragödien zu erzählen, wenn sie nur der Wahrheit entsprechen, und weil ich davon ausgehe, dass Vater mich für Manns genug hält, um so etwas auszuhalten. Wenn ihr stattdessen ein paar Elfenmärchen hören wollt, da gibt es ein paar schöne. Seit ihr zuletzt von mir gehört habt, passierte Folgendes: Ich ging los mit meinem Rucksack und einem Aktenkoffer, halb auf Füßen, halb auf Händen, halb beschützt durch ein Schmiergeld von 10 Dollar (peinlich!), was mir die Regierung höchstselbst mit auf den Weg gegeben hatte. Ich erreichte Salvador, wo die Polizei einige Bücher konfiszierte, die ich aus Guatemala mitgenommen hatte, konnte jedoch die Grenze passieren und erhielt ein Visum zur Einreise nach Guatemala (diesmal das richtige). Dann habe ich mir ein paar Ruinen der *Pipiles* angeschaut, ein Volk der Tlascaltecas, das den Süden erobern wollte (ihr Gebiet lag eigentlich in Mexiko), wo sie auch bis zur Ankunft der Spanier blieben. Sie haben nichts mit den Mayabauten zu tun, noch weniger mit denen der Inkas.

Danach habe ich ein paar Tage am Strand verbracht, während ich auf mein Visum wartete, damit ich nach Honduras reisen konnte, wo ich einige wunderbare Ruinen besichtigen wollte. Nachts lag ich in dem Schlafsack, den ich dabeihatte, direkt am Ufer, und obwohl ich mich nicht ganz so streng an meine Diät gehalten habe, bin ich, abgesehen von einem Sonnenbrand, in bester Verfassung. Ich freundete mich mit ein paar Typen an, wie alle in Zentralamerika gute Trinker, und nutzte die alkoholisierte Stimmung direkt aus, um ihnen etwas guatemaltekische Propaganda und einige tiefrote Verse zu verabreichen. Das Ergebnis war, dass wir alle auf dem Polizeirevier landeten, aber da kamen wir dank eines feinen Kommandanten wieder raus, der mir vorschlug, doch von den Abendrosen und anderen schönen Dingen zu singen. Ich zog es jedoch vor, mich wie ein Sonett im Rauch aufzulösen. Die Honduraner haben dann meinen Visaantrag abgelehnt, nur weil ich in Guatemala gemeldet bin, wobei ich wohl dazusagen sollte, dass ich dort einen Streik beobachten wollte, der inzwischen 25 % der gesamten Arbeiterschaft erfasst hat – eine Zahl, die überall enorm groß wäre, besonders jedoch in einem Land, in dem es kein Streikrecht gibt und sich die Gewerkschaften im Untergrund organisieren müssen. Der Fruchtkonzern schäumt vor Wut, genauso wie Dulles und die CIA. Sie wollen in Guatemala intervenieren wegen des schrecklichen Verbrechens, Waffen aus allen verfügbaren Quellen zu beziehen, wo die USA ihnen schon seit Jahren nicht einmal mehr eine Kartusche verkauft hat […].

Zurück reiste ich dann auf verlassenen Wegen und mit leerem Geldbeutel, ein Dollar ist hier etwa ein *mango* [peso] wert, also kommt man selbst mit 20 nicht besonders weit. An einem Tag bin ich mal 50 km gelaufen (okay, das ist gelogen, aber es waren wirklich viele!), und einige Tage später erreichte ich das Krankenhaus des Fruchtkonzerns, in dessen Umkreis es ein paar kleine, aber sehr schöne Ruinen gibt. Hier musste ich etwas einsehen, das mich mein Amerikanismus bisher nicht hatte glauben lassen. Unsere Vorfahren sind Asiaten (sag Vater, dass man ihm bald sein elterliches Sorgerecht entziehen wird). Es gibt Figuren im Basrelief, die Buddha in Person sind, es finden sich alle Aspekte, die für die Hindukultur charakteristisch sind. Der Ort hier ist traumhaft schön, so schön, dass ich gegen meinen Bauch das Verbrechen des Silvestre Bonard[27] begangen habe, ich habe einen Dollar für Filmrollen ausgegeben und mir eine Fotokamera ausgeliehen.

Im Krankenhaus habe ich mir nach meinem Ausflug noch ein Essen erbettelt, doch mein Magen wurde davon nur halb voll. Zum Schluss ging mir völlig das Geld aus, sodass ich nicht mal den Zug zurück nach Guatemala-Stadt nehmen konnte, stattdessen bin ich nach Puerto Barrios gegangen und habe dort Teertonnen abgeladen, zwölf Stunden für 2,63 die Stunde, eine Knochenarbeit, während derer eine fantastische Anzahl Moskitos wütete. Meine Hände waren danach hinüber, genau wie mein Kreuz, aber irgendwie war ich glücklich. Ich arbeitete von sechs Uhr abends bis sechs Uhr morgens und schlief in einem leerstehenden Haus am Meer. Danach bin ich nach Guatemala-Stadt aufgebrochen, und hier habe ich inzwischen wieder bessere Aussichten.

[…] (Dieser Brief hier ist nicht schlampig geschrieben, sondern das Ergebnis, wenn neben dir vier Kubaner laut quatschen.)[28]

[…] Das nächste Mal schreibe ich dir mit etwas mehr Ruhe und schicke dir Neuigkeiten, falls es welche gibt. Eine Umarmung für alle.

[Ohne Unterschrift]

---

27 *Das Verbrechen des Sylvestre Bonnard* ist der Titel eines Romans von Anatole France.

28 Unter diesen »vier Kubanern« waren Ñico López, Mario Dalmau und Armando Arenciba.

An Zoraida Boluarte, Guatemala, seit sechs Monaten am Hungern

Sing darüber, wie du mich damals liebtest
zur besten Zeit meines Lebens.[29]

Ich habe Ihnen auf Ihren lieben Brief nicht geantwortet, einfach nur, weil ich nicht wusste, wie. Die letzten Monate waren Zeiten des Verzichts, oder anders gesagt, Monate, in denen ich alles Überflüssige losgelassen habe, Fette und bestimmte Eiweiße, um nur an dem festzuhalten, was tatsächlich wichtig ist: Kohlenhydrate, Haut und Knochen. Meine Sinne haben sich seitdem geschärft, und ich bin viel beweglicher geworden, ehrlich, vor ein paar Tagen haben sie meine Zeit auf 50 Meter gemessen, im Ziel wartete ein Steak, und die Uhr zeigte noch immer null an, als ich ankam. Es gab einen Moment, da war ich drauf und dran, nach Mexiko zu gehen und alles hier zurückzulassen, ich war so sehr davon überzeugt, dass nicht einmal meine Ehre sich hätte dazwischenstellen können. An der Grenze wollten sie dann 100 Dollar von mir haben, das ist ungefähr das Doppelte meiner kühnsten Träume. Am Ende schickten sie mich weg, sprich, es triumphierte meine bereits verlorene Ehre. Die Fotografien, nach denen Sie immer wieder fragen, habe ich noch nicht entwickelt, das mache ich demnächst mal. […]

Meine wirtschaftliche Perspektive wird sich aber demnächst verbessern, die Regierung schickt mich als Krankenpfleger in eine recht abgelegene Region, in die sich kaum jemand hintraut. Was die Medizin angeht, bin ich derzeit nicht wirklich auf der Höhe,

29 Zoraida Boluarte war die Assistentin des Lepraspezialisten Carlos Pesce. Ernesto lernte die beiden zusammen mit Alberto Granado während seiner ersten Reise in Peru kennen. Er pflegte die Freundschaft und besuchte Zoraida auch auf seiner zweiten Reise.

meine Bücher liegen alle in Panama, und hier habe ich keinen Ort zum Lesen. [...]

Meine Grüße an alle Kranken, alle Angestellten des Krankenhauses, besonders Frau Peirano, und Ihnen, Ihrer Familie und Blanquita eine Umarmung des armen

Che[30]

An die Mutter, [Guatemala,] April 1954

Liebe Mutter,

wie du siehst, bin ich nach Petén aufgebrochen. Der Hurensohn, der mich einstellen sollte, hat mich einen Monat warten lassen, um mir danach zu sagen, dass aus der Stelle doch nichts wird. [...]

Ich hatte ihm schon eine Liste mit den nötigen Medikamenten, Instrumenten und anderen Dingen geschickt, ich hatte mich auch schon in die Diagnosen von Tropenkrankheiten eingelesen. Das wird mir aber in jedem Fall behilflich sein, zumal es jetzt so aussieht, als könnte ich für die [United] Fruit Company in einer Region für Bananenanbau arbeiten.

Den Besuch der Ruinen von Petén will ich mir aber auf keinen Fall entgehen lassen. Nicht weit von hier gibt es eine Stadt, Tikal, die traumhaft schön ist, und Piedras Negras, eine weitere Stadt ganz in der Nähe, wesentlich unbedeutender als die Stätten der Maya, aber dennoch ein Zeugnis außerordentlicher Kunstfer-

---

30 Ernesto unterschreibt hier mit »Che«, um sich als Argentinier auszuweisen.

tigkeit. Im hiesigen Museum gibt es einen Türsturz, der schon fast zerfällt, man kann jedoch genau erkennen, was für ein Handwerk dahintersteckt.

Unseren alten peruanischen Freunden fehlte wohl das tropische Feingefühl, um an ein solches Niveau heranzukommen, aber sie hatten auch nicht den hiesigen Kalkstein zur Verfügung, der viel leichter zu bearbeiten ist.

[...] Ich bin von Tag zu Tag glücklicher, aufgebrochen zu sein. Meine medizinische Ausbildung macht keine Fortschritte, aber in der Zwischenzeit erwerbe ich Kenntnisse, die viel bedeutender sind.

Ich will nur all diese Orte ansehen, aber ich weiß nur nicht, wann und wie. Jetzt Pläne zu machen, käme mir verfrüht vor; wenn ich die Stelle bei der United Fruit bekomme – und nur dann –, möchte ich erst mal alle meine aktuellen Schulden abbezahlen, und die, die ich früher gemacht habe, mir eine Fotokamera kaufen, Petén besuchen und mich dann olympisch nach Norden wenden, also nach Mexiko. [...]

Es freut mich, dass du eine so hohe Meinung von mir hast. In jedem Fall ist es aber unwahrscheinlich, dass die Anthropologie die einzige Beschäftigung meines Erwachsenenlebens sein wird. Mir kommt es paradox vor, die Erforschung von etwas, das definitiv tot ist, zum Leitstern eines Lebens zu machen. Zwei Dinge sind mir inzwischen aber klar geworden: Erstens, dass, wenn ich irgendwann die wahrhaft schöpferische Mitte des Lebens von 35 Jahren erreiche, meine ganze oder jedenfalls ein großer Teil meiner Aufmerksamkeit der Nuklearphysik gelten wird oder der Genetik, jedenfalls einem der Felder, in denen die interessantesten Wissensgebiete aufeinandertreffen. Zweitens, dass die Bühne meines Lebens Amerika sein wird, und zwar viel mehr, als ich es je geglaubt hätte. Das habe ich jetzt wirklich verstanden, ich fühle mich als Amerikaner, als jemand, der sich von anderen Völkern der Welt unterscheidet. Natürlich werde ich aber den Rest der Welt bereisen. [...]

Aus meinem Alltagsleben kann ich dir nichts wirklich Interessantes erzählen. Morgens gehe ich zum Gesundheitsamt, arbeite ein paar Stunden im Labor, am Nachmittag gehe ich in die Bibliothek oder ins Museum und bringe etwas über die Gegend in Erfahrung, abends lese ich medizinische Fachbücher oder was anderes, schreibe Briefe, Alltagsdinge eben. Ich trinke Mate, wenn es welchen gibt, und führe unendlich lange Diskussionen mit der Genossin Hilda Gadea, einer Aprista-Anhängerin[31], die ich mit der mir typischen Sanftheit zu überzeugen versuche, dieser Scheißpartei endlich den Rücken zu kehren. Diese junge Frau hat ein Herz aus Platin, mindestens. Sie hilft mir bei so vielen wichtigen, alltäglichen Dingen (angefangen mit der Unterkunft).

[Ohne Unterschrift]

An die Mutter, [Guatemala,] 20. Juni 1954

Liebe Mutter,

dieser Brief wird dich wohl kurz nach deinem Geburtstag erreichen, den du meinetwegen eventuell etwas unruhig verbringen wirst. Ich versichere dir jedoch, dass es zurzeit keinen Grund gibt, sich zu fürchten. Für die Zukunft kann ich dies nicht versprechen, obwohl ich das Gefühl habe, unverletzbar zu sein (unverletzbar ist das falsche Wort, womöglich hat mein Unterbewusstsein mir einen Streich gespielt).

---

31 Hilda Gadea war Mitglied der Alianza Popular Revolucionaria Americana (APRA) in Peru. Hilda und Che heiraten im folgenden Jahr in Mexiko.

Die Situation sieht im Groben so aus: Vor fünf oder sechs Tagen flog zum ersten Mal ein Piratenflugzeug aus Honduras über Guatemala, machte aber nichts weiter. Am nächsten Tag und auch an den darauffolgenden Tagen wurden verschiedene Militärstützpunkte bombardiert, und vor zwei Tagen nahm ein Flugzeug die niedrig gelegenen Viertel der Stadt unter Beschuss, dabei kam ein zweijähriges Mädchen ums Leben. Das Ereignis hat dazu geführt, dass alle Guatemalteken sich gemeinsam hinter ihre Regierung stellten, ebenso wie alle, die sich von diesem Land angezogen fühlen und hier leben, Menschen wie ich.

Währenddessen haben sich Söldnertruppen unter der Führung eines Ex-Oberstleutnants (er wurde vor einer ganzen Weile wegen Verrats aus dem Heer entlassen) zusammengerottet, sie sind von der honduranischen Hauptstadt Tegucigalpa aus an die Grenze gebracht worden und bereits weit in guatemaltekisches Gebiet vorgedrungen. Die guatemaltekische Regierung, die auf Vorsicht bedacht ist, um für die Vereinigten Staaten nicht als Aggressor zu gelten, hat gegen die Aktion in Tegucigalpa ihren Protest bekundet und einen Bericht der Ereignisse an den Sicherheitsrat der Vereinten Nationen geschickt; sie lässt die feindlichen Truppen weiter eindringen, um keinen sogenannten Grenzkonflikt entstehen zu lassen. Oberstleutnat Árbenz ist zweifelsohne ein Mann mit Schneid, und er ist bereit, wenn nötig, sein Leben zu lassen. In seiner letzten Rede hat er dies, obwohl alle es wussten, nochmals bekundet und dadurch im Land für eine gewisse Ruhe gesorgt. Die Gefahr geht derzeit nicht von diesen Söldnertruppen aus, auch nicht von den Kampffliegern, die zivile Gebäude bombardieren und wahllos Menschen erschießen, die Gefahr geht von der Art und Weise aus, wie die Gringos (in diesem Fall die Yankees) ihre Handlanger bei den Vereinten Nationen entscheiden lassen, da schon eine vage Stellungnahme den Angreifern sehr dienen würde.

Die Yankees zeigen seit dem Ende der Roosevelt-Ära ihr wahres

Gesicht, stiften Unruhe in der Region, testen ihre Kräfte aus. Wenn es so weit kommt, dass wir hier gegen Kampfjets und moderne Truppen kämpfen müssen, die United Fruit oder die USA schicken, dann wird gekämpft werden. Die Stimmung in der Bevölkerung ist gut, diese widerlichen Angriffe und die Lügen der internationalen Presse haben die Menschen nur enger hinter der Regierung vereint. Die Leute hier sind in Kampfstimmung. Ich habe mich schon als Rettungssanitäter gemeldet, außerdem für die Jugendbrigaden, ich gehe dahin, wo ich gebraucht werde. Ich glaube nicht, dass es so weit kommen wird, aber das wird sich erst morgen nach dem Treffen des [UN-]Sicherheitsrates zeigen. Jedenfalls werdet ihr schon vor Ankunft dieses Briefes wissen, was Sache ist.

Ansonsten gibt es keine Neuigkeiten. Die argentinische Botschaft war in den letzten Tagen geschlossen, seitdem habe ich keine Post erhalten, außer einem Brief von Tante Beatríz und deinen von letzter Woche.

Die Stelle beim Gesundheitsamt ist mir so gut wie sicher, aber die Behörden hatten in den letzten Tagen wirklich Wichtigeres zu tun, deswegen wäre es mir etwas töricht vorgekommen, sie jetzt mit meinem Anliegen zu belästigen.

Also, liebe Mutter, ich hoffe, du hattest trotz allem einen schönen Geburtstag – was für ein Jahr! Sobald ich Zeit habe, schreibe ich dir wieder.

Chau

[Ohne Unterschrift]

An die Mutter, [Guatemala,] 4. Juli 1954

Liebe Mutter,

es war wie in einem wunderschönen Traum, aus dem man nicht aufwachen möchte. Die Realität klopft bereits an die Türen, und so langsam kann man die Gewehrsalven hören, die Auszeichnung für besonders inbrünstiges Festhalten an der alten Regierung. Der Verrat scheint ein Geburtsrecht der Armee zu sein, und einmal mehr bewahrheitet sich der Aphorismus, dem zufolge die Auflösung der Armee am Anfang jeder Demokratie steht (auch wenn dieser Aphorismus nicht existiert, glaube ich doch, dass er wahr ist). [...].

Die Wahrheit ist, dass Árbenz nicht auf Augenhöhe war mit den Veränderungen in diesem Land.

So ist es abgelaufen: Nach den ersten Angriffen aus Honduras und ohne eine vorherige Kriegserklärung oder dergleichen (immerhin unter dem Protest gegen die mutmaßlichen Grenzverletzungen) kamen die Kampfflieger und begannen die Stadt zu bombardieren. Wir waren vollkommen wehrlos, es gab keine Luftwaffe, keine Artillerie, nicht einmal Schutzräume für die Zivilbevölkerung. Es gab einige wenige Tote. Dennoch griff Panik um sich, ergriff die Bevölkerung, vor allem aber die »tapfere und treue Armee von Guatemala«. Eine US-amerikanische Mission traf den Präsidenten und drohte mit einem Luftangriff, der ganz Guatemala in Schutt und Asche gelegt hätte, es folgten die Kriegserklärungen von Honduras und Nicaragua, denen die USA sich im Rahmen ihrer Bündniserklärungen anschließen musste. Die Militärs machten sich vor Angst in die Hosen und setzten Árbenz ein Ultimatum.

Árbenz jedoch hatte wohl vergessen, dass die Stadt voller Reaktionärer war und dass es deren Stadtvillen waren, die zerstört wurden, nicht die des Volkes, das nichts besitzt und das an der Seite der Regierung steht. Árbenz vergaß wohl auch, dass ein bewaffnetes

Volk unbezwingbar ist, wie die Beispiele aus Korea und Indochina gezeigt haben. Er hätte das Volk bewaffnen können, aber er wollte nicht, und das ist das Ergebnis.

Meinen Job habe ich tatsächlich bekommen, dann aber direkt wieder verloren, ich stehe also da wie am Anfang, allerdings ohne Schulden, die habe ich wegen *höherer Gewalt* streichen können. Ich wohne derzeit bei einem Freund, der mir einen Gefallen schuldet, weiter brauche ich nichts. Wie es jetzt weitergeht, weiß ich auch noch nicht, höchstwahrscheinlich fahre ich nach Mexiko. Ich schäme mich etwas, zu sagen, dass ich die letzten Tage genossen habe. Das magische Gefühl der Unverwundbarkeit, von dem ich in einem der letzten Briefe geschrieben habe, ergriff mich, wenn ich Menschen wie verrückt rennen sah, sobald Flugzeuge auftauchten, oder wenn in der Nacht die Stromausfälle dafür sorgten, dass die Stadt vom Mündungsfeuer erleuchtet war.

Übrigens sind die Bomber ziemlich beeindruckend. Ich sah einen ein Ziel angreifen, das sich mehr oder weniger in meiner Nähe befand. Er wurde mit jeder Sekunde größer, während in regelmäßigen Abständen kleine Feuerzungen an den Flügeln zu sehen waren, der Lärm von explodierenden Granatsplittern und Maschinengewehren war ohrenbetäubend. Dann hing er für einen Moment horizontal in der Luft, bevor er nach unten raste – der Einschlag der Bomben ließ die Erde erzittern. Das ist alles erst ein paar Tage her, heute hört man nur die Raketen der Reaktionäre, die wie Ameisen aus ihren Löchern gekommen sind, um ihren Sieg zu feiern und Kommunisten zum Lynchen zusammenzutreiben, und das sind für sie sämtliche Anhänger der gestürzten Regierung. Die Botschaften können sich vor Andrang kaum retten, vor allem unsere und die mexikanische. Man könnte einen Sport daraus machen, aber es ist ziemlich offensichtlich, dass es nur wenige Auserwählte hier herausschaffen werden, und denen legt man noch ein Geschenk auf die Ausreisepapiere.

Wenn du dir ein genaues Bild von der jetzigen Regierung machen möchtest, hier ein paar Fakten: Eines der ersten Dörfer, die die Invasoren einnahmen, war eine Plantage der United Fruit, auf der die Angestellten sich im Streik befanden. Bei ihrer Ankunft erklärten sie den Streik für beendet, brachten die Anführer zum nächstgelegenen Friedhof und warfen ihnen Handgranaten an die Brust.

Einmal sah man Signallichter aus der Kathedrale auflodern, als ein Kampfflieger in der Luft war. Der erste Dank kam also vom Bischof, der zweite dann von [John] Foster Dulles, dem Anwalt der United Fruit.[32] Heute, am 4. Juli, gab es eine feierliche Messe, bei der der gesamte Apparat anwesend war, und alle Zeitungen gratulieren der Regierung der Vereinigten Staaten in skurrilen Verrenkungen zum Unabhängigkeitstag.

Meine Liebe, ich muss mal sehen, auf welchem Wege ich dir diesen Brief zukommen lassen, denn wenn ich ihn per Post verschicke, schneiden sie mir die Nervenstränge durch (der Präsident meinte, glaub ihm oder nicht, dass dieses Land immer starke Nerven hatte). Eine dicke Umarmung für alle.

[Ohne Unterschrift]

---

32 John Foster Dulles wurde später unter Präsident Eisenhower Außenminister der USA.

An Tita Infante, Mexiko, 29. September 1954

Liebe Tita,

heute habe ich noch mal mit etwas Abstand – sowohl geistig als auch physisch – Ihren Brief gelesen, um Ihnen zu antworten, und ehrlich gesagt erschien er mir sehr sonderbar. Ich spürte eine besondere Wärme in ihm, eine Verzweiflung darüber, nichts tun zu können, die mich berührt hat. Ich wünschte, dies hätte mehr mit mir zu tun als mit der politischen Situation in Guatemala. Egal ob innen oder außen, haben wir doch alle das Gleiche empfunden: Wie die spanische Republik sind wir dem Verrat von innen und von außen zum Opfer gefallen (entschuldigen Sie, dass ich so tief grabe), nur dass Guatemala nicht mit der gleichen Anmut gefallen ist. Es war eine andere Zeit, und ich kenne all die Erklärungen, die mir Genossen gegeben haben und die ich dir übermittelt habe, aber dennoch fehlt etwas. Von hier sehe ich die Ereignisse völlig anders, mir fällt auf, dass Mexiko in dieser Komödie eine Rolle gespielt hat, und zwar dieselbe, die Frankreich in der anderen hatte. Das politische Klima hier ist völlig anders als in Guatemala. In Mexiko kannst du deine Meinung ebenfalls frei äußern, allerdings nur, wenn du dafür bezahlen kannst; das heißt, es ist eine Dollardemokratie. Ehrlich gesagt verziehe ich mich lieber in die alten Ruinen, als einen der größten Dichter Mexikos sagen zu hören, dass es ein Wahnsinn von Guatemala war, »mit Russland zu kokettieren«. Guatemalas Feind waren die Kommunisten; anscheinend haben alle bereits vergessen, wer die Kampfflieger bezahlte, wer die Strohpuppe einsetzte, die nun an der Macht ist.

Argentinien versammelt in seinem riesigen Bevölkerungsanteil von Kastraten eine Kraft, mit der eine viel kohärentere Politik zu machen ist als in diesem Land, in dem Tapferkeit eine selbstverständliche Voraussetzung ist.

Meine Ziele haben sich bisher nicht verändert, immer noch Europa und danach Asien; wie, steht auf einem anderen Papier. Von Mexiko kann ich ehrlich gesagt nicht viel mehr erzählen, außer diesen ersten Eindrücken; von mir auch nicht, ich hoffe, dass Sie mit Ihrem verdammten Studium inzwischen fertig sind oder so gut wie und dass Sie bereits Ihre Flügel ausgestreckt haben, um zu fliegen, ganz egal wohin, sofern sie nicht von der prosaischen Schere namens »Ehe« gestutzt werden.

Tita, wie immer eine Umarmung, und danke für den so wundervollen Brief über Guatemala.

Ernesto

An Zoraida Boluarte, Mexiko, 22. Oktober [1954]

Meine liebe Freundin,

wie Sie sehen, geht es mir gut und ich habe meiner Sammlung bereister Länder eines hinzugefügt, zum Abschluss der lateinamerikanischen Serie fehlen mir nur noch die [karibischen] Inseln. Ich mag Mexiko sehr, aus vielerlei Gründen, auf die es sich aber jetzt nicht lohnt einzugehen, dennoch bin ich nicht auf eigenen Wunsch hier, sondern auf Wunsch der (falschen, um es mit der richtigen Abschätzigkeit zu sagen) guatemaltekischen Regierung, die mir meine Stelle wieder weggenommen hat, nach sieben Monaten harten Kampfes in den Fluren der Ministerien war ich gerade mal zwei Tage im Amt, als Árbenz abgesetzt wurde.

Die Zeit in Guatemala (ich meine nicht die als Arzt) war überaus reich an Eindrücken und Erfahrungen. Ich konnte miterleben, wozu die Yankees in der Lage sind, und ihre gesamte Bandbreite an Propaganda und Verblendung aus nächster Nähe beobachten. Ich weiß, Sie interessieren sich nicht sonderlich für Politik, aber ich empfinde es als meine Pflicht, mich gegen die Unwahrheiten zu stellen, die die Presse in Ihrem Heimatland, wie überall auf dem Kontinent, verbreitet. Es hat keine Hinrichtungen gegeben, nichts dergleichen. Es hätte rechtzeitig welche geben müssen, dann wäre die Lage eine ganz andere gewesen; hätte es Hinrichtungen gegeben, hätte unsere Regierung zumindest einen Anlass zu kämpfen gehabt. Oberstleutnant Monsón war Minister ohne Ressort, weil alle wussten, dass er sich gegen die Regierung verschworen hatte. Castillo Armas ist eine Marionette, er hat keine Ahnung, was er eigentlich will, und seine fehlende Agenda ließ ihn gegen die Kirche vorgehen, einer der Gründe, der den Yankees letztlich zum Sieg verholfen hat; logisch, dass er hier von den Großväterchen aus dem Norden beeinflusst wurde, aber ein Schwachkopf ist er allemal.

Persönlich, vor allem was den Hunger betrifft, geht es mir inzwischen nicht mehr ganz so schlecht, wie ich es im angehängten Brief geschildert habe. Ich fotografiere in den städtischen Parks und kann halbwegs davon leben. Morgens gehe ich meist ins Krankenhaus, um dort ein bisschen auszuhelfen, damit ich nicht vergesse, dass ich eigentlich Arzt bin. Ich kann das leider nicht Vollzeit machen, weil sie mich nicht bezahlen, aber ich habe die Hoffnung, dass sich das in den nächsten Monaten ändert. Wie es in der Zukunft für mich weitergeht, weiß ich aber nach wie vor nicht; wenn ich kann, werde ich mich in »die Eingeweide des Monsters begeben«[33], und von dort aus nach Europa, und wenn daraus nichts wird, direkt Europa

---

33 Hier zitiert Ernesto einen Ausspruch des kubanischen Dichters José Martí, der mit den Worten »conocerle las entrañas al monstruo« seine Reise in die USA beschrieb. [d.Ü.]

(wie, das weiß ich nicht), vielleicht auch Kuba, das wird die Zukunft zeigen. Ich sende die immer gleich festen Umarmungen an die gleichen Lieben, und bitte erinnern Sie sie daran, dass ich jetzt in Etchegoyen wohne. Meine Postanschrift ist wie immer das Argentinische Konsulat, Mexiko D.F.

Chau
Che

An die Mutter, [Mexiko,] November 1954

Mutter, liebe Mutter,

(ich habe dich wohl mit dem Datum verwirrt)

[…] Selbst Beatríz hat beschlossen, Repressalien zu verhängen, die Telegramme, die sie mir ständig schickte, bekomme ich jedenfalls nicht mehr.

Euch von meinem Leben hier zu erzählen, heißt, mich zu wiederholen, denn es gibt wirklich keine Neuigkeiten. Die Fotografie hält mich nach wie vor über Wasser, und es gibt wenig Hoffnung, dass ich in nächster Zeit damit werde aufhören können, trotz meiner morgendlichen Arbeit als Forscher in den beiden Krankenhäusern. Ich glaube, das Beste, was mir passieren könnte, wäre ein Posten als Landarzt, in der Nähe der Hauptstadt, dann hätte ich die Möglichkeit, mich für ein paar Monate wieder mehr der Medizin zu widmen. Mir fällt inzwischen auf, wie viel ich bei Pisani gelernt habe, was das Feld der Allergologie betrifft, vor allem jetzt, wo ich oft mit Leuten zu tun habe, die in den USA studiert haben, denn die haben über das gängige Studium hinaus überhaupt nichts gelernt, und ich glaube, Pisani ist vielen konventionellen Methoden um Längen voraus. Ich würde mir wünschen, tiefer in seine Lehren eintauchen zu können, denn damit könnte ich wohl überall anknüpfen und praktizieren.

[…] Es gibt unglaublich viel Arbeit hier, morgens bin ich die ganze Zeit im Krankenhaus, an den Nachmittagen und am Sonntag fotografiere ich, am Abend lerne ich. Ich glaube, ich habe dir schon erzählt, dass ich eine tolle Wohnung habe, ich kann hier auch selber kochen, außerdem bade ich täglich, es gibt nämlich unbegrenzt viel heißes Wasser. In der Hinsicht hat sich also einiges getan, aber meine Wäsche wasche ich nach wie vor nur selten und wenn, dann wird sie auch nicht richtig sauber, aber ich verdiene nicht genug für die Wäscherei.

Den Traum von einem Stipendium habe ich schon aufgegeben, ich habe das Gefühl, in diesem weiten Land wird es nicht gern gesehen, wenn man um etwas bittet. Man macht, und fertig. Du weißt, ich war schon immer ein Anhänger drastischer Entscheidungen, und der Lohn hier ist gut, weil alle ziemlich faul sind, aber froh, wenn jemand anders die Arbeit macht, das heißt, eigentlich kann ich machen, was ich will, hier in der Stadt oder auf dem Land, wo immer es mich auch hin verschlägt. Mein wahres Ziel – Europa – habe ich jedoch nicht aus den Augen verloren, da will ich hin, egal was da komme. Ich habe kein Stück meiner Feindschaft gegenüber der USA verloren, aber ich würde zumindest gerne New York kennenlernen. Ich habe nicht die geringste Befürchtung, dass ich danach weniger anti-yankee sein würde als zuvor (wenn sie mich überhaupt reinlassen).

Es freut mich zu hören, dass die Menschen in Argentinien endlich ein wenig aufwachen, auch wenn ich nicht weiß, welche Richtung es nehmen wird. Überhaupt ist Argentinien so insular, wie man es nur sein kann, wobei es von hier den Eindruck macht, als würden wichtige Schritte unternommen, dass sie die Krise werden abwenden können, die die Yankees mit der Lieferung ihrer Lebensmittelüberschüsse auslösen werden. [...]

Die Kommunisten haben nicht das gleiche Verständnis von Freundschaft wie ihr, doch untereinander sind sie genau so befreundet wie ihr – vielleicht sogar noch mehr. Das wurde mir sehr klar im Chaos nach dem Umsturz, als »jeder für sich« war; die Kommunisten behielten nicht nur ihren Glauben, sondern auch ihre Solidarität, abgesehen davon sind sie die einzige Gruppierung, die dort weiterhin arbeitet.

Ich glaube, dass sie Respekt verdienen und dass ich früher oder später ihrer Partei beitreten werde, das Einzige, was mich derzeit davon abhält, ist, dass ich riesige Lust habe, durch Europa zu reisen, und das kann ich nicht tun, wenn ich mich einer strengen Disziplin unterwerfe.

Liebe Mutter, wir sehen uns in Paris!

[Ohne Unterschrift]

An Tita Infante, Mexiko, 29. November 1954

Liebe Tita,

ich habe Ihnen nicht direkt geantwortet, weil meine finanzielle Lage immer noch schwierig ist und ich am Ende des Monats immer ganz schön jonglieren muss, damit es reicht. Die Informationen [über die Situation in Argentinien], die Sie übermittelt haben, sind von großem Interesse und werden den Leuten hier ganz sicher von großem Nutzen sein, sie haben alle lange keine Nachrichten erhalten [...].

Es tut mir wirklich leid zu hören, dass Ihre Krise sich nicht gelegt, sondern noch verschlimmert hat und Ihnen das Leben schwer macht. Ich bin ja von Natur eher voller Lebenslust, im Gegensatz zu Ihnen, aber ich hatte auch meine pessimistischen, verzweifelten Momente. […] Ratschläge zu geben ist etwas Neues für mich, sie Ihnen zu geben, die Sie immer wie meine Mutter waren, ist noch seltsamer, aber ich versuche es mal mit etwas Grundsätzlichem: Erstens, schließen Sie so schnell wie möglich Ihr Studium ab; tun Sie, was nötig ist, ohne Rücksicht. Zweitens, wenn Sie Ihren Abschluss in der Tasche haben, dann machen Sie, dass Sie da rauskommen, zumindest für eine Weile.

Ich wünschte, ich könnte Ihnen etwas von dieser so materialistischen Liebe injizieren, die ich für das Leben habe, das ich bewusst in jedem Moment genieße, aber das geht nicht einfach nur durch einen Brief und meine armseligen Aufmunterungsversuche. Außerdem wäre es heuchlerisch, mich als leuchtendes Beispiel zu präsentieren, das Einzige, was ich gemacht habe, war, vor allen Unannehmlichkeiten wegzulaufen, und auch heute noch, wo ich bereit bin, mich dem Kampf zu stellen (vor allem dem sozialen Kampf), verfolge ich unbekümmert meine Pilgerreise, wo auch immer die Ereignisse mich hinführen, ohne einen Gedanken daran, nach Argentinien zurückzukehren und Krieg zu führen. […]

Und überhaupt, diese ganze Dankbarkeit für das Vertrauen in Sie scheint mir übertrieben. Sie wissen wohl, dass ich Ihnen absolut vertraue, und dies nicht wegen einzelner Punkte, sondern weil ich mir Ihrer Qualitäten vollständig bewusst bin, da ist es nicht angebracht, das scheue Reh zu geben; ich danke Ihnen nicht für einen solchen Beweis, ich verlange ihn, das ist etwas ganz anderes.

So langsam klinge ich verurteilend, deswegen höre ich auf und berichte stattdessen davon, dass ich mir derzeit mein Brot damit verdiene, auf einem Platz Rotzlöffel zu fotografieren und für die Agencia Latina de Noticias, diese peronistische Höllengeburt, Berichte über die »Ches« [Argentinier] zu schreiben, die mir über den Weg laufen. Ich habe ja schon erwähnt, dass es oft nicht reicht, um den Hunger zu stillen, jedenfalls nicht meinen Bärenhunger, aber es wird sicher bald besser werden, und wenn nicht, schlimmer geht nicht, das ist immerhin ein Trost. Diese elende wirtschaftliche Situation zermürbt einen auf Dauer ganz schön, zumal mich die durchaus angenehme Arbeit hier im Krankenhaus anfangs optimistisch stimmte und ich deswegen auch wie ein Berserker dort als Allergologe gearbeitet habe; ohne Lohn. Trotzdem, die Therapie wird ganz sicher anschlagen, Pisani ist den Allergologen der Welt um Längen voraus, zumindest denen der westlichen, auch wenn Sie da Ihre Zweifel haben. Deswegen hoffe ich, dass sich meine wirtschaftliche Situation bald ändern wird, schließlich verwandelt sich der Erfolg auf diesen sogenannten Wegen des Herrn immer in Geld, wenn man kein völliger Idiot ist, das sagt man zumindest hier.

So, und jetzt werde ich mal aufhören, sonst schreibe ich noch in einem Rutsch eine ganze Enzyklopädie.

Ciao, Tita, Ihr Wandervogelfreund sendet Ihnen eine zärtliche Umarmung zusammen mit der Hoffnung, diese bald zu materialisieren, an irgendeinem Ort der Welt, von »Doktor zu Doktor«. Schreiben Sie, wenn Sie einen sehen.

[Ohne Unterschrift]

An die Mutter, [Mexiko, Ende 1954]

Mutter, liebe Mutter,

es stimmt, ich bin zurzeit etwas träge, was das Briefeschreiben angeht, aber der Schuldige ist, wie immer, Meister Monete [Don

Dinero]. Es sieht aber so aus, dass sich zum Ende dieses vermaledeiten Jahres 1954, das mich in Sachen Geld behandelt hat wie ein Stück Dreck, endlich ein Ausweg für meinen permanenten Hunger gefunden hat; ich habe jetzt eine Stelle in der Redaktion der Agencia Latina, wo ich 700 mexikanische Pesos verdiene, das sind genauso viele Pesos wie bei euch, und das stellt meine finanzielle Grundlage dar, außerdem hat dieser Job den Vorteil, dass ich nur drei mal drei Stunden die Woche arbeiten muss. Ich kann also weiterhin morgens ins Krankenhaus gehen und den Methoden von Pisani zu Ruhm verhelfen.

Ich fotografiere auch nach wie vor, aber ich mache jetzt eher »Studien« und auch noch ein paar experimentelle Sachen, die dabei entstanden sind.

Ich plane, noch sechs Monate hier in Mexiko zu bleiben, wo es mir auch derzeit sehr gefällt, und von hier aus dann ein Visum zu beantragen, um endlich die »Söhne der großen Macht« kennenzulernen, wie [der Präsident Guatemalas] Arévalo sie nennt. Wenn ich es bekomme, werde ich dort sein, wenn nicht, werde ich sehen, was sich stattdessen ergibt. Die Idee, hinter den Eisernen Vorhang zu schlüpfen und mich dort umzuschauen, habe ich nicht aufgegeben. Du siehst also, in der Hinsicht gibt es nichts, was ich dir nicht schon erzählt hätte.

Was die medizinische Forschung angeht, bin ich ziemlich begeistert und auch bei der Sache, ich nutze die Zeit, denn es wird nicht von Dauer sein. Ich arbeite derzeit an zwei verschiedenen Forschungen und hoffentlich bald auch an einer dritten, bei allen dreien handelt es sich um allergologische Studien, und auch wenn es nur sehr langsam vonstattengeht, arbeite ich nach wie vor an einem kleinen Buch mit dem großspurigen Titel *Die Funktion des Arztes in Lateinamerika,* das – wenn überhaupt – in einigen Jahren erscheinen wird. Ich kann auf jeden Fall schon einiges zum Thema beitragen, auch wenn ich noch nicht lange als Arzt praktiziere, kenne ich doch Lateinamerika inzwischen sehr gut. Natürlich ist das Ganze kein wissenschaftlicher Text, und bisher existieren auch nur drei oder vier Kapitel, aber ich habe ja keine Eile.

Obwohl ich inzwischen weiß, dass wir nicht immer gleicher Meinung sind, versichere ich dir, dass es nicht mehr lange dauert, bis du genauso denkst wie ich. Das, wovor du dich so sehr fürchtest, erreicht man auf zwei Wegen: der gute Weg aus einer direkten Überzeugung heraus, oder der schlechte Weg aus der Enttäuschung heraus. Ich kam über den schlechten, um mich dann aber gleich davon zu überzeugen, dass man auf dem ersten Weg weitergehen muss. Die Art und Weise, wie die Gringos (vergiss nicht, dass die Gringos Yankees sind) Amerika behandeln, ließ nach und nach ein Gefühl der Entrüstung entstehen, gleichzeitig versuchte ich, die Theorie dahinter zu verstehen, den Grund ihrer Handlungen, und fand eine wissenschaftliche Erklärung.

Danach kam Guatemala und all das, was so schwer zu beschreiben ist, zu sehen, wie sich aller Enthusiasmus für die Sache auflöst unter der Knute dieser Herren und wie schon das neue Märchen gesponnen wird, das von der Schuld und von der roten Gefahr, und wie die gleichen Guatemalteken sich nun als Betrüger genau dieser Lügen bedienen, nur um ein paar Krümel vom Tisch der neuen Herrschaft zu bekommen. Ich kann dir nicht sagen, nicht einmal annähernd, wann ich aufhörte zu grübeln und stattdessen so etwas wie Zuversicht fand, denn der Weg dahin war ziemlich lang und voller Rückschläge. [...]

[Ohne Unterschrift]

An den Vater, [Mexiko,] 10. [Februar oder März] 1955

Mein lieber alter Herr,

wie immer schreibe ich dir zu spät, um dir zu deinem soundsovielten Geburtstag zu gratulieren, ein denkwürdiges Alter, in dem du hoffentlich endlich »sesshaft« wirst mit allem, was dazugehört. Ich schätze, dass du den Tag nicht besonders selig verbracht und stattdessen versucht hast, es so gut wie möglich zu verdrängen, dich aber mit dem unausweichlichen Jahren mehr inzwischen abgefunden hast. Ich warte immer darauf, dass sich meine finanzielle Situation so zum Guten wendet, dass ich mal jemandem aus der Familie ein Geschenk schicken kann, aber bisher kann ich das Soll nicht mit dem Haben in Einklang bringen. Zurzeit stehe ich mal hier, mal dort und finde mich damit ab; sobald ich kann, schicke ich dir ein Geschenk, wahrscheinlich ein schönes Buch, entweder *Die geheime Wahrheit über den Koreakrieg* oder *Guatemala, die Demokratie und das Imperium,* jedenfalls irgendwas, woran du dich erfreuen kannst.

Damit du aufhörst, mit der Frage nach meinen Plänen zu nerven, erzähle ich dir jetzt, was ich ernsthaft vorhabe: Ich werde von meinem Kurs abweichen und direkt Europa ansteuern. Das ist noch etwas vage, aber mehr kann ich bisher nicht sagen. Meine Absicht: ein Stipendium in Frankreich bekommen, ein Jahr dort bleiben und anschließend in Richtung Eiserner Vorhang aufbrechen, wie immer das auch möglich ist, und ganz am Ende den Genossen Mao besuchen, oder sagen wir fast am Ende, denn auf der Route liegt ja auch Indien. Das Stipendium ist noch nicht sicher, doch es kann gut sein, dass ich es bekomme. Meine Waffen werden drei, vier Forschungsarbeiten sein, die wirklich (Guevara'sche Bescheidenheit) sehr gut sind. Von einer verspreche ich mir ganz besonders, dass sie mir die Türen irgendeiner europäischen Universität öffnet, um dort die Arbeit nach meinem Geschmack weiterzuführen.

[…] Was du mir über Mexiko erzählen willst, ist in jeder Hinsicht lächerlich, und ich werde nicht müde zu wiederholen, was ich auch schon Ani [seiner Schwester Ana María] gesagt habe: Diese Umwälzungen gibt es derzeit überall auf der Welt, zumal nach dem Regierungswechsel in Russland. Mexiko ist den USA vollkommen ausgeliefert, es ist inzwischen sogar schon so weit gekommen, dass sie vor Nixons Besuch alle puerto-ricanischen Nationalisten inhaftiert haben, man weiß nicht einmal, wohin sie verschleppt wurden. Die Zeitungen schreiben nichts darüber, und es ist unter Androhung von Strafe verboten, mit der Presse zu sprechen. Das FBI ist viel gefährlicher als die mexikanische Polizei, die laufen rum, als wären sie hier zu Hause, verhaften in Ruhe Leute. Das ist das politische Panorama, das ökonomische ist schrecklich, die Preise steigen exorbitant, und die Zersetzung funktioniert so, dass die Vorarbeiter alle geschmiert sind und mit den Yankees Verträge machen, in denen sie das Streikrecht für ein oder zwei Jahre verkaufen. Es gibt hier in Mexiko quasi keine unabhängige Wirtschaft und keinen eigenen Markt. Glaub mir, das wird hier alles nicht mehr lange gut gehen, und die einzige Möglichkeit, wie du hier Geld machen könntest, ist, wenn du dich als Kuppler für die Yankees zur Verfügung stellst, was ich dir aus vielerlei Gründen nicht empfehle. Argentinien ist die Oase Amerikas, man muss Perón in allen Bereichen unterstützen, damit er sich nicht auf diesen Krieg einlässt, das würde furchtbar ausgehen. Ob du das magst oder nicht, es ist so. Offenbar bereist Nixon all diese Länder bereits, um den Preis für die Arbeitskräfte und die Bodenschätze (der mit alten, überteuerten Maschinerien bezahlt wird) festzulegen, sodass jeder einzelne der armen Staaten von Amerika ein neues Korea werden könnte.

[…] Ich bin müde, dir diesen Unsinn zu schreiben, und du, ihn zu lesen, vor allem jetzt, wo sich unsere Briefe gekreuzt haben, deswegen verabschiede ich mich mit allen Wünschen, die man seinem Vater zum Geburtstag schickt, eine dicke Umarmung, auch für dich und die ganze Clique. Dieser Brief trägt keine Briefmarke, weil ich ihn unterwegs geschrieben habe, aber auf dem nächsten ist wieder eine.

Chau

[Ohne Unterschrift]

An Tante Béatriz, 9. April [1955]

Tantchen,

ich weiß, ich bin undankbar, ein böser Neffe, ein Heuchler, ein Roter etc.

Folgendes ist passiert: Gerade als der Elan, meine liegen gebliebene Korrespondenz anzugehen, seinen Höhepunkt erreichte, erfasste mich plötzlich der Hurrikan der II. Panamerikanischen Spiele, und ich widmete mich stattdessen der verdienstvollen Aufgabe, die lateinamerikanische Öffentlichkeit über den Ablauf der Ereignisse zu informieren und sie mit Fotografien zu beliefern, in denen sich Zweckmäßigkeit und Schönheit vereinigen.[34] Als der ganze Zirkus dann vorbei war und die Mitarbeiter, die die Spiele dokumentiert hatten, zu ihrer Arbeit beglückwünscht worden waren, informierte uns ein lakonisches Telegramm der *Agencia Latina*, dass sie die Sendung nun einstellten und es den jeweiligen Korrespondenten überlassen sei, wie sie mit ihren Mitarbeitern verfahren

---

34 Eine Auswahl dieser Fotografien findet sich in seinem Reisetagebuch *Das magische Gefühl, unverwundbar zu sein*.

wollen (kein Wort über den Lohn). Seitdem versuche ich, nicht aus der Haut zu fahren und mir gleichzeitig selbst Bisswunden zuzufügen. Gestern ist es mir zum ersten Mal gelungen, nun gehöre ich offiziell zur Gattung einer besonderen Art des Hungerkünstlers.

[…] Zu der tollen Stelle, die du mir in deinen vorherigen Briefen angeboten hast, kann ich nur sagen – um dem Ganzen zumindest ein Quäntchen Ernsthaftigkeit zu geben –, dass ich trotz meines Vagabundentums, meiner notorischen Unzuverlässigkeit und meiner anderen Defekte sehr klare Werte und Überzeugungen habe, die es mir verbieten, eine Arbeit, wie die in deinem Brief geschilderte, anzunehmen, da es bedeuten würde, in den Verliesen der übelsten Sorte von Dieben zu dienen, nämlich jenen, die Handel treiben mit der Gesundheit von Menschen, welche doch eigentlich meiner qualifizierten Obhut anvertraut ist. Ich bin vorher darauf nicht eingegangen wegen des Jobs bei den Spielen, aber meine Antwort ist die gleiche: Ich bin zwar arm, aber ein Ehrenmann, wie die Diebe sagen.

Ich schicke dir eine lange und zärtliche Umarmung, eine weitere für die schüchterne Frischvermählte, eine für den Kahlkopf und eine für Hercilita.[35]

Höchst zuneigungsvoll
Stalin II.

---

35 Die »Frischvermählte« ist seine verwitwete Tante Ercilia, die wieder geheiratet hat, der »Kahlkopf« ist ihr neuer Mann und Hercitila ihre Tochter.

An Tita Infante, Mexiko, 10. April 1955

Liebe Tita,

wie immer habe ich mich sehr über Ihren Brief gefreut, und wie immer habe ich zu lange gebraucht, um ihn zu beantworten.

Die Gründe dafür sind unwichtig, außerdem muss ich sie ständig vorbringen, sprich – in letzter Zeit war ich virtuos schweigsam, aber für Sie mache ich eine Ausnahme. Kurz und knapp, ich hatte die große Ehre, als Sportredakteur für die *Agencia Latina* zu arbeiten, ermöglicht durch Gelder, die unter anderem vom Tattergreis aus dem rosa Haus kamen [dem Regierungsgebäude der Argentinischen Republik]. Meine Arbeit während der Panamerikanischen Spiele war im wahrsten Sinne des Wortes erschöpfend, ich war gleichzeitig Nachrichtenredakteur, Fotoredakteur und Fremdenführer für die Journalisten, die aus Südamerika anreisten. Durchschnittlich habe ich nie mehr als 4 Stunden pro Tag geschlafen, zumal ich mich ja auch um das Entwickeln und die Abzüge der Fotos kümmern musste. Diese Schinderei sollte am Ende der Spiele durch 4000 USD kompensiert werden, doch die *Agencia Latina* machte quasi über Nacht dicht, ohne auch nur einen Quinto (mexikanisch!) auszuzahlen. Ich gehe davon aus, dass dahinter ein geheimer Handel zwischen den Greisen (der aus dem rosa und der aus dem weißen Haus) steht, vielleicht hat der aus dem rosa Haus dem anderen auch einfach den Arsch hingehalten. Sie wissen das besser als ich, durch die Ferne kommt hier alles glatt poliert an, man weiß nicht, welche Informationen verlässlich sind und welche nicht.

Meine weiteren Pläne und Projekte sind, zur Abwechslung, unklar und unter Vorbehalt. Wenn ich das Geld, das sie mir schulden, noch bekomme (unwahrscheinlich, aber möglich), werde ich eine Reise durch ganz Mexiko machen, um dieses Land richtig kennenzulernen, und danach werde ich nach Kuba gehen, um meine lateinamerikanische Landkarte zu vervollständigen. Vielleicht reise ich dann Ende des Jahres wieder nach Caracas, zusammen mit meinem Freund Granado, der immerzu insistiert, dass wir unsere Routen wieder vereinen. Was mich zurückhält, ist, dass Alberto gerade sehr viel Geld verdient, und dieses bremst bekanntlich die vagabundische Energie. Er war es, mit dem ich mich auf diese so wesentliche (erste) Reise durch Amerika begab, ich habe nie wieder auch nur ansatzweise einen Reisegenossen wie ihn gefunden. In unseren langwierigen materialistischen Diskussionen sprachen wir immer wieder über einen Ort, an dem wir gemeinsam unsere Zelte aufschlagen könnten. Vor Kurzem schrieb er mir aus Italien, wo er einen Lehrgang besucht (was nicht stimmen muss), und schlug für unsere dortige Zusammenkunft den 19. vor.

Was die Wissenschaft betrifft, bin ich eine echte Niete, alle meine hochtrabenden Forschungsprojekte wurden vom gleichen Wind davongetragen wie die *Agencia Latina,* und ich musste mich darauf beschränken, hier einen bescheidenen Aufsatz zu veröffentlichen, in dem ich Pisanis Erkenntnisse über halb verdaute Lebensmittel wiedergebe. Diese Arbeit wird auf dem Mexikanischen Allergologischen Kongress vorgestellt, am 23. dieses Monats. Wenn er publiziert ist, kann ich ihn schicken, aus Gründen der Neugier, denn er enthält keine neuen, bahnbrechenden Erkenntnisse, sondern nur eine Wiederholung der Theorien.

[…] Tita, ich hoffe, dass wir uns bald an irgendeiner Straßenecke in irgendeiner alten europäischen Stadt wiedersehen, ich mit halbwegs vollem Magen und Sie mit Ihrem Examen in der Tasche. Zurzeit ist das wohl das Höchste, auf das wir hoffen dürfen, aber die Zukunft gehört dem Volk, bleiben wir zuversichtlich. Bis zu dieser fernen Zukunft oder unserem weniger fernen europäischen Zusammentreffen, eine warme und feste Umarmung, Ihr ewiger Freund.

[Ohne Unterschrift]

An die Mutter, [Mexiko,] 9. Mai 1955

Meine liebste Mama,

dein Erstgeborener geht nun als mit Auszeichnungen geschmückter Allergologe in die Geschichte ein, fast hätte er als Polizeibericht über einen Hungertoten geendet, wären da nicht die karitativen Hände von Freundinnen gewesen und seine wissenschaftlichen Fähigkeiten, die ihm dabei halfen, ein Stipendium am *Hospital General de Mexico* zu erhalten. Das Stipendium umfasst Kost und Logis, Wäschereinigung und – ja, weiter nichts. Dieses Nichts entschuldigen die, die mir die anderen Sachen versprechen, mit einem niedrigen Etat. Ich glaube, da kommt nicht mehr, aber es ist mir auch ein bisschen gleich: Geld ist ein interessanter Luxus, aber das war es auch schon. Die Arbeit, die ich auf der Konferenz vorgestellt habe, war nicht so erfolgreich, wie es der kleine Artikel, den ich beilege, erahnen lässt, aber sie wurde gut aufgenommen und brachte mir sowohl Glückwünsche des mexikanischen Oberallergologen[36] als auch besagtes Stipendium ein. [...] Um ein Haar wäre ich nach Amerika weitergereist oder zumindest nach Nueva Laredo an der Grenze, um dort als Allergologe zu arbeiten, aber ich habe mich dann für diesen Posten hier entschieden, der einige Annehmlichkeiten mit sich bringt und mir außerdem die Möglichkeit bietet, in nächster Zeit (vier bis sechs Monate) einige Arbeiten zusammenzustellen, die dann wiederum in hiesigen Zeitschriften veröffentlicht werden könnten. [...]

Von den zehn Jahren meiner Abwesenheit sind ja nun schon zwei vergangen, und ich glaube, es wird nicht mehr länger als zwei weitere endlose Jahre dauern, bis wir uns wiedersehen, und bitte be-

---

36 Gemeint ist Salazar Mallén.

denke, das auch nur im äußersten und extremsten Fall, denn meine medizinischen Aktivitäten hier tragen langsam Früchte und ich könnte schon bei meiner nächsten Stelle meinem hervorragenden Rang entsprechend leben. Der nächste Schritt könnte die Vereinigten Staaten sein (sehr schwierig), Venezuela (machbar) oder Kuba (wahrscheinlich). Aber mein unverrückbares Ziel ist nach wie vor Paris, und ich werde es erreichen, zur Not schwimme ich durch den Atlantik.

Bitte verteile großzügig Küsse an alle und bis demnächst.

[Ohne Unterschrift]

An Zoraida Bolouarte, México, den 16. Mai 1955

Meine liebe Zoraida,

10 000 Jahre nach Erhalt Ihres Briefes antworte ich Ihnen, und das – oh, Überraschung – vom selben Ort. Ich bin immer noch in Mexiko und werde auch noch einige Monate hierbleiben, ich habe hier die Möglichkeit, an einem Krankenhaus zu forschen, ich widme mich derzeit nur den Allergien. Die Leprologie ist weit weg, auch wenn ich die Hoffnung habe, mich diesem Thema irgendwann wieder widmen zu können, sei es auch nur, um etwas zurückzugeben für all das Gute, das ich von den Kranken und Gesunden, die mit dem Hansen'schen Grauen zu tun haben, erfahren habe. […]

Jetzt sollte ich wohl von meinen zukünftigen Projekten erzählen, die sich in der Regel alle drei Tage ändern. Der letzte Plan, der vor zwei Tagen ausgereift ist, lautet: vier bis sechs Monate hier im

Krankenhaus bleiben und an drei Arbeiten zum Thema Allergien arbeiten, anschließend zwei Monate durch dieses wunderschöne Land reisen, bevor ich mich von frischen Winden nach Europa tragen lasse. Möglicherweise mache ich noch einen Zwischenstopp in Kuba, um es in meine Reisekollektion aufzunehmen, und in Caracas, um dem Treulosen einen Besuch abzustatten oder eher den Treulosen. Wenn wir schon von ihnen sprechen: Calica folgt in Caracas weiterhin seiner wunderbaren Berufung als Landstreicher, allerdings ohne Bart und dabei auch noch jede Menge USD verdienend, während Alberto eine kleine viermonatige Reise ins gute, alte Europa unternommen hat, um dort einige seiner Pesos abzustoßen, bevor sie ihm verschimmeln (er hat zu viele). Wie Sie sehen, bin ich der einzige arme Schlucker.

Mir bleibt nun nicht mehr viel zu sagen von diesem hübschen Teil unseres Planeten, nun müssen Sie mir berichten, wie die Lage ist: Wie geht es den Leuten in Guía, vor allem dem Doktor, wie läuft es zu Hause, und wo ist Ihre Schwester inzwischen (im letzten Brief schwankte sie noch zwischen Universität und Küche); ehrlich gesagt glaube ich, dass die Küche für sie ein wundervoller Ort ist (ob in Peru oder Mexiko, ihre Marmeladen erreichen mich mit der Post und werden stets mit großem Appetit verspeist – das ist keine Anbiederung, sondern lediglich eine Feststellung). Die Broschüre über den armen verheirateten New Yorker ist leider nie angekommen, und die Fotos wurden wohl von jenen Winden verstreut, die mich auf meinem Weg in den Osten ausbremsten, jetzt ruhen sie sich irgendwo in Panama aus. Hier in Mexiko ist meine Inspiration verschwunden und mein Asthma fast. Und jetzt öffne ich meine Tentakel und sende brüderliche Schwingungen von meiner Gaucho-Seele aus ins Reich der Titanen (die Inkas, Pizarro, Odría)[37].

37 Manuel Apolinario Odría Amoretti, Peruanischer Staatspräsident 1948–1956.

Nun ist gerade das Papier zerrissen. Ist es Zufall oder der Zorn der Erdgeister, weil ich Pizarro in dieser Reihe genannt habe?

Genug meiner Dummheiten, *arrivederci* oder so ähnlich; meine Adresse ist immer das Konsulat, ich drücke die ganze Familie!

Antwortet, *Papusa*

Chau
Ernesto

An den Vater, 27. Mai 1955

Mein lieber alter Herr,

die nachlassende Frequenz meiner Korrespondenzen – du siehst, was ich für ein begehrter Typ bin – bedeutet, dass nun du an der Reihe bist. Ich habe aber mal wieder das Problem, dass ich nicht weiß, was ich dir schreiben soll, weil ich die Neuigkeiten schon jemand anderem aus der Familie erzählt habe, die sich alle so liebevoll um meine Gesundheit sorgen. Mit meinem Posten hier im Krankenhaus kommt es mir oft vor, als würde ich dir in deinen Ambitionen nacheifern, denn ich verbringe 24 Stunden des Tages damit, über Krankheiten zu sprechen und darüber, wie man sie heilt (ich heile natürlich keine einzige). Nachdem ich mein Vorhaben vorgestellt hatte und sie mir endlich den Aufenthalt hier bestätigten, habe ich beschlossen, zunächst *in vitro* das Vorhandensein von Antikörpern bei Allergikern nachzuweisen (ich glaube, das wird ein Reinfall); sogenannte *Propektane* herzustellen, eine kleine Menge Nahrung, die auf eine bestimmte Art verdaut werden kann, sodass die Patienten anschließend auch normale Mengen dieser Nahrung vertragen (ich glaube, das wird ein Reinfall); nachzuweisen, dass die Hyaluronidase – mal schauen, ob du so viel davon verstehst, wie du behauptest! – eine wichtige Rolle bei der Entstehung allergischer Erkrankungen spielen (hier liegt meine größte Hoffnung); dann gibt es noch zwei kollaborative Projekte, ein imposantes mit dem Oberallergologen Mexikos, Dr. Salazar Mallén, und eines mit einem der besten Chemiker hier, über ein Problem, von dem ich nur so eine Ahnung habe, von dem ich mir aber sehr interessante Ergebnisse verspreche. Das ist mein wissenschaftliches Panorama. Und dieses Panorama erlaubt es mir wiederum, über die Möglichkeit einer Veränderung meiner vagabundischen Ziele nachzudenken. […]

[…] Die Aussichten für meine zukünftigen Abenteuer haben sich dadurch verbessert, jetzt kann ich mich überall nicht nur als Mitarbeiter Pisanis (nach wie vor mit Abstand der beste Allergologe, der mir begegnet ist) vorstellen, sondern habe darüber hinaus auch meine eigenen Arbeiten und meine Kenntnisse, die in ihrer Konzentriertheit auf den Gegenstand zwar beschränkt, aber umso klarer sind. Wenn das nächste Ziel Kuba sein sollte, werde ich dort nicht arbeiten, sondern stattdessen eine Rundreise machen und all jene besuchen, mit denen ich mich im Exil (in ihrem Exil!) angefreundet habe, und von dort aus dann nach Europa oder sonst wo weiterziehen.

[…] Ich glaube, ich hatte dir schon erzählt, dass die *Agencia Latina* mir für kommendes Jahr eine Arbeitsreise nach Melbourne [zu den Olympischen Spielen] versprochen hatte, das hat sich schon lange wieder erledigt, da sie mich ja noch nicht einmal bezahlt haben, der Gedanke hatte mir gefallen, ich hätte so gerne die Kängurus gesehen.

Von meinem Alltag kann ich dir nicht viel erzählen, das ist ein einziger Reigen aus Hörsaal, Labor und Bibliothek, eingerahmt von der einen oder anderen Englischübersetzung.

Alter Herr, bevor die Kerzen herunterbrennen, eine dicke Umarmung.

[Ohne Unterschrift]

An die Mutter, 17. Juni 1955

Meine liebe Mutter,

ich schreibe dir diese Glückwunschkarte inmitten all der Ungewissheit, die durch die Ereignisse ausgelöst wurde und durch die widersprüchlichen Nachrichten, die mich hier von Argentinien aus erreichen.[38]

[…] Ich hoffe, dass alles nicht so heiß gegessen wird, wie es gekocht wird, und dass niemand von uns an diesem Durcheinander beteiligt ist.

[…] Den Nachrichten nach zu urteilen, ist die Zahl der Toten hoch, für argentinische Verhältnisse schrecklich hoch. Dass die meisten der Toten offenbar Zivilisten waren und alles völlig aus dem Nichts kam, verstört und schockiert mich, allerdings glaube ich nichts von dem, was man sich so erzählt, ich meine, alles wird zensiert, ist widersprüchlich oder erfunden, einfach nur um irgendwas zu veröffentlichen, weil die Leute natürlich alle Nachrichten, die derzeit aus Buenos Aires kommen, begierig lesen. Ich hoffe, dass dein Tag ohne weitere Bombenanschläge oder Ähnliches ver-

38 Der Geburtstag seiner Mutter ist der 23. Juni. Wenige Tage zuvor hatten die argentinische Marine und Luftstreitkräfte den Regierungssitz Juan Peróns angegriffen, es drohte ein Staatsstreich.

läuft, sondern dass du nach all dem, was passiert ist, seit ich aufgebrochen bin, ein bisschen Ruhe findest. Bitte schreib mir so bald wie möglich und erzähl mir, wie es allen so geht, vor allem vom Herrn Doktor und wann seine Hochzeit stattfinden wird.[39]

Was meine Zukunft angeht, hätte es eine Wende geben können, die aber doch ausblieb: Ich weiß nicht, ob ich dir erzählt habe, dass die *Agencia Latina* mir insgesamt 6000 Pesos schuldete, jetzt haben sie endlich bezahlt, allerdings nur 3000, von denen ich 500 abziehen muss, um ein paar Schulden zu begleichen. Als sie sagten, sie würden mir zehn Tage im Voraus die volle Summe bezahlen, habe ich sofort nach einem Passagierticket auf einem Schiff nach Spanien geschaut. Mit dem, was ich nun bekommen habe, kann ich unmöglich auf die gleiche Art reisen (als ordentlicher Passagier). Ich habe also beschlossen, meiner gewohnten Routine zu folgen und bis zum 1. September zu bleiben, zwei Monate, um Mexiko besser kennenzulernen. Dann reise ich weiter nach Veracruz, um dort ein Schiff nach irgendwohin zu nehmen. Dieses harte, unwirtliche Mexiko hat mich insgesamt recht gut behandelt, ich werde es mit etwas mehr Geld verlassen, als ich bei meiner Einreise hatte, mein ehrwürdiger Name steht über mehr oder weniger interessanten und wichtigen medizinischen Aufsätzen, und am allerwichtigsten: In mir haben sich Gedanken und Wünsche gefestigt, die vorher nur nebelartig in meinem Kopf zirkulierten. Mein größter Wunsch war ja eigentlich immer, irgendwann einmal Physiker zu werden, aber das ist ein Wunsch, der schon als unerfüllbarer Wunsch das Licht der Welt erblickte. […]

Wenn ich heute an dich denke, werde ich ganz melancholisch, wie beim Tango, dieses melancholische Bedürfnis, sich zu sehnen, nach einer Zeit, in der ich mir über Arbeit keine Gedanken machen

---

39 »Der Doktor« ist sein Bruder Roberto Guevara.

musste, oder so ähnlich, ich weiß auch nicht, ich habe ein Tango-Gefühl, oder einfach ein argentinisches, ein Gefühl, das mir bisher fast immer fremd war. Vielleicht ist das auch nur das erste Anzeichen des Alterns (was ja letztendlich Müdigkeit ist) oder die simple Tatsache, dass ich mein süßes und ruhiges Zuhause vermisse, dieses Wiegenlied unserer Familiendiskussionen, das mich so sanft durch meine Kindheit und Jugend geschaukelt hat. Wir müssen endlich an dein Erbe kommen, zur Not mit einem sauberen Schuss.[40] Dann haust du ab nach Paris, dort treffen wir uns und feiern Wiedersehen. Ich glaube, dir würde Paris gefallen, für mich ist es eine biologische Notwendigkeit, dorthin zu reisen, und eine, die ich für machbar halte und die immer weiter heranreift; ich weiß nicht, ob es das richtige Wort ist, aber ich glaube, es ist eine Entelechie. Mein Leben außerhalb der Medizin verläuft derzeit eher im Stile eines Sonntagsfahrers, ich vollbringe Ruhmestaten wie die Besteigung des Popocatepetl (endlich habe ich der Pachamama in den Rachen schauen dürfen), eine Art Nationalvulkan Mexikos, mit einer Höhe von 5400 Metern; ich habe mich ganz wacker geschlagen, der Aufstieg war für mich leicht und sehr eindrucksvoll, und nun, wo ich anscheinend über die nötige Kondition verfüge, werde ich mich dem Orizaba stellen, dem höchsten Berg in Mexiko und zweithöchsten in Nordamerika, aber da muss ich noch etwas warten, weil es ein teures Unterfangen ist.

[…] Außerdem kann ich berichten, dass sich hier eine Gruppe junger Kerle, Sechstklässler, um mich versammelt hat, die ganz vernarrt sind in meine Abenteuer und die Lehren von San Carlos [Karl Marx]. Das sind so die Dinge, mit denen ich mich in meiner Freizeit beschäftige, von der ich so wenig habe.

---

40 Die Rede ist von dem Erbe, das seine Mutter einmal von ihrer Tante Sara de la Serna bekommen würde.

[…] Ich erzähle dir das alles, damit du nicht denkst, dass du nur ein weiteres sinnloses Jahr älter geworden bist, sondern dass du abgesehen von den Scheinen, die du mir hast zukommen lassen, einen ambulanten Propheten zur Welt gebracht hast, der die Ankunft des jüngsten Gerichts mit der gewaltigen Stimme eines Che verkündet.

Meine Liebe, ich schreibe dir, bis das Papier voll ist, sonst lohnen sich die 80 Centavos nicht, und, wie der Chef[41] immer sagt, das Organ, das einem Argentinier am meisten Schmerzen bereitet, ist die Geldbörse. Auf dass du noch viele Winter erlebst, auf dass du dich feiern lässt und auf dass du dich mit den Moneten und mir in Paris wieder vereinen kannst, bevor du ein halbes Jahrhundert alt wirst (das sage ich nicht aus Aberglauben, sondern um dich bald wiederzusehen), ein dicker Kuss und eine ebenso dicke Umarmung von deinem umherziehenden Erstgeborenen.

[Ohne Unterschrift]

An die Mutter, Buenos Aires[42], 20. Juli 1955

Meine liebe Mutter,

ich habe keine wirklich gute Ausrede dafür, dass ich dir eine ganze Weile nicht geschrieben habe; auf der Arbeit bin ich organisierter und habe immer wieder mal die eine oder andere Stunde für mich. Einer der Gründe, warum ich mir mit meiner Antwort Zeit gelas-

41 Gemeint ist Juan Perón.

42 Ernesto schreibt aus Versehen »Buenos Aires«, den Brief schickt er aus Mexiko an seine Mutter in Buenos Aires.

sen habe, war wohl deine Analyse der Begebenheiten in Argentinien: Ich bin nicht ganz einverstanden mit der Art und Weise, wie du die Ereignisse sowohl im Vor- als auch im Nachhinein beurteilst. Das Ganze liegt sowohl von Argentinien als auch von Mexiko aus gleichermaßen im Dunkeln, doch lässt sich einiges schon sehr gut einschätzen, wenn man vorherige Ereignisse mit später hinzugekommenen Informationen zusammenfügt. Die »monströsen« Demonstrationen der Katholiken bekomme ich nicht in meinen Kopf, ich kann mich noch gut an die monströsen Demonstrationen der U.D.[43] erinnern und dass nichts dabei herumgekommen ist, obwohl es saubere Wahlen waren.

[…] Die andere, finde ich, die weniger leicht ihrem Schicksal entgehen können, sind diese Arschlöcher von Piloten, die – nachdem sie massenweise Menschen ermorden – nach Montevideo fliegen und sagen, sie hätten gegenüber Gott ihre Pflicht erfüllt; es ist unglaublich, dass es für Menschen, die weinen, weil ihre Kirche abgefackelt wird, die normalste Sache der Welt ist, unzählige »Schwarze« abzuschlachten.[44] Vergiss nicht, dass diese Menschen bereit waren, für eine Sache zu sterben, das ist es, was sie auf die Straße getrieben hat. Und dass jeder sogenannte »Schwarze« eine Familie zu versorgen hat. Diese Typen, die die Familien der »Schwarzen« vernichten und sie ihrem Schicksal überlassen, sind die gleichen, die sich anschließend in Uruguay wie die Gorillas auf die Brust trommeln, um sich und ihre Macho-Heldentaten zu feiern. Ein anderer wichtiger Aspekt ist, wie viele »gute Leute« gestorben sind, abgesehen von den zufälligen Opfern; das gibt uns einen Hinweis auf den Charakter derer, die Perón stürzen wollen, und auf die Zukunft eines Argenti-

---

43 Die Unión Democratica war eine Koalition verschiedener Parteien, die sich in Opposition zu Perón gebildet hatte.

44 Juan Perón nannte seine Anhängerschaft aufgrund des großen Anteils an Dunkelhäutigen und Indigenen »Schwarzköpfe«.

niens, das von einem Olivieri oder einem Pastor regiert würde, was etwa auf das Gleiche hinausläuft;[45] das Heer bleibt nur so lange in seinen Kasernen, wie die Regierung im Sinne seiner Klasseninteressen handelt, das Einzige, was sich ändern würde, wäre jene demokratische Fassade, wie wir sie in Mexiko sehen, wo die größten Fäulnisstellen von pseudodemokratischen Formen des Zusammenlebens verdeckt werden. Olivieri oder Pastor, wen sie nach vorne stellen, ist ja noch nicht klar, würde den ersten aufkommenden Streik im Keim ersticken, und dann würde nicht nur ein lieber Junge namens Inchauspi sterben, sondern sie würden Hunderte »Schwarze« töten, die das Verbrechen begehen, ihre sozialen Errungenschaften zu verteidigen.[46] Und dann wird *La Prensa* salbungsvoll kommentieren, dass es auch wirklich problematisch ist, wenn Arbeiter aus einem Sektor, der für die Vitalität des Landes so wichtig ist, einen Streik anzetteln und wenn sie es dann auch noch mit Gewalt tun, wie es in diesem Fall ja geschehen ist, wo auf die Polizei geschossen wurde.[47] Ob man solche Aktionen gutheißt oder nicht, es gab sie unter Perón ja nur sporadisch, und für mich zählt es mehr als die, die in der Öffentlichkeit stehen und die das Pech haben, eine Kugel oder einen Bombensplitter abzubekommen: Andererseits kann ich auch nicht nachvollziehen, wie man glauben kann, dass die Marine aus lauter kleinen Engeln besteht und das Heer hingegen eine Dämonengrube ist; der einzig ernst zu nehmende Unterschied ist, dass es in der Marine mehr von diesen Jungen aus reichem Hause gibt, die ihren Klassenprivilegien nachtrauern, für deren Verluste Perón gar nicht verantwortlich ist, da er kaum mehr als ein Interpret einer in

---

45 Olivieri, ein Mann der Marine, war unter Perón Minister, Pastor war eine der führenden Gestalten der konservativen Partei.

46 Inchauspi war ein junger Mann aus einer angesehenen Familie, der während des Putschversuchs gegen Perón erschossen wurde.

47 La Prensa: Eine reaktionäre Zeitung in Argentinien.

Argentinien schon vorher gegebenen Situation ist. Und überhaupt, welche Gerüchte auch immer im Umlauf sind, die Kirche hatte großen Einfluss auf den Staatsstreich von [19]16 ebenso wie unsere lieben Freunde, deren Methoden ich in Guatemala wertschätzen lernen konnte.[48] Vergiss nicht, dass einerseits Olivieri erst vor Kurzem in den Vereinigten Staaten war und dass der Vatikan eine der wichtigsten Hauptstädte in Europa ist und wenn es auf internationaler Ebene darauf ankommt, an der Seite der Vereinigten Staaten steht. Die Art und Weise, wie die mexikanische Presse über die Ereignisse berichtete, lässt keinen Zweifel daran, abgesehen von einem Kommentator, der sich dem Weißen Haus besonders verbunden fühlte und andeutete, dass Peróns einziger Fehler (Fehler in den Augen einer freien Welt) seine neutrale Haltung sei und seine Neigung dazu, Geschäfte mit Ländern hinter dem Eisernen Vorhang zu machen. Und jetzt genug von Politik.

[...] Im Gegenteil, ich hätte mir für meine wissenschaftliche Ausbildung keine bessere Schule als Argentinien wünschen können, und das wird sich wohl in den nächsten Jahren auch nicht ändern. An all den Dingen, an denen ich hier arbeite, mit vielen Fehltritten und ohne Assistenz, hätte ich mit ihm [Pisani] zusammen arbeiten können, zumal sein Labor perfekt ausgestattet war. Hier arbeite ich in einem Labor für Bakteriologie, das eines der besten in ganz Mexiko ist und trotzdem weit unter dem argentinischen Niveau liegt, und für ein weiteres physiologisches, das nicht einmal den Namen »Labor« verdient, wo du alle Untersuchungen direkt an der Lunge durchführen musst, weil sich nicht eine einzige traurige Gaskartusche findet.

Mein Artikel ist in der Zeitschrift für Allergologie erschienen,

48 Ein Hinweis auf die Rolle der Vereinigten Staaten beim Putsch gegen den Präsidenten Jacobo Árbenz Guzmán in Guatemala 1954.

ganz schön imposant. Ich schicke dir eine Ausgabe, sobald ich sie selbst vorliegen habe. [...]

Ansonsten gibt es nicht viel zu erzählen, außer dass ich den Popo bestiegen habe – so wird er hier genannt –, wir haben unsere ganze Heldenkraft dafür verschwendet, jedoch ohne den Gipfel zu erreichen. Ich war bereit, meine Knochen dort zu lassen, aber als einem meiner Begleiter, einen Kubaner, beim Aufstieg die Füße gefroren sind, bekamen wir einen Schrecken, und so mussten wir alle fünf wieder absteigen. Ungefähr 100 Meter (das ist eine ganze Menge bei dieser Höhe), nachdem wir mit dem Abstieg begonnen hatten, wurde das Wetter etwas besser und der Nebel verzog sich, und da bemerkten wir, dass wir fast am Rand des Kraters marschierten, aber wir konnten nicht mehr umkehren. Wir hatten sechs Stunden gegen den Schnee gekämpft, der uns bei jedem Schritt bis knapp unter die Leiste reichte, unsere Füße völlig durchnässt, weil unsere Ausrüstung nicht gerade die beste war (ich trage noch immer die alten Stiefel von Roberto).

Unser Bergführer hatte wohl auch ein wenig die Orientierung verloren, weil er eine Gletscherspalte umgehen wollte – diese können gefährlich werden –, und wir waren alle halb tot vom Kampf gegen die Massen dieses pulverigen Schnees. Den Rest des Weges legten wir schließlich rutschend zurück, stürzten uns hinab, so wie früher im Schwimmbad vom Sierras Hotel, auch mit dem gleichen Ergebnis, ich kam unten ohne meine Hose an. Der Kubaner meinte, er wolle nicht noch mal hoch, aber ich fange jetzt wieder an zu sparen, und sobald ich das Geld beisammenhabe, steige ich wieder hoch, denn im September wartet ja schon der Orizaba auf mich.

Meine Beine tauten beim Abstieg langsam wieder auf, aber mein Gesicht und mein Hals sind verbrannt, als hätte ich einen ganzen Tag unter der Sonne von Mar del Plata gelegen; gerade sieht mein Gesicht wie Frankensteins Monster aus, meine Brandblasen nässen, und die Flüssigkeit vermischt sich mit der Vaseline, die ich mir immer wieder auftragen muss. Meine Zunge sieht übrigens genau so aus, weil ich so viel Schnee gegessen habe. Bergsteigen ist wunderschön, das Einzige, was mir einige Minderwertigkeitskomplexe verschaffte, war ein 59-jähriger Herr, der mit uns aufstieg und besser auf den Beinen war als wir alle zusammen, ein alter Mann, er sah aus wie der Schauspieler aus *Angel Face,* und während er uns erzählte, dass seine Mama ihn für verrückt hielte, den Aufstieg zu wagen, fing er an zu klettern. Wir standen völlig entgeistert da, er lief vor uns den Berg hinauf, leichtfüßig wie eine Bergziege.

[Ohne Unterschrift]

An die Mutter, [Mexiko,] 24. September 1955

Dieses Mal haben sich meine Befürchtungen bewahrheitet, es sieht so aus, als wäre dein jahrelang verhasster Feind endlich weg vom Fenster, und auch hier hat die Reaktion nicht lange auf sich warten lassen: Sämtliche Tageszeitungen dieses Landes und alle ausländischen Journalisten berichteten jubelnd vom Fall des finsteren Diktators, die Nordamerikaner atmeten erleichtert auf und denken dabei wohl an die 425 Millionen Dollar, die sie nun aus Argentinien herauspressen könnten; der Bischof von Mexiko zeigte sich äußerst zufrieden über den Sturz von Perón, und alle Katholiken oder Rechten, die ich hier kenne, sind ebenfalls froh. Meine Freunde und ich nicht; wir alle verfolgen mit großem Schmerz das Schicksal der peronistischen Regierung und die Drohungen der Flotte, Buenos Aires zu bombardieren. Perón fällt, wie alle anderen seiner Art gefallen sind, weder mit der posthumen Würde eines Vargas[49] noch mit der energischen Anklage eines Árbenz, der jeden einzelnen Schuldigen für die Gewalt benannte. Die progressiven Menschen hier bezeichnen den Sturz Peróns als »weiteren Triumph des Dollars, des Schwertes und des Kreuzes«.

Ich weiß, dass du heute sehr glücklich bist, weil du die Luft der Freiheit einatmen kannst [...].

Vor Kurzem habe ich dir in einem Brief versucht darzulegen, dass das Heer die Macht nur dann an Zivilisten abgeben wird, wenn diese im Gegenzug die führende Stellung der militärischen Kaste garantieren [...]. Ich sage dir ehrlich, dass der Sturz von Perón mich zutiefst trifft, nicht seinetwegen, sondern wegen der Bedeutung, die es für Amerika hat, denn, auch wenn es dir nicht schmeckt und trotz des erzwungenen Nachgebens in der letzten Zeit, Argentinien war immer der Vorkämpfer für diejenigen, für die der Feind im Norden sitzt. Für jemanden wie mich, der die bitteren Stunden Guatemalas erlebt hat, wirkt es wie eine schlechte Wiederholung der Geschichte. Und als in den loyalen Nachrichtenkanälen (es ist wirklich sehr seltsam, sie so zu nennen) die Stimme Córdobas[50] zu hören war, das theoretisch besetzt war, sah ich es kommen. Anschließend lief alles genau gleich ab: Der Präsident legt sein Amt nieder, eine Junta beginnt mit Verhandlungen, aber aus einer Position des Widerstands, schließlich steht ein Militär auf, an seiner Seite ein kleiner Matrose – der einzige Unterschied zu Guatemala. Dann richtet Kardinal Copello voller Stolz seine Worte ans Volk, während er nebenbei kalkuliert, wie wohl seine eigenen Geschäfte unter einer neuen Junta laufen werden. Wie immer beginnen die Zeitungen auf der ganzen Welt – in dieser Hälfte der Welt – ihr

---

49 Angesichts eines drohenden Militärputsches entschloss sich der brasilianische Präsident Getúlio Vargas 1954 zum Suizid.

50 Córdoba war ein wichtiges Zentrum der Opposition.

allseits bekanntes Geheule, die Junta verweigert Perón die Ausgabe seines Reisepasses, während sie von der Freiheit aller Menschen spricht. Menschen wie du sehen darin das Anbrechen eines neuen Tages; ich versichere dir, dass [Arturo] Frondizi[51] es nicht so sieht, denn angenommen, die Radikalen setzen sich durch, wird nicht er an die Macht kommen, sondern Yadarola, Santander oder irgendein anderer, der die Interessen der Yankees und der Kirche vertritt, neben denen des Militärs. Womöglich wirst du die Gewalt nicht sofort sehen, weil sie sich außerhalb deiner Kreise abspielen wird [...]. Die Kommunistische Partei wird nach und nach aus dem Weg geräumt, und womöglich wird sich sogar Papa eines Tages eingestehen müssen, dass er sich geirrt hat. Wer weiß, was bis dahin aus deinem Landstreichersohn geworden ist. Vielleicht hat er es geschafft, sich wieder auf seiner Heimaterde niederzulassen (der einzig möglichen) oder einen wirklichen Kampf zu beginnen [...].[52]

Vielleicht werde ich aber auch einfach von irgendeiner dieser in der Karibik so häufig anzutreffenden Gewehrkugeln erwischt, und dann ist es einfach vorbei (das ist kein Hirngespinst, aber auch keine konkrete Möglichkeit, es ist nur so, dass in dieser Gegend ziemlich viele Kugeln durch die Luft fliegen), vielleicht ziehe ich einfach nur so lange umher, bis ich eine solide Ausbildung vorweisen kann, und gebe mich den angenehmen Dingen hin, die ich in meinem Lebensplan vorgesehen habe, bevor ich mich ernsthaft meinen Idealen verschreibe. Alles geht so schnell, und niemand kann vorhersagen, wo er im nächsten Jahr sein wird und warum.

---

51 Arturo Frondizi, Anführer der Unión Cívica Radical Intransigente, wurde 1958 Argentinischer Präsident, 1962 stürzten ihn faschistische Militärs.

52 Kurz zuvor hat Ernesto in Mexiko Fidel Castro kennengelernt und beschlossen, sich dem Kampf gegen den kubanischen Diktator Batista anzuschließen. Die Ereignisse in Argentinien und der Staatsstreich gegen Perón haben seine Absichten ganz offensichtlich gefestigt.

Ich weiß nicht, ob du die Nachricht meiner Hochzeit erhalten hast und von der nahenden Ankunft eines Erben – Beatriz' Brief nach zu urteilen nicht. Hier also noch mal ganz offiziell die Neuigkeiten, damit du sie unter die Leute bringen kannst: Ich habe Hilda Gadea geheiratet, und wir werden bald ein Kind bekommen. Beatriz' Zeitungen sind angekommen, sie waren sehr interessant; ich würde gerne auch die neuesten erhalten, vor allem aber wünsche ich mir wöchentlich die *Nuestra Palabra* [die Zeitung der Kommunistischen Partei Argentiniens].

Chau

Küsse für die ganze Familie, herzliche Grüße auch von Hilda.
[Ohne Unterschrift]

An Tita Infante, Mexiko, 24. September 1955

Liebe Tita,

ich schreibe wieder voller Wut und Schmerz, aufgrund der Begebenheiten in Argentinien, diesmal sogar mit doppeltem Schmerz, denn abgesehen von den Toten gibt es eine ganze Reihe von Ereignissen, die nichts Gutes für das Land versprechen. Von hier aus kann ich das alles nicht vollständig beurteilen, aber das einhellige Jubelgeschrei der USA und der Katholiken, in Verbindung mit den aktuellen Deklarationen der neuen Junta, und die Tatsache, dass diese nur aus Militärs besteht, gibt einen ersten Ausblick darauf, wie diese sogenannte neue Freiheit aussehen wird. Ohne Árbenz verunglimpfen zu wollen (der ideologisch eine ganz andere Figur war als Perón), ist es seltsam mitanzusehen, wie sehr der Sturz der argentinischen Regierung in seiner Abfolge dem in Guatemala ähnelt, Sie werden sehen, wie diese totale Auslieferung des Landes und der damit einhergehende politische und diplomatische Bruch mit den Volksdemokratien uns auf eine traurige Weise bekannt vorkommen werden. Es fühlt sich aber falsch an, dass ich hier meine politische Meinung kundtue, während eigentlich Sie dies tun sollten. Ich möchte Ihre Meinung zu diesen Geschehnissen wissen und dass Sie mich auf den neuesten Stand bringen. Wäre es zu viel verlangt, wenn ich Sie bitte, mir ein Päckchen mit den Zeitungen der vergangenen Tage bzw. den ersten Berichterstattungen unter dem neuen Regime zukommen zu lassen? Sie könnten es auch per Schiff schicken, ich muss sie nicht sofort bekommen, es geht mir vor allem darum, mir selbst ein genaues Bild der Lage machen zu können.

Was meine gescheiterte Reise nach Europa angeht, möchte ich sagen, dass meine Ausdrucksweise gongoristisch war und dass es sich um den Präsidenten des polnischen Ministerrats handelte; ich wollte zu den Weltfestspielen der Jugend und Studenten reisen, und sie wollten Referenzen aus Argentinien von mir haben. Da die Situation so chaotisch war, wollte ich nicht selbst anfragen und dachte, dass mein Freund Isalí mir vielleicht helfen könnte. Jedenfalls ist das alles auch nicht so wichtig, denn die *Agencia Latina* hat mir am Ende tatsächlich nur einen Anteil meines Honorars ausgezahlt, von daher hätte es für diese Reise sowieso nicht gereicht.

Meine wirtschaftliche Situation hat sich dennoch verbessert, ich kann meine elementaren Bedürfnisse erfüllen, und in Sachen Medizin läuft es generell ganz gut hier, ich habe drei Untersuchungen am Laufen, die sehr langsam in die Gänge kommen, sodass ich nicht damit rechne, sie vor Ende des Jahres abschließen zu können.

Jetzt erwarte ich von Ihnen nur gute Nachrichten, was Ihren Doktortitel und Ihre persönlichen Konflikte angeht, ich kann Ihnen leider nicht die Zeitschrift mit meinem kleinen Artikel senden, weil ich selbst bisher keine Ausgabe erhalten habe, so wichtig ist es außerdem auch nicht. Eine Umarmung von Ihrem ewigen Freund Ernesto, antworten Sie bald.

[Ohne Unterschrift]

An Zoraida Boluarte, Mexiko, 8. Oktober 1955

Meine liebe Zoraida,

mit dem Interesse und der Freude, die Sie sich sicher vorstellen können, habe ich Ihren Brief, besser gesagt, Ihre Postkarte aus Puerto Rico erhalten. Da es mir nicht möglich ist, mich auf den Weg zu machen, wünschte ich, Sie könnten mich hier besuchen kommen und dieses wunderschöne Land kennenlernen. Es lohnt sich wirklich, und Sie würden sehr viele Ähnlichkeiten zu Ihrer Heimat finden, unter anderem würden Sie an meiner Seite eine kurvige Vertreterin Ihres edlen Geschlechts der Quechua antreffen, mit der ich mich vor wenigen Monaten verheiratet habe. Hilda, so heißt ihre Landsmännin und meine Frau, lässt Ihnen zwar herzliche Grüße ausrichten, sieht aber davon ab, Sie persönlich kennenzulernen. Sie ist Apristin und lebt hier im Exil!

Bitte erzählen Sie mir doch mehr von Ihren Absichten und den Plänen, die Sie auf der Insel haben – sie soll ja wunderschön sein –, und ob die Einreise einfach ist oder so schwer wie in die Vereinigten Staaten. Ich frage nur, weil ich im kommenden Jahr eine Reise nach Kuba plane, so um den März herum, und Ihnen bei der Gelegenheit gern persönlich eine Umarmung à la Che überbringen würde.

Ich würde auch gern wissen, wie es all meinen peruanischen Freunden so geht, an die ich immer und immer wieder denken muss.

Mein Leben hier ist recht angenehm, wenn ich auch viel Arbeit habe (vornehmlich in der medizinischen Forschung), die schlecht bezahlt wird. Wir haben trotzdem den einen oder anderen Peso gespart, und Anfang November starten meine Frau und ich eine Reise durch den gesamten Süden Mexikos. Es gibt dort unglaublich beeindruckende archäologische Stätten, wie die von Chichén Itzá, die wir unbedingt besuchen wollen.

Also, Zoraida, ich muss Ihnen unbedingt noch meine neue Anschrift geben, sie lautet Nápoles 40-depto 16, Colonia Juárez, México D.F., Sie sind hier jederzeit willkommen, ich umarme Sie zumindest aus nicht ganz so weiter Entfernung wie zuvor. Grüßen Sie all Ihre Lieben von mir und eine brüderliche Umarmung meinerseits für die Kleine.

Gurbai, so sagt man hier
Ernesto

An die Mutter, Mexiko, Tag 25 der neuen Zeitrechnung[53]

Großmütterchen,

jetzt sind wir beide ein bisschen älter geworden oder – würden wir uns als Obst sehen – reifer. Die Kleine ist ganz schön hässlich, aber

53 Der Brief wurde kurz nach der Geburt von Ernestos Tochter Hilda Beatriz Guevara Gadea am 15. Februar 1956 geschrieben.

ich muss sie nur anschauen, um zu wissen, dass sie etwas ganz Besonderes ist und gänzlich anderes als all die anderen Wesen in ihrem Alter. Sie weint, wenn sie hungrig ist, sie macht sich regelmäßig in die Hosen, das elektrische Licht stört sie, und sie schläft fast ununterbrochen, und trotzdem ist da etwas, was sie völlig von anderen Babys unterscheidet: Ihr Vater heißt Ernesto Guevara.

Ich bin ein wenig unzufrieden, weil ich etwas nicht beachtet habe: Hätte ich Hilda nach argentinischem Gesetz geheiratet, müsste ich jetzt keine Angst haben, dass sie mit einem anderen wegläuft und sich scheiden lässt; diese Mexikaner sind die reinsten Libertins, sie erlauben die Scheidung. Ich habe außerdem erfahren, dass sie in Argentinien die Kommunistische Partei verbieten wollen, langsam glaube ich tatsächlich, dass ich mich geirrt habe, diese Regierung steht auf der Seite der nationalen Befreiung, sie werden uns von der roten Seuche retten. Und dann kriegen wir ja jetzt auch noch Atomenergie, ich lese ständig von der weiß ich wie vielten *and power*-Firma, die in Argentinien Reaktoren bauen möchte, sie warten nur noch darauf, dass die Regierung die Ungerechtigkeiten rückgängig macht und sie für die unter dem Tyrannen erfolgten Enteignungen entschädigt. Natürlich werden sie bald ein [Nichtverbreitungs-]Abkommen schließen, da die Vereinigten Staaten es nicht riskieren können, dass der Kuh Hörner wachsen. Aber das sind nützliche Vereinbarungen: Hier wird eine unterzeichnet, und die Gringos scheinen ihren Freunden gegenüber sehr großzügig zu sein. Mexiko muss den Vereinigten Staaten lediglich die gesamte Kontrolle über die Urangewinnung überlassen, die Bohrungen bezahlt Mexiko auch komplett, aber die Planungen liegen in amerikanischer Hand, damit sie hier nicht so viel Arbeit haben, ist doch klar. Das Uran darf zwar nur an die Vereinigten Staaten verkauft werden, aber im Gegenzug werden sie Mexiko in der nahen Zukunft ein oder zwei Reaktoren verkaufen, wann genau, ist aber noch nicht klar.

Natürlich wird man nicht direkt an Mexiko verkaufen, sondern an eine Tochtergesellschaft von *Bon and Whare*, die tätig ist und die mit der Verteilung des Stroms betraut wird (eine zu delikate Arbeit für die Mexikaner, was man schon daran sieht, dass man sie an der Grenze von Hunden jagen lassen muss, damit sie im Norden niemanden belästigen).

Du kannst dir nicht vorstellen, wie sehr ich dich sehen möchte, ich glaube lieber dort als hier, aber das ist gerade sehr schwierig. Umgekehrt scheint es mir aber ebenso wenig machbar, denn bis das Erbe kommt, steht der argentinische Peso bestenfalls noch da, wo der bolivianische jetzt schon steht. Ich bin mir inzwischen ziemlich sicher, dass dies unser letztes Jahr in Mexiko sein wird (jedenfalls das letzte, das auf eine 6 endet). Meine wissenschaftlichen Untersuchungen laufen einigermaßen, aber wenn ich dir davon erzähle, habe ich dem alten Herrn nichts mehr zu erzählen, und ich wollte meinen freien Tag (Sonntag) nutzen, um ihm heute oder morgen zu schreiben.

Mutter, ich hoffe, dich irgendwo auf diesem Kuhfladen Gottes namens Erde noch in diesem Jahrtausend endlich wiederzusehen.

Küsse von Hilda Beatriz und von mir, die ältere Hilda lassen wir für heute beiseite, ihr ist Kinderkram fremd.

Arrivederci meine *Javie*[54]

[Ohne Unterschrift]

---

54 Ernesto schreibt »Javie« anstelle von »Vieja« (alte Frau), der liebevollen Anrede für seine Mutter.

An Tita Infante, Mexiko, 1. März 1956

Liebe Tita,

diesmal bin ich es, der unsere Brieffreundschaft eine Weile vernachlässigt hat. Auch wenn es die lahmste Entschuldigung ist, die man nur vorbringen kann, ich hatte einfach zu viel Arbeit (und das Schlimmste: eine unergiebige Arbeit sowohl im wissenschaftlichen als auch im ökonomischen Sinne). Unser Stammhalter ist zur Welt gekommen, wie sich herausstellte, eine Stammhalterin, sie heißt Hilda Beatriz, ist 15 Tage alt und für mich der Grund für eine doppelte Freude. […] ich könnte mich auch in einen langweiligen Familienvater verwandeln […]. Ich weiß, dass das nicht passieren wird und ich weiter mein Boheme-Leben führen werde, keine Ahnung, wie lange noch, aber irgendwann bringe ich meine sündigen Knochen wieder nach Argentinien, wo ich die Rüstung des fahrenden Ritters ablegen und zum Kampf eine Waffe ergreifen werde […].

Es schmerzt, von meiner wissenschaftlichen Arbeit zu sprechen. Nach einem im Nachhinein verlorenen Jahr musste ich mir eingestehen, dass ich nicht die nötigen Kenntnisse besitze, um meine Untersuchungen zur chemischen Bestimmung von Histaminen durchzuführen. Eine andere Untersuchung, es ging um das Zustandekommen einer Anaphylaxie nach oraler Einnahme einer Hyaluronidase, von der ich mir zumindest originelle Ergebnisse versprach, konnte ich nicht zu Ende führen, weil sie mir gleich nach den ersten Misserfolgen die Gelder gestrichen haben; ich glaube, dass dabei noch etwas Interessantes herauskommen könnte. Zwei weitere, weniger wichtige Untersuchungen schloss ich mit negativen Ergebnissen ab und entschied, diese nicht zu veröffentlichen. Eine Untersuchung zur Elektrophorese konnte ich nicht entwickeln, weil mir die Mittel fehlten, und eine weitere über mögliche

Zusammenhänge bzw. Wechselwirkungen von Histaminase und Progesteron schließe ich derzeit ab, kann sein, dass sie gute Resultate bringt. (Für den Fall, dass sie positiv sein sollten, versprechen sie mir hier ein Stipendium, mit dem ich mir aussuchen könnte, wo ich arbeiten will, ich glaube das aber nicht).

Ich habe als Ergänzung und um weitere Studien voranbringen zu können, angefangen, mich mit der Histochemie der Histaminase zu beschäftigen, alles sehr komplex. Man hat mir eine Arbeit als Physiologe an der Universität angeboten und eine weitere als Forschungsmitarbeiter in der Allergologie, aber das Anbieten fällt den Leuten hier deutlich leichter als das Geben. Eine solche Stelle würde meine größten wirtschaftlichen Probleme lösen und es mir außerdem ermöglichen, hier in Mexiko eine Arbeit abzuschließen, die das ersehnte Stipendium für Frankreich näher rücken ließe. (Ich weiß, Sie denken jetzt gemeinerweise, dass die Forschung nicht der eigentliche Grund ist, dies anzustreben […], und Sie haben recht.)

Zur politischen Situation kann ich nichts sagen, jetzt sind Sie an der Reihe, mich auf den neuesten Stand zu bringen, auch wenn es nur sehr allgemein bleibt wie in Ihrem letzten Brief, in dessen sämtlichen Punkten ich mit Ihnen übereinstimme. Über Sie müssten wir eigentlich noch ausführlich reden und klären, wann Sie von Ihrem ewigen Heimweh geheilt werden. Erzählen Sie mir ja nicht, dass es mit den allgemeinen Umständen zu tun hat, denn das stimmt nicht, und auch nicht, dass es zu Ihrem Charakter gehört. Ich fühle mich heute aber nicht danach, Ihnen aus der Ferne die Leviten zu lesen […] fühlen Sie sich umarmt von Ihrem ewigen Freund, ich hoffe sehr, dass der Mut Sie nicht verlässt […].

[…]

[Ohne Unterschrift]

An die Mutter, [Mexiko,] 13. April 1956

Liebe Mutter,

[…] Ich hatte die Angewohnheit des Briefeschreibens schon fast aufgegeben, aber dann habe ich mich selbst davon überzeugen können, dass das die einzige Form ist, Nachricht aus den besseren Kreisen von Buenos Aires zu erhalten. […].

Ich werde also ein bisschen von meiner Tochter erzählen: Ich bin sehr glücklich über sie. Meine kommunistische Seele strotzt vor Glück, denn sie sieht genauso aus wie Mao Tse Tung. Sogar jetzt zeichnet sich schon der Haaransatz an der Hälfte der Birne ab, sie hat seine gütigen Augen und sein hervortretendes Doppelkinn. Bisher wiegt sie weniger als unser großer Führer, gerade mal fünf Kilo, aber sie wird schon noch aufholen. Sie ist viel frecher als die meisten Kinder und isst, so wie ich damals gegessen haben muss, wenn man den Geschichten der Großmutter (ihrer Großmutter) glauben will, das heißt, sie saugt, ohne zu atmen, bis ihr die Milch aus der Nase wieder herauskommt.

Ich werde wohl Dozent für Physiologie an der *Universidad Nacional de Mexico*, mit einem armseligen Gehalt, das für die Universitäten hier jedoch üblich ist, dafür aber mit allem Prestige, das mit einem solchen Posten einhergeht […].

Ich arbeite wie ein Verrückter, um einige Untersuchungen, die ich langsam nicht mehr sehen kann, zu Ende zu bringen und mich dann einer neuen Arbeit widmen zu können, in der es um konditionierte Reflexe geht. Ich habe mir in den Kopf gesetzt, auf der Grundlage solcher Reflexe ein Beruhigungsmittel für Asthma zu entwickeln, ich weiß nicht, wohin das alles führen wird. Ich bekomme zwar Geld für die Untersuchungen, aber kein Personal, obwohl die Patienten hier im Krankenhaus so arm dran sind, dass es ihnen fast egal ist, ob man sie erhängt oder erschießt, solange man sich nur um sie kümmert.

Ich habe Tante Beatriz' Brief erhalten, in dem sie schreibt – und sogar unterstreicht –, dass die Ursache für die Fälle von Kinderlähmung in den mangelnden Hygienemaßnahmen der Perón-Regierung lägen und die Nordamerikaner nun zur Hilfe eilten, uneigennützig wie in all ihren Unternehmungen. Es tröstet mich zu wissen, dass mein Heimatland von der Hilfe unserer großen Nachbarn profitieren wird, die auch der APRA ihre Unterstützung zugesagt haben, sodass diese Menschen bald nach Peru zurückkehren werden und auch Hilda wieder ganz unbesorgt einreisen kann. Blöd nur, dass ihre Hochzeit mit diesem frevelhaften Sklaven der roten Pest sie um einen hoch dotierten Posten im nächsten Parlament bringen wird. […] Freut mich zu hören, dass du den dicken [Ricardo] Rojo sympathisch findest. Ich hoffe, dass ich ihn auch weiterhin sympathisch finde, fürchte aber, dass das nicht möglich ist. Du hast im Gespräch mit ihm sicher herausgehört, dass er mich für einen lieben Spinner hält, der nur dafür taugt, nette Geschichten zu erzählen. Ich gebe zu, dass dies im Alltag auf mich sicher zutrifft, aber in Bezug auf politische Analysen habe ich ihn einen solchen Unsinn reden hören, dass mir die Haare zu Berge standen.

Ich schicke dir eine Umarmung so groß wie das Descamisado-Denkmal[55], nicht das, das sie bauen wollten, sondern das, welches

---

55 Bevor er gestürzt wurde, plante Perón ein gigantisches Bauwerk namens »Descamisado« als Denkmal für seine in Armut lebenden Anhänger. Die Bezeichnung »Descamisado« (Hemdlos) fiel bei einem Wortwechsel in der Abgeordnetenkammer der argentinischen Regierung, als ein antiperonistischer Abgeordneter einen Peronisten mit der Aussage beschimpfte, dieser besitze nicht einmal ein Hemd. Am nächsten Tag zog Perón vor Tausenden von Menschen sein Sakko aus und sagte, er sei ein »Descamisado« wie das Volk. Seine Minister und das Regierungspersonal taten es ihm nach. Von da an nahm er oft ohne Sakko an Parlamentssitzungen teil.

im Herzen des argentinischen Volkes steht, direkt neben unserem geliebten Präsidentenpaar, Gott habe sie selig, amen.

Beiliegend eine weitere Umarmung für die ganze Familie.

[Ohne Unterschrift]

An die Eltern, Mexiko, 6. Juli 1956

Cárcel de la Gobernación [Miguel-Schultz-Gefängnis]

Liebe Eltern,

ich habe deinen Brief erhalten (Papa) hier in meinem neuen Domizil, dem vornehmen Herrenhaus von Miguel Schultz, zusammen mit dem Besuch von Petit, der berichtete, dass ihr euch große Sorgen macht. Damit ihr wisst, was Sache ist, fasse ich mal zusammen.

Vor einer ganzen Weile schon lud mich ein junger kubanischer Anführer ein, mich seiner Bewegung anzuschließen, einer bewaffneten Bewegung für die Befreiung seines Landes, ich sagte selbstverständlich zu.[56] Ich half dabei, einen Haufen junger Leute körperlich darauf vorzubereiten, eines Tages nach Kuba zurückzukehren, ich habe euch die letzten Monate angelogen, als ich behauptete, eine Stelle als Dozent zu haben. Am 21. Juni (ungefähr einen Monat nachdem ich mein Zuhause verlassen hatte, ich war auf einer Ranch

56 Gemeint ist die revolutionäre »Bewegung des 26. Juli«, eine Organisation, die von Fidel Castro geleitet wurde und die nach dem Datum benannt war, an dem sie 1953 Angriffe auf die Kasernen in Bayamo und Santiago de Cuba verübte.

im Umland untergebracht) wurden Fidel und einige seiner Genossen verhaftet, wobei sich auch ein Hinweis darauf fand, wo wir anderen uns aufhielten, sodass wir ihnen alle ins Netz gingen. Ich hatte Dokumente dabei, in denen stand, dass ich Russisch studierte, und das reichte denen wohl, um davon auszugehen, dass ich ein zentrales Mitglied der Organisation wäre, und die Nachrichtenagenturen, Papas Freunde, posaunten diese Information um die ganze Welt.

Das ist eine kurze Zusammenfassung der vorangegangenen Ereignisse, die zukünftigen sind zweigeteilt: in die mittelbaren und die unmittelbaren. Mittelbar kann ich sagen, dass meine Zukunft mit der Revolution in Kuba verknüpft ist. Entweder ich siege mit ihr oder ich sterbe dort. (Das ist die Erklärung für den etwas rätselhaften und romantischen Brief, den ich vor einiger Zeit nach Argentinien geschickt habe.) Was die unmittelbare Zukunft angeht, kann ich nicht viel sagen, da ich nicht weiß, was aus mir werden wird. Das liegt ganz in der Hand des Gerichts, und es kann gut sein, dass sie mich nach Argentinien abschieben, es sei denn, ich bekomme in einem dazwischenliegenden Land Asyl, was günstig für meine politische Gesundheit wäre.

In jedem Fall werde ich an einen neuen Ort gehen müssen, ob ich hier im Gefängnis bleibe oder ob ich freikomme. Hilda wird nach Peru zurückkehren, die neue Regierung hat dort eine politische Amnestie erlassen.

Aus offensichtlichen Gründen werde ich ab jetzt weniger schreiben können, außerdem hat die mexikanische Polizei die nette Angewohnheit, Post zu beschlagnahmen, wenn ihr also schreibt, dann bitte nur Geschichten von zu Hause, Banalitäten. Es würde wohl niemandem gefallen, dass irgendein Hurensohn hier über intime Dinge Bescheid weiß, egal wie unwichtig diese auch sein mögen. Gebt Beatriz einen Kuss und erklärt ihr bitte, warum ich nicht schreibe und dass die sie mir vorerst keine Zeitungen mehr schicken muss.

Wir sind kurz davor, in einen Hungerstreik mit unbestimmter

Dauer einzutreten, um gegen unsere unrechtmäßige Verhaftung zu protestieren und gegen die Folter, die manche meiner Genossen hier erleiden mussten. Die Moral unserer Gruppe ist gut.

Schreibt erst einmal weiter an mein Zuhause.

Ich gehe nicht davon aus, aber sollte ich aus irgendwelchen Gründen nicht mehr schreiben können und später womöglich doch einer der Verlierer dieses Kampfes sein, dann lest diese Zeilen als Abschied, kein theatralischer, sondern ein einfacher und ehrlicher. Ich bin auf der Suche nach meiner persönlichen Wahrheit durchs Leben gestolpert, und nun wo ich auf dem Weg bin, mit einer Tochter, die mein Erbe aufrecht halten wird, habe ich einen Kreis geschlossen. Von nun an betrachte ich meinen Tod nicht mehr als ein Scheitern, gerade wie Hikmet: »Nur den Schmerz eines unvollendeten Liedes nehme ich mit ins Grab.«[57]

Es küsst euch alle
Ernesto

An seine Mutter, Mexiko, 15. Juli 1956

Liebe Mutter,

ich habe deinen Brief erhalten, wie es scheint, ist er durch ein mehr oder weniger großes Sieb der Schwermut gegangen. Er enthält so viel Treffendes und viele Dinge, die ich von dir nicht kannte.

---

57 Ernesto zitiert den türkischen Dichter Nâzım Hikmet, die Verse stammen aus dem Gedicht »Brief an meine Frau«.

Ich bin weder Christus noch Philantrop, liebe Mutter, ich bin so ungefähr das komplette Gegenteil von einem Christus, und die Philanthropie finde ich zu [unlesbar im Original] für das, woran ich glaube, ich kämpfe mit allen Waffen, die ich ergreifen kann, und versuche, mein Gegenüber aufs Kreuz zu legen, anstatt selbst an ein Kreuz oder sonst woran genagelt zu werden. Bezüglich des Hungerstreiks liegst du völlig falsch; wir haben zweimal gestreikt, beim ersten Mal kamen 21 von 24 Gefangenen frei, beim zweiten Mal gaben sie bekannt, Fidel Castro, den Anführer unserer Bewegung, freizulassen, das wird morgen passieren, und wenn es abläuft wie verabredet, werden nur zwei von uns im Gefängnis bleiben. Ich will nicht, dass du glaubst, wir zwei Übrigen würden geopfert, wie Hilda behauptet. Wir sind einfach die, deren Papiere in einem [schlechten] Zustand sind, weswegen wir nicht die Rechtsmittel einsetzen konnten, die unsere Genossen genutzt haben. Mein Plan ist, in das nächstgelegene Land zu reisen – schwierige Angelegenheit mit all dem interamerikanischen Ruhm, der inzwischen an mir klebt – und mich dort bereitzuhalten, bis meine Dienste benötigt werden. Und ich muss auch nochmals betonen, dass es gut sein kann, dass ich euch eine ganze Weile nicht schreiben kann.

Was mich [wirklich] entmutigt, ist deine Verständnislosigkeit für all das und dein Rat zur Mäßigung, zum Egoismus etc., jenen niedersten Eigenschaften, die ein Mensch haben kann. Ich bin nicht gemäßigt, und ich werde darauf achten, es niemals zu sein. Und sollte ich irgendwann feststellen, dass die heilige Flamme in mir nur noch ein schüchtern flackerndes Lichtlein ist, bleibt mir nichts anderes zu tun, als auf meine Scheiße zu erbrechen. Was deinen Aufruf zum gemäßigten Egoismus angeht, was nichts anderes ist als ein grober, ängstlicher Individualismus, diese Tugenden von X.X., kann ich nur sagen, dass ich viel dafür getan habe, genau diese Seiten an mir auszumerzen, nicht unbedingt an diesem unbekannten, feigen Kerl, sondern an jenem anderen, dem Bohemien, der sich nicht um seinen Nächsten schert und sich selbst genügt, und zwar nicht aus eigener Stärke, sondern aus einem falsch kalibriertem Gewissen heraus. In den Tagen hier im Gefängnis und während der Übungen, die unserer Verhaftung vorausgingen, habe ich mich vollständig mit meinen Kameraden identifiziert. Ich erinnere mich an einen Satz, der mir blödsinnig oder zumindest seltsam vorkam, der sich auf die Identifikation der einzelnen Mitglieder mit der Gruppe bezog, die so stark war, dass das Konzept des »Ich« vollkommen in dem Konzept des »Wir« aufging. Das ist ein kommunistisches Prinzip, und ich kann verstehen, wenn es dir wie eine doktrinäre Übertreibung erscheint, aber es war tatsächlich schön (und ist es immer noch), diese Aufhebung zu spüren.

(Die Flecken auf dem Papier sind keine blutigen Tränen, sondern Tomatensaft.)

Du irrst dich fundamental, wenn du glaubst, dass die Mäßigung oder der »gemäßigte Egoismus« die Position ist, von der aus wichtige Erfindungen oder große Meisterwerke der Kunst entstehen. Für jedes große Werk braucht man Leidenschaft, und für die Revolution braucht man Leidenschaft und Wagemut in großen Mengen, Dinge, die uns als Menschen gegeben sind. Eine weitere Sache, die mir seltsam aufstößt, ist dein ständiges Bezugnehmen auf Gott den Vater, ich hoffe, du kehrst nicht auf den Pfad deiner Jugend zurück. Außerdem kann ich dir sagen, dass deine SOS-Signale nichts nutzen: Petit hat sich ins Hemd gemacht, Lezica hat sich rausgewunden und hat Hilda (gegen meinen Willen) einen Vortrag über die Verpflichtungen des politischen Asyls gehalten. Raul Lynch hat sich zumindest aus der Ferne in Ordnung verhalten, und Padilla Nervo sagte, dass ein anderes Ministerium zuständig sei. Sie alle würden helfen, aber nur unter der Bedingung, dass ich meinen politischen Überzeugungen abschwöre. Ich glaube euch nicht, dass dir ein lebender Sohn Barabbas lieber wäre als ein toter Sohn, der seinen Werten und seinen Zielen bis zum Ende treu geblieben

Diese Versuche zu helfen nützen nichts, außer dass sie mich und sie in Verlegenheit bringen.

Du hast natürlich gute Ideen (zumindest sehe ich das so), die beste ist die mit der interplanetaren Rakete, das Wort würde mir gefallen. Davon abgesehen, steht es fest, dass ich, nachdem die Ungerechtigkeit in Kuba beseitigt ist, irgendwo anders hingehen werde; und es steht ebenso fest, dass ich, wäre ich in einem Büro eingesperrt oder in einer Klinik für allergische Erkrankungen, krepieren würde. Alles in allem glaube ich, dass dieser Schmerz, der Schmerz einer alternden Mutter, die ihren Sohn am Leben sehen will, respektiert werden muss, dass ich mich um ihn kümmern muss und auch unbedingt kümmern will, ich würde dich so gerne sehen, nicht nur, um dich zu trösten, sondern auch, um mich zu trösten gegen mein wiederkehrendes und unbeschreibliches Heimweh.

Meine Liebe, es küsst dich und es verspricht dir seine baldige Anwesenheit, wenn nichts dazwischenkommt.

Dein Sohn
der Che

An die Mutter, [Mexico, August oder September 1956]

Liebe Mutter,

ich schreibe dir von irgendeinem Ort in Mexiko, wo ich darauf warte, dass sich die Angelegenheiten klären. Die Luft der Freiheit ist in Wirklichkeit die Luft des Untergrunds, aber das ist egal, und es gibt dem Ganzen den Hauch eines mysteriösen Films, was ich sehr interessant finde.

Ich erfreue mich bester Gesundheit und großem Optimismus. Hinsichtlich deiner Einschätzung der Befreier bemerke ich, wie du nach und nach, fast ohne es zu merken, das Vertrauen in sie verlierst.

Was du über Standfestigkeit und Vertrauen geschrieben hast, gehört zu den traurigsten Dingen, die ich je von dir gehört habe, aber keine Sorge, ich werde es niemandem zeigen. Schau nur, was zum Beispiel die ägyptischen Zeitungen schreiben über den »Vertrauensverlust des Westens«. Es ist doch logisch, dass sie viel mehr Vertrauen in die Gegenden haben, in denen ihr Einfluss wirksam ist, als in andere Länder, selbst wenn es dort keine Unabhängigkeitsbestrebungen gibt. Auch das Öl wird nicht Argentinien gehören. Die Bohrplattformen, von denen sie so sehr befürchteten, Perón würde sie abtreten, werden sie nun selbst abtreten, oder sie werden zumindest ähnliche Konzessionen machen. Die Meinungsfreiheit ist eh schon ein Mythos, sie haben nur den Mythos ausgetauscht, zuvor war es ein peronistischer, nun ist es ein freiheitlicher, den die Zeitungen verbreiten. Bis zu den Wahlen werden sie die Kommunistische Partei verboten haben und alle alles dafür tun, um Frondizi unschädlich zu machen, er wäre noch das Beste, auf das Argentinien hoffen kann. Insgesamt, liebe Mutter, sehe ich schwarz für die argentinische Arbeiterbewegung und damit für den Großteil der Bevölkerung.

Ich habe nur wenig Zeit zum Schreiben und will sie nicht mit diesen Themen verschwenden. Obwohl es aus meinem Leben eigentlich nur wenig zu erzählen gibt, denn es besteht aus Sport und Lektüre. Ich glaube, ich werde danach in wirtschaftlichen Fragen unschlagbar sein, aber vergessen haben, wie man ein Stethoskop hält oder einen Puls misst (was ohnehin nie meine Stärke war).

Sieht so aus, als würden die Medizin und ich langsam, aber sicher verschiedene Wege gehen, aber noch nicht so weit, dass ich nicht wehmütig an die Arbeit im Krankenhaus denken würde. Was ich euch über die Dozentur in der Physiologie erzählt habe, war nicht ganz gelogen. Es war eine Lüge, weil ich nie ernsthaft in Betracht gezogen habe, die Stelle anzunehmen, aber die Möglichkeit bestand, und die Wahrscheinlichkeit die Stelle zu erhalten, war recht groß, ich hatte schon einen Termin fürs Bewerbungsgespräch. Jetzt allerdings ist das alles passé. San Carlos [Karl Marx] hat einen neuen Rekruten gewonnen.

Über die Zukunft kann ich nichts sagen. Schreib mir bald und erzähl mir Neuigkeiten von der Familie, so etwas ist immer erfrischend in diesen Breitengraden.

Liebe Mutter, ein dicker Kuss von deinem untergetauchten Sohn.

[Ohne Unterschrift]

An seine Mutter, [Mexiko, Oktober 1956]

Liebe Mamá,

dein feiger Sohn, der außerdem der Sohn einer Rabenmutter ist, ist kein Nichtsnutz. Er ist wie Paul Muni[58], der seine Worte voller Pathos spricht, bevor er im Halbschatten verschwindet und die Musik einsetzt. Derzeit bin ich von Beruf Luftikus, heute hier, morgen da, etc. […] So viel dazu. Hilda wird in einem Monat nach Peru aufbrechen und ihre Familie besuchen und die Tatsache ausnutzen, dass sie keine politische Missetäterin mehr ist, sondern eine etwas fehlgeleitete Vertreterin der ehrbaren und antikommunistischen

---

58 Paul Muni spielte die Hauptrolle in dem Film »Jagd auf James A.«, auf den Ernesto hier anspielt.

APRA. Ich bin gerade dabei, den Schwerpunkt meiner Studien zu verschieben: Früher habe ich mich mehr recht als schlecht der Medizin gewidmet und in meiner Freizeit informell den Schriften von San Carlos. Mein gegenwärtiger Lebensabschnitt verlangt hier eine Neuordnung; San Carlos steht jetzt an erster Stelle, ist der Dreh- und Angelpunkt, und solange dieser Sphäroid mich auf seiner Oberfläche trägt, wird das so bleiben. Die Medizin ist eine interessante, aber doch unwichtige Spielerei, mit Ausnahme dieses kleinen Themas, dem ich mehr widmen möchte als eine bedeutende Abhandlung, deren Gewicht die Keller ganzer Buchhandlungen erschüttern wird. Vielleicht erinnerst du dich – wenn nicht, dann rufe ich es dir hiermit ins Gedächtnis –, ich habe immer wieder an einem Buch über die Funktion des Arztes etc. gearbeitet, davon habe ich nur wenige Kapitel zu Ende geschrieben, sie riechen nach der Zeitungsrubrik in der Art von »Leib und Seele«[59], einfach nur schlecht geschrieben, aus jedem Absatz lässt sich die fundamentale Ignoranz für die Tiefe des Themas ablesen; ich beschloss zu studieren. Außerdem musste ich einsehen, dass diese Arbeit sich nicht mit der mir wesentlichen Laufbahn eines Abenteurers vertrug. Ich beschloss, mich zuerst den wichtigsten Dingen zuzuwenden, nämlich gegen die Ordnung der Dinge ins Feld zu ziehen, mit dem Schild in der Hand, so träumte ich, und danach, wenn die Windmühlen mein Hirn verschont hätten, zu schreiben.

Celia schulde ich einen Lobbrief, den ich gleich nach diesem hier schreiben werde, wenn ich noch Zeit habe. Die anderen sind mir eine Antwort schuldig, da ich mit allen das letzte Wort hatte, sogar mit Beatriz. Sag ihr, dass die Zeitungen mit einer großartigen Regelmäßigkeit hier ankommen und mir einen schönen Überblick über

59 »Leib und Seele« ist ein Roman des französischen Schriftstellers Maxence Van der Meersch.

all die großartigen Taten verschafft, die die Regierung vollbringt. Ich schneide sie fein säuberlich aus, um dem guten Beispiel meines Erzeugers zu folgen; nun folgt Hilda schon dem guten Beispiel der Erzeugerin. Verteile an alle Küsse und alles, was angebracht ist, und bitte schreibt, egal ob es gute oder schlechte Nachrichten gibt, aber sendet die Post immer nur über den Guatemalteken[60].

Nun bleibt nur noch der letzte Teil der Rede, der sich auf den Mann bezieht und den Titel »Wie geht es weiter?« tragen könnte. Nun kommt der schwierige Teil, Mama, dem ich nie ausgewichen bin und der mir immer gefallen hat. Der Himmel hat sich nicht verfinstert, die Sterne sind nicht heruntergefallen und es hat auch keine schrecklichen Fluten oder Stürme gegeben; die Zeichen stehen gut. Sie weisen zum Sieg. Aber wenn sie falsch sind, und selbst die Götter können sich irren, werde ich, wie ein Dichter, den du nicht kennst, sagen können: »Nur den Schmerz eines unvollendeten Liedes nehme ich mit ins Grab.« Um das *prämortale* Pathos zu vermeiden, werde ich diesen Brief erst abschicken, wenn es wirklich ernst werden sollte, und dann weißt du, dass dein Sohn sich gerade in irgendeinem amerikanischen Land darüber ärgert, nicht mehr Kenntnisse in Chirurgie erworben zu haben, um einem Verwundeten zu helfen, und die mexikanische Regierung dafür verflucht, dass sie ihn daran gehindert hat, seine bereits beachtliche Treffsicherheit zu vervollkommnen. Der Kampf wird mit dem Rücken zur Wand geführt werden, wie in den Hymnen, bis zum Sieg oder zum Tod.

Ich küsse dich ein weiteres Mal, mit der Liebe eines Lebewohls, das sich weigert, das letzte zu sein.

Dein Sohn

60 Gemeint ist ein Freund Ernestos, der inzwischen in Argentinien im politischen Exil ist.

An seine Mutter, Mexiko 15[61]

Liebe Mutter,

noch immer in Mexiko beantworte ich deine letzten Briefe. Es gibt nur wenige Neuigkeiten aus meinem Leben, meinen Alltag verbringe ich mit Sport, ich lese unglaublich viel, du kannst dir wohl schon vorstellen, was, und an manchen Wochenenden sehe ich Hilda.

Ich habe die Hoffnung aufgegeben, meinen Fall auf gerichtlichen Wegen klären zu lassen, sodass mein Verweilen in Mexiko nur noch vorübergehend ist, Hilda und die Kleine werden aber in jedem Fall den Jahreswechsel bei ihrer Familie verbringen. Sie werden einen Monat dortbleiben und dann sehen wir weiter. Auf lange Sicht würde ich immer noch gern Europa kennenlernen und wenn möglich dort leben, aber das wird von Tag zu Tag unwahrscheinlicher. Wenn dich das Fieber, das mich gepackt hat, einmal erwischt hat, wird es immer nur schlimmer und lässt dich erst wieder los, wenn du unter der Erde bist.

Ich hatte einen Lebensplan aufgestellt, bestehend aus zehn Jahren Vagabundentum, darauf folgend weitere medizinische Studienjahre, um mich danach, wenn noch Zeit bliebe, dem großen Abenteuer der Physik zuzuwenden.

Das alles ist vorbei; das Einzige, was ich sagen kann, ist, dass die zehn Vagabundenjahre wohl länger dauern werden (es sei denn, irgendwelche Unvorhersehbarkeiten unterbinden das Vagabundieren), aber sie werden ganz anders sein, als ich sie mir erträumt hatte. Denn wenn ich nun in ein neues Land kommen werde, dann nicht

61 Im Original ohne Jahreszahl, verfasst kurz bevor Ernesto mit Fidel Castro und anderen Kubanern aufbricht, um den Kampf gegen Batistas Diktatur aufzunehmen.

nur, um es kennenzulernen, mir Museen und Ruinen anzuschauen, sondern auch (denn die genannten Dinge interessieren mich immer), um mich dem Kampf des Volks anzuschließen.

Ich habe die letzten Nachrichten aus Argentinien gelesen, die Ablehnung der Zulassung für drei neue Parteien und den Überrest der Kommunistischen Partei. Obwohl es zu erwarten war, ist diese Maßnahme doch weniger symptomatisch als alles, was in Argentinien seit einer ganzen Weile passiert. Alle Handlungen haben eine so klare Ausrichtung – nämlich Politik zu machen für eine ganz bestimmte Kaste und Klasse –, dass ein Irrtum oder eine Verwirrung völlig ausgeschlossen sind. Es ist die Klasse der spanischstämmigen Grundbesitzer, die sich mit den ausländischen Investoren verbündet hat, wie immer.

Ich sage diese mehr oder weniger harten Dinge zu dir, denn »was sich liebt, das neckt sich«. Nun folgt eine Umarmung, eine der letzten aus Mexiko, und wenn ich schon mal dabei bin, Ermahnungen auszusprechen, hier eine abschließende: Die Mutter der Brüder Maceo klagte nur darüber, nicht mehr Söhne zu haben, um sie Kuba schenken zu können.[62] Um so viel bitte ich dich nicht, nur dass der Preis, den du für mich und um mich zu sehen, bereit wärst zu zahlen, nicht so hoch ist, dass du dafür deine Überzeugungen verraten oder es eines Tages bereuen würdest.

Chau
[Ohne Unterschrift]

---

62 Mariana Grajales war die Mutter von Antonio und José Maceo, zweier Anführer im kubanischen Unabhängigkeitskrieg gegen Spanien im 19. Jahrhundert.

An Tita Infante, [November 1956]

Liebe Tita,

ich habe Ihnen so lange nicht geschrieben, dass ich jenes Vertrauen in die gewohnten Umgangsformen verloren habe (ich bin sicher, dass Sie nicht viel verstehen werden, ich werde es Stück für Stück erklären).

Erstens, meine kleine Indianerin ist inzwischen neun Monate alt, sie ist sehr süß und lebhaft, usw.

Zweitens und prinzipiell: Vor einiger Zeit wurde ich von ein paar Kubanern, Revolutionären, eingeladen, mich und meine medizinischen »Kenntnisse« in den Dienst ihrer Bewegung zu stellen. Ich habe eingewilligt, denn Sie müssen wissen, dass diese Art Arbeit mir zusagt. Ich zog auf eine Ranch in den Bergen und leitete die körperlichen Ertüchtigungen, impfte die Kämpfer usw., aber ich bin in ein Fettnäpfchen getreten (wie man auf Kubanisch sagt)[63], und die Polizei verhaftete uns alle. Da meine Papiere nicht sauber waren (wie man auf Mexikanisch sagt), bin ich für zwei Monate in den Knast gewandert. Daneben haben sie unter anderem meine Schreibmaschine beschlagnahmt, daher dieses handschriftliche Schreiben. Dann machte die Regierung den großen Fehler, meinem Wort als Ehrenmann zu glauben und mich freizulassen mit der Auflage, das Land binnen zehn Tagen zu verlassen. Seitdem sind drei Monate vergangen, und ich bin noch immer hier, wenn auch versteckt und ohne Perspektive. Ich warte ab, was aus der Revolution wird: Gelingt sie, gehe ich nach Kuba, wenn sie scheitert, suche ich mir ein Land, in dem ich mich niederlassen kann. Dieses Jahr könnte ein Wendepunkt für mein Leben wer-

---

63 Ernesto schreibt wörtlich »ich war so salzig«, kubanisch für »Pech haben«.

den, wenn es auch schon so viele gab, dass mich das kaum besorgt oder bewegt.

Selbstverständlich sind alle meine wissenschaftlichen Arbeiten zur Hölle gefahren, inzwischen bin ich lediglich ein eifriger Leser von Carlito, Federiquito und Konsorten.[64] Ich habe ganz vergessen, dir zu erzählen, dass sie bei meiner Verhaftung einige Russischbücher bei mir fanden, zusammen mit einem Ausweis des Instituts für mexikanisch-russischen Austausch, wo ich anstelle der konditionierten Reflexe inzwischen die Sprache studierte.

Vielleicht interessiert es Sie ja, dass meine Ehe inzwischen völlig zerrüttet ist und nächsten Monat wohl gänzlich zerbrechen wird, denn Hilda geht nach Peru, um ihre Familie zu sehen, von der sie acht Jahre getrennt war. Die Trennung hinterlässt einen leicht bitteren Geschmack, sie war eine sehr loyale Genossin, während meiner erzwungenen Abwesenheit war ihr Verhalten im Sinne der Revolution tadellos, aber unser Naturell war doch zu unterschiedlich, ich lebe nun mal mit diesem anarchischen Charakter, der mich von neuen Horizonten träumen lässt, sobald ich »im Kreuz deiner Arme und im Grunde deiner Seele« [65] lag, wie Pablito zu sagen pflegte.

Ich verabschiede mich. Schreiben Sie mir nicht, bis ich wieder schreibe, dann habe ich hoffentlich mehr Neuigkeiten oder zumindest einen festen Wohnsitz.

Ihr Freund sendet die stets zärtliche Umarmung
Ernesto

---

64 Karl Marx und Friedrich Engels.

65 Aus dem »Lied der Verzweiflung« des chilenischen Dichters Pablo Neruda.

BRIEFE AUS DEM GUERILLAKRIEG IN KUBA

1956–1959

Einleitung

Ernesto – die neuen kubanischen Freunde nennen ihn ab jetzt »Che« – beginnt, seinen eigenen Weg zu gehen, und schließt sich als Truppenarzt dem kubanischen Guerillakampf an, um die von den USA unterstützte Diktatur von General Fulgencio Batista zu stürzen. Unter der Führung von Fidel Castro gelangen die bewaffneten Revolutionäre im Dezember 1956 von Mexiko aus auf einer Motorjacht an die kubanische Küste der Provinz Oriente. Che muss sehr bald seine »Feuertaufe«, wie er das selbst nennt, bestehen und sich zwischen seinem Rucksack mit medizinischer Ausrüstung oder Waffen und Munition entscheiden.[66]

Im Laufe der folgenden Monate zeigt sich, dass Che nicht nur ein mutiger Guerillakämpfer ist, weshalb man ihn zum Kommandanten befördert, sondern auch, dass er politische Führungsqualitäten besitzt. Als im August 1958 die Militäroffensive von Batista scheitert, wendet sich der Krieg zugunsten der revolutionären Kräfte. Zwei neue Guerillakolonnen werden gegründet, eine von Camilo Cienfuegos, die andere von Che Guevara angeführt. Am 21. August

66 Siehe dazu auch: Ernesto Che Guevara, *Kubanisches Tagebuch*, Kiepenheuer und Witsch, Köln 2021; Ernesto Che Guevara, *Diario de un combatiente, Ocean Sur*, Mexiko 2011.

gibt Fidel Castro Che und Camilo den Befehl, ihre Truppen westlich in Richtung der Provinz Las Villas zu führen. Am 31. August begibt sich Che von Sierra Maestra aus nach El Jíbaro in der mittelkubanischen Ebene.

Fidel Castro hat Che mit der politisch heiklen Aufgabe betraut, die sehr unterschiedlichen revolutionären Kräfte in der Region in der Bewegung 26. Juli zu vereinen. Wie schwierig sich diese Aufgabe gestaltet, wird in Ches und Fidels Briefwechsel deutlich, der hier erstmals veröffentlicht wird. Er ist ein Zeugnis des besonderen persönlichen Verhältnisses der beiden Männer und ihrer bereits schon damals bestehenden politischen Verbundenheit.

Che nutzt im Dezember 1958 in der Stadt Santa Clara eine Schwäche von Batistas Armee, um sie zu besiegen. Am 1. Januar 1959 flüchtet General Batista aus Kuba – am nächsten Tag erreichen die von Che und Camilo angeführten Kolonnen Havanna. Aus Santiago de Cuba im Osten ruft Fidel die Revolution aus: »Die Revolution beginnt jetzt.«

Teil 1: Briefe aus der Sierra Maestra

An Daniel, [Sierra Maestra,] 1. Oktober 1957

Verehrter *Daniel*[67],

ich nutze die Möglichkeit, dir zu schreiben, weil der Bote da ist, wobei ich später auch noch ein Gespräch mit *Alejandro*[68] habe und ihm euren Brief zeigen werde. Ich antworte der Reihe nach: Ich weiß nicht, wer derzeit die Führung von Palma innehat, ich habe mich auf das Wort von Márquez verlassen und nach bestem Wissen und Gewissen geantwortet, dabei bin ich natürlich ins Fettnäpfchen getreten. Ich werde in dieser Zone keine neuen Kontakte knüpfen,

---

67 Daniel war der Kampfname des kubanischen Revolutionärs René Ramos Latour (1932–1958). Am 30. Juli 1957 übernahm er die politische und militärische Leitung der Bewegung 26. Juli (M-26-7) in der Provinz Oriente. Später stieß er zur I. Kolonne und wurde schließlich zum Kommandanten ernannt. Er starb im Juli 1958 im Kampf.

68 Alejandro war der Kampfname von Fidel Castro Ruz (1926–2016), Studentenführer an der Universidad de la Habana seit Mitte der 1940er-Jahre. Nach 1947 gehörte er der Jugendgruppe der Partei des kubanischen Volkes – Die Orthodoxen an. Er organisierte die Angriffe auf die Kasernen Moncada und Carlos Manuel de Céspedes in Santiago de Cuba und in Bayamo. Er leitete die Expedition mit der Jacht Granma und war seit Mai 1958 Generalsekretär des M-26-7. Von 1959 bis 1976 Staatspräsident der kubanischen Regierung, ab 1976 Staatsrats- und Ministerratsvorsitzender und bis 2006 Chefkommandant der Revolutionären Streitkräfte (FAR). Er starb am 26. November 2016.

außer ich müsste dort kämpfen und hätte nicht die nötige Unterstützung[69], in diesem Fall müsste ich versuchen, mit irgendjemandem in Kontakt zu treten. Du schreibst erneut von den Problemen, die aufgetreten sind, weil ich mich nicht mit Santiago [de Cuba] verständigt habe. Ich habe in meinem letzten Brief geschrieben, dass ich die volle Verantwortung dafür übernehme, ich bin nicht der Typ, der in einem solchen Fall Schuld von sich weist, aber ich muss dich daran erinnern, dass Santiago genau so weit weg von der Sierra ist wie die Sierra von Santiago, dass ihr meinen Aufenthaltsort hättet kennen müssen, wenn ihr tatsächlich mit Carlos in Kontakt standet, wir haben hier andauernd mit ihm Kontakt, und dass ihr euch deswegen ebenso mit mir in Verbindung hättet setzen müssen, schließlich wurden von hier aus alle Kontakte aufgebaut.[70]

Ich habe gehört, dass der Brief, der dir ausgehändigt wurde, der ist, den ich Andrés Menés gegeben habe; leider gibt es gerade erst Kopien meiner Briefe in unserem kleinen Archiv, wenn ich mich aber recht erinnere, habe ich ihm die Aufgabe übertragen, als Verbindungsperson zwischen dieser Stadt und der Sierra zu dienen, und ich habe nur um etwas gebeten, was er mir angeboten hat, das erschien mir in Ordnung. Anbei auch eine Nachricht für ihn.

Mir scheint, dass ich, was Bayamo angeht, ein wenig ungerecht behandelt worden bin, ich habe mir diese Konstellation nicht ausgedacht, sie ist nicht auf Grundlage der Gespräche mit mir entstanden. Ich sage euch nur, dass es Dinge gibt, um die ich vor zwei Monaten gebeten habe, die nie angekommen sind, eine Woche nach dem Gespräch mit Piferrer sind sie aber dann hier; für mich ist das ein Verstoß gegen die Revolution, diese Verbindung zu kap-

---

69 Diese Zeilen sind im Original unterstrichen.

70 Zur Zeit der Entstehung dieses Briefes war Che gerade zum Kommandanten der neu aufgestellten II. Guerillakolonne ernannt worden, die aus strategischen Gründen IV. Kolonne genannt wurde.

pen, und ich werde es auch nicht ohne die Order von Fidel tun, die er mir wohl heute noch erteilen wird, sobald ich ihm die Briefe gezeigt und das Problem aus meiner Warte erläutert habe. Ob ich mit *Carlos* zusammenarbeite oder nicht, hat *Carlos* in der Hand, ich habe immer gesagt, dass er der Anführer der Bewegung ist. Der Befehl, Lara zu verhaften, kam sehr spät; ihr könnt *Carlos* um den Brief bitten, den ich ihm über Lara zukommen ließ: Als er mich um die Aufnahme in die Kolonne bat, habe ich abgelehnt, weil ich der Meinung bin, dass jemand, der so etwas getan hat, keinen Platz hat, aber Pepín Lupiáñez ist hier, und ihr kennt sicher die Probleme, die er verursacht hat. Auch ihn habe ich nicht in die Kolonne aufgenommen, obwohl er direkt von der Bewegung kam. Ich hoffe außerdem, dass Bayamo in Zukunft enger mit uns zusammenarbeitet, im Sinne der gemeinsamen Sache, zu der ich das wenige uneingeschränkt beigetragen habe, was ich zu leisten vermochte.

Ich habe nicht gegen das Gebot verstoßen, Nachrichten weiterzugeben, ich bin unschuldig. Ich habe den Fall so schnell es ging geschildert, ohne unsere »Heldentaten« jemals im Geringsten auszuschmücken. Anbei sende ich die Liste der Toten von Peladero und auf ausdrückliche Anordnung von Fidel eine Liste mit Namen von Entlassenen, es geht um eine ärgerliche Angelegenheit, die er ganz sicher noch selbst schildern wird. Die Gewehrkugeln haben mich nicht erreicht, die 1000 Pesos schon.

Grüße

[Ohne Unterschrift]

An die zivilen Einrichtungen von Buey Arriba, Sierra Maestra, 12. Oktober 1957

An die zivilen Einrichtungen von Buey Arriba:

Wir haben Ihren Brief erhalten und möchten zunächst zum Ausdruck bringen, dass wir Ihnen gegenüber wegen Ihres rechtschaffenen Verhaltens immer voller Respekt gewesen sind. Die Geschäftsleute, die diesen Brief unterschrieben haben, fordern die Freilassung des Soldaten und unseres Gefangenen Leonardo Baró Merodio. Sie sind der Auffassung, dass dem dieser Petition zugrunde liegenden demokratischen Geist Rechnung getragen werden sollte. Bevor ich über diese Petition entscheide, muss ich eine Frage stellen, und würde mir wünschen, dass jedes einzelne Mitglied Ihrer zivilen Einrichtungen sie für sich selbst beantwortet: Könnte ich im Namen desselben demokratischen Geistes, für den wir diesen Kampf führen, um die Auferstehung der vierzehn Bauern bitten, die in Peladero ermordet wurden, oder um die der fünf Männer, die in El Hombrito bei lebendigem Leibe verbrannt wurden?

Ganz zu schweigen von den brutalen Bombardierungen völlig wehrloser Dörfer in der Sierra Maestra oder dem Genozid von Cienfuegos oder den mysteriösen Todesfällen überall auf der Insel, das ist unser täglich Brot unter dieser Schreckensherrschaft. All diese Fälle ereigneten sich in der unmittelbaren Nähe von Buey Arriba, Sie müssen davon gewusst haben.

Ich muss Sie daran erinnern, dass der sich in Gefangenschaft befindende Soldat zur Kompanie von Hauptmann Merob Sosa gehörte, welcher direkt verantwortlich für diese Morde ist und aufgrund von unschuldig vergossenem Blut von wehrlosen Bauern wegen dieser »Siege« zum Kommandanten ernannt wurde.

Ich muss Sie weiterhin daran erinnern, dass niemand je Sorge um die körperliche Unversehrtheit einer unserer Gefangenen haben muss und dass der Unterzeichner dieses Briefes zwei in Bueycito gefangen genommene Soldaten auf Bitte derselben Einrichtung am 1. August 1957 wieder freigelassen hat. Ich muss Sie außerdem daran erinnern, dass diese Freilassung offenbar nicht dazu führte, uns im Gegenzug die Unversehrtheit der Dorfbewohner garantieren zu können, die gefangen genommen und misshandelt wurden.

Abgesehen von all diesen Tatsachen hätten wir den Soldaten Baró freigelassen, wenn er nicht inzwischen so gut über unsere Truppenbewegungen und Kriegstaktiken informiert wäre, was eine Gefahr für die gesamte Kolonne bedeutet. Die Erfahrung zeigt, dass ehemalige Gefangene sich nicht an die Abmachungen halten, auf deren Grundlage ihre Freilassung verhandelt wurde, sondern als Spione alles, was von Interesse sein könnte, an ihre Kommandanten weitergeben, wie im Fall der sechzehn Freigelassenen von Uvero.

Allerdings habe ich Anweisungen von unserem Chefkommandanten Fidel Castro höchstpersönlich. Diese Anweisungen wurden vom Abgesandten der Gemeinde, Herrn Pablo Chacón Hernández, gelesen und damit bezeugt. Ich werde angewiesen, die Gefangenen immer nur dann freizulassen, wenn es eine zweifelsfreie Garantie dafür gibt, dass diese keine Informationen an die Armee weitergeben, die uns schädigen könnten. Deshalb bieten wir an, die Gefangenen an einen ausgewiesenen Botschaftsangehörigen eines demokratischen Landes unseres Kontinents zu übergeben.

Es muss nicht unbedingt ein Botschafter oder leitender Beamter sein, ein akkreditierter Mitarbeiter der Botschaft wäre ebenfalls möglich, sofern er nicht aus folgenden Ländern stammt: Santo Domingo, Nicaragua oder Venezuela.

Die Bedingungen, die eine solche Person akzeptieren müsste, lauten:

a) Der Gefangene darf nicht vernommen werden, noch ist es ihm gestattet, mit der Armee in Kontakt zu treten, und Besuche von

Angehörigen dürfen nur in Anwesenheit des Botschaftspersonals stattfinden.
b) Der Gefangene darf im Ausland nicht von Regierungspersonal befragt werden.
c) Der Gefangene kehrt erst dann nach Kuba zurück, wenn der Kriegszustand von unserer Seite aus als beendet erklärt ist.

Wir weisen außerdem darauf hin, dass Herr Chacón unversehrt bis hierher kommen konnte, was dem Respekt vor den zivilen Einrichtungen und seinem Ehrenwort geschuldet ist, keine Informationen weiterzugeben, die dem Feind als Orientierung dienen könnte. An die Erfüllung dieser Bedingungen knüpfen sich auch die möglichen Verhandlungen über weitere Gefangene.

Ich setze mich persönlich dafür ein, dass die Verhandlungen erfolgreich zum Abschluss kommen und dass sehr bald sich keine kubanische Mutter mehr Sorgen um einen gefangenen Sohn machen oder den unendlichen Schmerz aushalten muss, zu wissen, dass der Sohn tot ist oder bestialisch gefoltert wird, weil er seiner Überzeugung folgte.

Ich sende respektvolle Grüße an die zivilen Einrichtungen des Landes und einen ganz persönlichen Gruß an den Präsidenten der zivilen Einrichtungen in Buey Arriba, dank dessen persönlicher Intervention bereits einige Gefangene freigelassen wurden.

Comandante der IV. Revolutionaren Kolonne

An Mario, Sierra Maestra, 23. November [1957]

Sehr geehrter Mario[71],

wie immer schreibe ich dir, weil ich eine ganze Reihe von Bestellungen verschiedenster Art habe. Ich habe auch schon nach Santiago geschrieben und empfohlen, dich als Lieferant einzusetzen, wie wir es besprochen hatten.

Die wichtigsten Dinge, die du besorgen musst, sind folgende: Papier für den Mimeografen, Tinte, Schablonen. Ich habe dir einige Exemplare der Zeitung beigelegt und der Aufrufe, die wir an die Bauern verteilt haben. Die Fehler darin hängen mit der schlechten Qualität des Papiers zusammen, das nicht für diese Form von Druck geeignet ist, und mit dem äußerst schlechten Zustand unseres Mimeografen. Es wäre gut, wenn man beides bei euch drucken könnte, vor allem die Zeitung.

Wir brauchen für die Zeitung Nachschlagewerke zur kubanischen Geschichte und zum Leben von Martí, Maceo und Gómez.

Für den Gesundheitssektor möchten wir ein Krankenhaus bauen, dafür haben wir bereits Material, wir warten lediglich darauf, dass die Regierungsoffensive ein wenig abschwächt. Es kommt fast jeden Tag zu Schießereien mit den Soldaten. Das, was wir noch an Material brauchen, steht auf der Liste, die ich dir beigefügt habe. Du kannst damit zu dem Arzt gehen, von dem du mir erzählt hast, vor allem aber sag mir Bescheid, falls du etwas nicht besorgen kannst, damit ich es in Havanna bestelle.

Um die Maschine, von der wir gesprochen haben, fertigzustellen, brauche ich mindestens sechs mal Gummi in der beigefügten

---

71 Mario war der Kampfname eines nicht mit Namen bekannten Aktivisten der Bewegung M-26-7 aus der Gegend der Sierra Maestra, in der die IV. Kolonne unter dem Befehl von Ernesto Che Guevara operierte.

Qualität, ungefähr drei Fuß lang, und noch mehr von dem Gummi, das ihr bereits geschickt hattet, sowie einmal Gummi in derselben Qualität, aber noch länger, ich glaube, das gibt es. Außerdem wird benötigt: 2 Stück von 1⅓ × 4 Fuß Aluminiumwinkel, 10 Fuß 1-Zoll-Aluminiumrohre, eine Schachtel Schrauben ¼ × 2 Zoll mit passenden Flügelmuttern, normale Muttern mit Unterlegscheibe; eine ¾ × 10 oder 12 Zoll Spiralfeder; 4 Fuß im Quadrat Aluminiumblech in ⅛ Zoll.

Wichtig ist außerdem noch Folgendes: eine Drehbank in 14 Zoll; ein Päckchen Laubsägenblätter, Größe 35; ein Senkbohrerset beginnend mit Größe 1⁄16 bis ½; ein ganzer Satz mittelgroßer Wandhaken; zwei Kugelhammer, klein und mittelgroß, und ein großer Schraubenzieher.

Ich schicke dir außerdem die Filmkamera zur Reparatur, ich brauche eine Bedienungsanleitung für die Kamera, einen guten Belichtungsmesser und Filmrollen; außerdem noch einen aufsetzbaren Blitz für eine 35-mm-Leika-Fotokamera.

Wenn du kommst, wirst du viele gute Sachen vorfinden, falls unsere geschätzten Freunde sie nicht kaputtmachen.

Ich glaube, die Maschine hat so weit alles ausgespuckt.

Es grüßt dich

Che

An Daniel, [ohne Datum][72]

Verehrter *Daniel,*

zurück in unserer Zone, genießen wir die Luft von La Mina. Wir sind mit demselben Problem konfrontiert wie zuvor, das heißt, Bayamo liefert vieles des grundsätzlich Benötigten nicht, zum Beispiel die Gummis für diesen vielversprechenden »hausgemachten« Mörser, wir erleben diese bürokratische Trödelei, wie dass bestimmte Anfragen nicht bearbeitet werden, nur weil meine Unterschrift nicht draufsteht usw.

Ich schreibe, weil ich einen wichtigen Auftrag habe, und ich bitte darum, ihn vollständig und zügig auszuführen. Wie wichtig das ist, unterschätzen manche Leute, die uns nicht zutrauen, dem Feind tatsächlich zu schaden. Derzeit stehen zum Beispiel die Soldaten in zwei Zonen völlig ungeschützt da, aber wir können nicht mit den Granatwerfern angreifen, weil die Granaten noch nicht fertig sind. Dabei ist es nicht schwer, sie herzustellen. Unser Waffenhersteller hat aus unfassbar wenigen und schlechten Materialien geniale Minen gebaut. Viel von dem Dynamit dafür haben wir ja über unsere Kanäle hier bezogen, weil von draußen nichts ankommt. Wir warten derzeit darauf, zu sehen, was diese erste Mine bei den Lastwagen bewirkt, falls sie wirklich funktioniert, wird dies eine neue Ära im Kampf um die Sierra einläuten. Dass sich die Kampfstrategien fundamental geändert haben, habt ihr ja gesehen; hier ist die Sache noch schwieriger, wir führen bereits einen Stellungskrieg, das heißt, Guerillas bedrängen den Feind in seinem

---

72 Dem Inhalt dieses Briefes nach zu urteilen, scheint er Anfang Dezember 1957 verschickt worden zu sein. Ernesto Che Guevara hat diese Ereignisse auch in seiner Erzählung »Altos de Conrado« (*Kubanisches Tagebuch,* Kiepenheuer & Witsch 2021) geschildert.

eigenen Territorium, während das Gros sich vor den Fliegern in der Erde verschanzt.

Das alles ist dem Vorstoß in El Hombrito geschuldet und einem weiteren kleinen, für den die Jungs in Pazos verantwortlich sind. Ich berichte dir kurz davon, vielleicht ist es von Nutzen: Die Marinesoldaten in Ocujal, so um die 100 Mann, hatten die Angewohnheit, in der Nachbarschaft in kleinen Gruppen nach Kühen zu suchen, das hatten unsere Männer herausgefunden. Sie überraschten eine Gruppe von drei Männern unter der Führung eines Leutnants an der Flussmündung von Las Brujas. Der Leutnant fiel von zwei Schüssen in den Brustkorb schwer verletzt zu Boden, ein Soldat entkam verwundet. Eine M1 und eine Pistole machten dem verwundeten Leutnant ein Ende. Die Aktion wurde von Leutnant Roberto Sotomayor geleitet.

Ich werde dir jetzt noch von Besuchen hier erzählen, die dich interessieren könnten und von denen alle wissen sollten.

Erst mal wollte ich erzählen, dass Pifferer wieder hier war, der mich nicht empfangen hatte, als ich ihn sprechen wollte. Der Mann hat ein weiteres Mal bestätigt, dass er unter welchen Bedingungen auch immer bereit ist, zu kollaborieren und sogar ganz mit [Carlos] Prío[73] zu brechen, falls das von ihm verlangt würde, wozu ich nichts gesagt habe. Viele der Informationen dieses Mannes scheinen der Wahrheit recht nah zu kommen, und ich glaube, die Zeit ist endgültig gekommen, dass wir bezüglich Bayamo eine Entscheidung treffen. Mein Vorschlag wäre, einen Posten zu schaffen, der durch Vertrauensmänner der Bewegung kontrolliert wird. Das könnte zu-

---

73 Carlos Prío Socarrás war ein Präsident der Republik Kuba (1948–1952). Die politisch labile Situation aufgrund von Príos schwachem Führungsstil und einem hohen Maß an Korruption nutzte General Fulgencio Batista am 10. März 1952 für einen Staatsstreich, infolge dessen er Prío als Präsident ablöste.

nächst der Verpflegungsposten für die Sierra übernehmen, und anschließend könnte man diesen Posten Pifferer übertragen, wenn er sich mit der Führung abgestimmt hat. Bisher hat der Mann alles gemacht, was man ihm aufgetragen hat.

Mich haben außerdem zwei Rechtsanwälte aus Camagüey aufgesucht, Carlos Varona Duque Estrada und Agustín Tomé Agüero, sie wollten eigentlich Fidel sehen, hatten jedoch Angst, weiterzureisen. Sie sind Abgesandte einer Dissidentengruppe aus Camagüey, die der Revolution ihre Hilfe anbietet, unabhängig davon, was die andere Gruppe vorhat, in dieser Provinz gibt es ja bisher noch überhaupt keine Aktionen. Sie haben konkret angeboten, den Generalstreik zu organisieren, die Zuckerrohrplantagen in der Provinz abzubrennen und einen einmaligen Beitrag von 5000 Dollar und monatlich 1000 Dollar zu zahlen. Sie stützen sich auf zwei Gruppen, eine wird von einem Alfredo Álvarez angeführt, einem ehemaligen Leiter einer Bank, den die Bewegung zum Tode verurteilt hat, dieses Urteil ist später jedoch widerrufen worden, das sagen zumindest die Anwälte, und die andere von einem gewissen Mazorana, ehemaliger Marineoffizier. Ich habe mich darauf beschränkt, mir alles zu notieren, was ihnen hoffentlich klarmacht, dass die Bewegung kein Interesse an einer Kooperation mit Dissidenten hat.

Jedenfalls warten sie auf irgendeine Antwort, und am besten wäre es, in eine der beiden Kanzleien zu gehen und zu sagen: »Wir sind Abgesandte aus der Sierra.« Pifferer hatte die beiden vermittelt.

Es kam auch noch ein gewisser José Luis Carballo vorbei, der bereits länger mit der Bewegung kollaboriert, er ist der Überbringer einer etwas nebulösen Nachricht von Melba Hernández, sie bietet an, die Zuckerrohrplantagen in der Provinz von La Habana zu übernehmen. Ich habe das an Fidel weitergegeben.

Derzeit sind zwei ganz seltsame Typen in der Gegend unterwegs. Einer von den beiden ist Yankee-Journalist oder vermeintlicher Journalist und behauptet, für die *New York Herald Tribune* zu schreiben. Ich habe mir seinen Namen nicht gemerkt, aber der Mann ist im Haus eines mit uns befreundeten Landarbeiters untergebracht und hat mir ausrichten lassen, dass er sich nicht von dort entfernen wird. Ich weiß nicht, ob er denkt, dass mich das beunruhigt und ich ihn deshalb treffen will. Den anderen Mann hat ebenfalls Pifferer angeschleppt (der Journalist kam auch über diesen Kontakt); er ist Mexikaner, aktiver Leutnant im Heer, mit einem Einjahresvertrag. Er sagt, er sei zum Kampf bereit, und er hat einige finstere Ideen, wie sich aus Mexiko Waffen besorgen lassen. Ich schreibe dir später den Namen, er fällt mir gerade nicht ein. Es wäre gut, wenn ihr etwas über diese beiden herausfinden und mir schnellstmöglich mitteilen könntet, was in ihrem Fall zu tun ist. Fidel informiere ich ebenfalls darüber.

Es wäre auch gut, wenn ihr über die Kontakte der Bewegung etwas über Antonio Matanzas herausbekommen könntet, er kommt aus Alto Songo und verkauft seit Kurzem in unserer Gegend Lottoscheine. Ich halte ihn seit einem Monat hier als Gefangenen, die Informationen, die ich bisher über ihn sammeln konnte, deuten darauf hin, dass er nicht besonders anständig ist, aber nichts weist darauf hin, dass er bei der Polizei war oder ist.

Im Folgenden will ich dich noch über unsere aktuellen Projekte informieren, die definitiv die Unterstützung des Llano brauchen. Der Mimeograf (Modell 1903) funktioniert überhaupt nicht gut und ist sehr klein; trotzdem haben wir einen Aushang vorbereitet, den ich beigefügt habe, wir versuchen, ihn überall in Sichtweite der Polizei aufzuhängen. Ich hätte gerne direkt etwas von Fidel gehabt, aber er wollte nicht, also habe ich mit meinem Holzkopf versucht, das Beste draus zu machen. Wichtig ist, dass der Aushang entlang der verminten Straßen zu sehen sind, sodass jede explodierende Landmine den Text darauf untermauert. Die Zeitung ist fertig und auf Schablone übertragen, aber wir haben keine Tinte, also können wir noch nicht drucken, und viel zu wenig Papier, deswegen wird die Ausgabe auf 700 Exemplare beschränkt sein. Es gibt außerdem keinen Artikel, der von Fidel stammt, was ich für einen fundamentalen Fehler halte. Luis Orlando will sich darum kümmern, damit das Ganze wie eine richtige Zeitung aussieht. Ich bitte euch, uns wirklich all das zu schicken, was wir brauchen, ich glaube, diese Zeitung wird von sehr großem Nutzen sein. Damit sie richtig gut aussieht, brauchten wir eigentlich auch einen Illustrator, der mit Schablonentechnik arbeitet. Er sollte an einem sicheren Ort unterkommen und nicht zu viele Wege zurücklegen müssen.

Wir planen, ein Elektrizitätswerk zu bauen, ebenso ein Wasserwerk, Letzteres wird so leistungsstark sein, dass es den ganzen Tag Licht spendet, deshalb die entsprechenden Bestellungen. Morgen beginnen die Bauarbeiten für den ersten der drei Öfen, darin werden wir Brot für die Truppen backen; dafür brauche ich die Hefe.

Wir haben von den Deppen, die aus dieser Zone abgehauen sind, bereits Hühner und Schweine beschlagnahmt, um Farmen aufzubauen. Um die Vermehrung zu beschleunigen, brauchte ich einen Brutapparat oder sehr helle Glühbirnen oder Materialien, um selbst einen Brutapparat zu bauen, das wären vor allem eine Heizschlange und ein Thermostat. Das alles steht nicht auf der beigefügten Liste.

Das Material für die Schuhreparatur müsste sehr dringend zugestellt werden, genau wie jenes zum Fertigen von Rucksäcken, Nähmaschinen sind vorhanden und entsprechende Leute, die nähen können, auch. Ihr müsst nicht alles auf einmal schicken, aber es sollte schon einmal wenigstens etwas kommen, damit wir hier mit der Arbeit loslegen können.

Die Nähmaschinen, die die Landarbeiter zurückgelassen haben, wollen wir dazu nutzen, uns eigene Uniformen zu schneidern. Dafür könntet ihr uns ebenfalls Material schicken.

Ich brauche außerdem Schulmaterial; hauptsächlich für den Schreib- und Leseunterricht, aber auch für höhere Stufen. Dies steht nicht auf der Liste.

Der Waffenhersteller verbraucht nach wie vor viel Dynamit für seine Minen, das ist sehr wichtig für uns, damit also bitte nicht knausern.

Unsere Leute schießen unglaublich schlecht, davon hast du dich ja selbst überzeugen können, als wir mit den wenigen Patronen, die Fidel mir nicht gestohlen hat, geübt haben. Das sollten wir unbedingt fortsetzen, jetzt, wo es die Situation gerade erlaubt.

Die Filmkamera wartet auf Filmrollen, die belichtet und dann zu euch zurückgeschickt werden wollen. Für die Qualität der Filme kann ich nicht garantieren (ich bin hier der *cameraman),* aber Übung macht den Meister; ich mache zumindest nicht mehr alles falsch.

Worüber wir uns demnächst unbedingt Gedanken machen müssen, ist Winterkleidung für die Truppe.

Zum Schluss eine verspätete Neuigkeit: Fidel hat angeordnet, sofort das Zuckerrohr abzubrennen, und jetzt noch eine verrückte Idee von Pazos: Wäre es möglich, einen Piloten aufzutreiben, der bereit wäre, seinen *Clipper* hierherzufliegen? Wenn ja, welchen Untergrund brauchte der Flieger für die Landung? Ich habe es mit diesem Brief wohl etwas übertrieben, auf Wiedersehen.

[…]

[Ohne Unterschrift]

An Darío und Daniel, Sierra Maestra, 4. Dezember 1957

Verehrter *Darío*[74], verehrter *Daniel,*

ich habe beide Briefe erhalten und nutze die Zeit zwischen zwei Gefechten (das ist nicht übertrieben), um euch zu antworten, aber vorher wollte ich noch zwei Dinge sagen: zunächst, dass wir uns in einem ununterbrochenen Kampf befinden, die Soldaten versuchen beständig, zu uns auf den Hombrito zu kommen, und wir, eben genau das zu verhindern; am 29. November gerieten wir in ein Gefecht, das zwölf Stunden dauerte, wir hatten die Truppe von Sánchez Mosquero komplett umzingelt, aber um 16 Uhr erhielt sie Verstärkung und um 18 Uhr mussten wir dann aufgeben; bei dem Gefecht starb Ciro[75], ein echter Held, seinen Leichnam können wir nicht bergen, in dieser Hinsicht stimmt die offizielle Meldung, un-

---

74 Dario war einer der Kampfnamen des Rechtsanwalts Armando Hart (1930–2017). Er war seit 1947 Mitglied der Jugendgruppe der Partei des kubanischen Volkes – Die Orthodoxen. Er hat den M-26-7 mitgegründet und war Mitglied der Führung in der Provinz Oriente. Er war an der Organisation des Aufstandes vom 30. November und an der ersten Versammlung des M-26-7 in der Sierra Maestra beteiligt (17. Februar 1957). 1957 wurde er zu einem Jahr Hausarrest verurteilt, dem er sich verweigerte. Er floh aus Havanna, wurde verhaftet und war bis zum Sieg der Revolution 1958 auf der Isla de Pinos im Gefängnis. Ab dem 1. Januar 1959 bekleidete er verschiedene Positionen, u.a.: 1959–1965 Bildungsminister; 1965–1970 Generalsekretär der Kommunistischen Partei Kubas; Kulturminister, Mitglied des Zentralkomitees und Mitglied des Politbüros der Kommunistischen Partei Kubas. Siehe auch den Brief, den Che ihm 1965 schickt (S. 348).

75 Gemeint ist hier der Revolutionär Ciro Redondo (1931–1957). Kurz nach seinem Tod schrieb Che für ihn »Semblanza de Ciro«. Dieser Text sollte in El Cubano Libre erscheinen, die Zeitung, die Che in der Sierra gegründet hatte. Einem größeren Publikum wurde er erstmals bekannt in Ernesto Che Guevara: Soy un futuro en camino, Ocean Sur, Mexiko 2011.

terschlagen wurde jedoch, dass er 750 Dollar bei sich hatte, die sich wohl irgendein Offizier unter den Nagel gerissen hat. Auch weiß ich, dass sie drei Gefangene gemacht haben, einer ist ganz sicher tot, die anderen beiden wahrscheinlich auch, und dazu haben sie verhältnismäßig viele Verletzte. Die zweite Nachricht ist, dass wir aufgrund sämtlicher hinter uns liegender Aktionen kaum noch Munition haben, und es ist dringend notwendig, dass wir irgendwoher mehr kriegen. Ich habe nur die 30-06 auf die Liste gesetzt, davon brauchen wir wirklich viel (ungefähr 5000) und die 44er Patronen sollten auch in größerer Menge kommen.

Und jetzt zu eurem Brief. Ihr irrt euch, wenn ihr glaubt, dass ich mit meiner mangelnden Disziplin so weit gehen könnte, mit Leuten zu paktieren oder Kontakte zu pflegen, die keine Befugnisse haben. Die Leute in Camagüey haben genau die Antwort von mir erhalten, die ihr mir vorgeschlagen habt, ich habe ihnen lediglich versprochen, euch Bescheid zu geben, was ich ja auch getan habe. Ich habe mir angehört, was sie zu sagen hatten, und habe das so weitergegeben. Ich habe keinen Kontakt mehr, ich habe nur das persönliche Angebot von einem von ihnen angenommen, die Gummibänder zu schicken, die bereits angekommen sind. […]

Der Fall Piferrer ist anders, *Daniel* kannte ihn, und soweit ich weiß, wollte Daniel den Kontakt ausbauen, was anscheinend nicht passiert ist; wenn ihr mir befehlt, die Verbindung zu kappen, tue ich dies sofort. Ich möchte nur, dass ihr versteht, wie bedürftig wir hier sind, ich habe das versprochene Geld nicht erhalten, ebenso kein Material, und ich muss hier fast 200 Mann versorgen, die alle essen wie Scheunendrescher, sie haben keine Schuhe, aber es kommen weder fertige Schuhe an noch das entsprechende Material, sie sind halb nackt, sie haben nichts, kein Nylon und keine Rucksäcke (viele Rucksäcke sind in dem Kampf, den ich geschildert habe, verloren gegangen), nichts von alldem kommt an […].

Die Gräueltaten der Soldaten in dieser Gegend sind unfassbar. In einem Ort namens Agua de Revés haben sie 15 Häuser niedergebrannt, in Mar Verde 23, in Pinalito 2, in Dos Brazos de Peladero 1, die anderen hatten sie schon während des ersten Überfalls zerstört. Die Menschen hier sind völlig verschreckt, und ich weiß nicht, wie wir es hinbekommen sollen, uns zu versorgen, wenn die Bevölkerung flieht. Wir hatten angefangen, Bauernhöfe aufzubauen, aber die Soldaten haben sich alles einverleibt, was außerhalb der Bereiche liegt, die wir kontrollieren, und ich weiß nicht, wie lange ich unsere Versorgung noch aufrechterhalten kann.

Derzeit warten wir ab, was auf die Brände und den Streik folgt, aber hier sind auch Dinge passiert, von denen ich nicht weiß, wie ich sie beurteilen soll. Fidel hat mir den eindeutigen Befehl gegeben, sofort mit dem Abbrennen zu beginnen, das habe ich weitergegeben, und außerdem habe ich Boten zu den wichtigsten Stützpunkten in meiner Reichweite schicken lassen. Einige sind bereits mit der Nachricht zurückgekehrt, dass die kommunalen Führungen sich verweigern, diesen Befehl auszuführen, ihnen hätte man einen Stichtag dafür mitgeteilt. Ich weiß nicht, wie dieses Missverständnis entstanden ist, aber das Ganze macht mir große Sorgen, denn wenn die Bewegung sich nicht einmal auf ein einfaches Datum einigen kann, wird es schwierig werden, sich in Punkten zu einigen, die deutlich mehr Absprachen verlangen.

Ich hoffe, dass das Hilfskomitee jetzt besser arbeitet, ich werde euch jetzt mal eine Weile verschnaufen lassen, damit ihr euch organisieren könnt. Ich warte derweil auf die Patronen. Nicht vergessen: Patronen und Geld sind das Allerwichtigste, es folgen Nylon, Mäntel und Schuhe.

Einen herzlichen Gruß an alle
Che

An Darío, Sierra Maestra, 30. Dezember 1957

Geschätzter Darío,

anbei sende ich dir vier Briefe zur Erklärung. Ich habe deinen Brief aus der Sierra erhalten, aber auch den von der Nationalen Führung, der wohl nicht von dir unterzeichnet wurde, dem Datum nach zu urteilen wegen nicht funktionierenden Materials.[76]

In deinem Brief bittest du mich um Entschuldigung dafür, mich ohne Absicht beleidigt zu haben, und nimmst das Gesagte zurück, das ist wirklich absolut unnötig. In meiner Welt gibt es keine persönlichen Beleidigungen. Ich muss dir gestehen, dass ich inzwischen sogar davon ausging, dass meine ideologischen Ansichten der Grund für unsere Versorgungsengpässe waren. Jetzt bin ich derjenige, der um Verzeihung bittet, denn so ein Gedanke ist tatsächlich eine Beleidigung; andererseits ist das alles auch nicht aus der Luft gegriffen. Bis dahin war ja nichts von dem je angekommen, was ich geordert hatte, außer einem Brief von dir, in dem es um ganz viel ging, nur nicht um meine Bestellungen (jetzt verstehe ich, dass das nicht zu deinem Aufgabenbereich gehörte), und einer von *Daniel,* in dem er Dinge ankündigt, die aber tatsächlich erst viel, viel

---

76 Dieser Brief gehört zum Briefwechsel von Anfang Dezember zwischen Che, Darío (Armando Hart) und Daniel (René Ramos Latour). Neben Diskussionen über militärisch-strategische Fragen dokumentieren die Briefe auch eine ideologische Debatte unter verschiedenen Anführern der Bewegung des M-26-7, die im November 1957 dadurch ausgelöst wurde, dass Repräsentanten der Bewegung, die im Ausland lebten, den Pakt von Miami unterzeichnet hatten.
Dieser »Pakt« war ohne Absprache mit der obersten Führung der Bewegung in Kuba unterzeichnet worden. Siehe dazu auch: Ernesto Che Guevara, *Kubanisches Tagebuch,* Kiepenheuer & Witsch, Köln 2021 und Ernesto Che Guevara, *Diario de un Combatiente,* Ocean Sur, Mexiko 2011.

später ankamen. […] Ich bin weder Kommunist noch sowjetischer Agent, und auch kein *Agent Provocateur,* aber noch viel, viel weniger bin ich Antikommunist. Ich bin der Meinung, dass der Antikommunismus die Kloake ist, in der sich alles Faule sammelt (du musst dir nur die großen Meister des Antikommunismus anschauen, das wird dich überzeugen), und weil ich mich für einen Ehrenmann halte, habe ich in solch einer Kloake nichts verloren. Ich wusste wiederum von dir selbst, dass du dich, als es um die Frage von revolutionärer Geschlossenheit ging, geweigert hast, mit diesen Leuten zu paktieren (das hast du in Gegenwart von Matthews gesagt). Und ich wusste aus dem besagten Brief auch von Gesprächen, die du mit irgendwelchen Botschaftsangehörigen geführt hast, besser gesagt, Konsulatsangehörigen. Aus der gleichen Quelle hatte ich auch die Information, dass der Botschafter ausdrücklich auf Raúls Gesinnung hingewiesen hatte. Jetzt sieht die Sache anders aus, weil ich eine Kolonne leite und in dieser Funktion in Erscheinung trete, die Botschaft kennt meine ideologische Gesinnung. Das alles führte zu den Gedanken, die ich dir geschildert habe, auch wenn ich meine Meinung nach Erhalt von *Daniels* Brief geändert habe, der meiner Mutmaßung widersprochen hat, dass alles, was du mir gesagt hast, falsch war. Ich habe Fidel auch das wissen lassen, aber ebenfalls meinen Posten zur Disposition gestellt, weil ich meine Ideale nicht verraten kann und in keinster Weise ein Hindernis für unser gemeinsames Ziel sein will. Ich würde es immer vorziehen, dass ein Land von einer Gruppe junger Männer regiert wird, die angesichts der Anforderungen der Wirklichkeit auch mal Pläne umschmeißen, als von diesem Mörder, der noch immer über den nicht befreiten Teil Kubas herrscht.

So sieht es aus. Ich habe diesen Brief, dessen Inhalt du schon kennst, geschrieben, weil ich wusste, dass Fidel mir vertraut, und ich musste die Dinge klarstellen, denn wenn ich mich zu einer Sache nicht berufen fühle, dann zum Märtyrer. Ich will dir damit nur sagen, dass ich überhaupt keine Ambitionen für ein zukünftiges politisches Amt habe, und ich würde nur für den Fall, dass meine Dienste für die neue Regierung wirklich notwendig sein könnten, mitmachen, ich würde niemals irgendein Hindernis sein. Dafür bin ich viel zu stolz auf die historische Dimension meiner eigenen revolutionären Berufung.

Ich hoffe, dass ich die Angelegenheit klären konnte, es tut mir leid, dass wir die Sache nicht von Angesicht zu Angesicht klären konnten. Ich glaube, das wäre für alle besser gewesen. Ich sende dir ganz herzliche Grüße, und wenn du das Bedürfnis hast, nochmals über das Thema zu sprechen, bin ich jederzeit dazu bereit.

Che

An Daniel, Sierra Maestra, 30. Dezember 1957

Verehrter *Daniel,*

hier meine Antwort auf deinen Brief, die unseren Gedankenaustausch abrunden soll, von dem ich nicht glaube, dass er unnütz gewesen ist. Ich möchte noch einmal festhalten, dass ich dich nicht des Betrugs beschuldigt habe, obwohl ich der Meinung bin, dass die gesamte Nationale Führung die Schuld dafür trägt, dass dieses nicht für die Öffentlichkeit bestimmte Dokument an ebenjene weitergeleitet wurde und dadurch die Mitglieder der Bewegung vor vollendete Tatsachen gestellt wurden. Ich hätte mich, trotz meiner grundsätzlichen Haltung, an deiner Stelle genauso schwer damit getan, ein hohes Tier wie Pazos einfach abzusägen, aber ihm damit eine Öffentlichkeit zu bieten, ohne Fidels Entscheidung abzuwarten, ist schon ein dickes Ding. Ich wollte dir ebenfalls mitteilen, dass ich nicht an exportierte Revolutionen glaube und ich deswegen nicht die Führung auswechseln würde, auch wenn das den Sozialismus auf unsere (ich hoffe, du erlaubst mir diesen Ausdruck) Insel tragen könnte. Das kannst du mir glauben oder nicht, es gibt weder Dokumente noch Zeugen, die dies beweisen können, das liegt jetzt nur an dir. Von meiner Seite aus wird es keine Polemik, oder wie du das auch immer nennen magst, mehr geben, aber weil dein Brief ja offenbar für die Position der gesamten Nationalen Führung steht und *Darío* mir ebenfalls eine Nachricht zukommen ließ, ohne meinen Brief zu kennen, werde ich ihm auch noch einige Dinge erklären.

Über das Material dieser ersten Sendung kann ich mich leider nicht besonders freuen. Ob diese Offenheit verletzend ist, musst du entscheiden. Du hast wirklich viel zu wenig Munition für die Truppe geschickt, die 30.06 reichen für die komplette Versorgung von zehn Mann. Wenn man mal weglässt, dass die Leute die Hälfte der Munition (es war etwas mehr, aber man kann mit der Hälfte rechnen) einfach so verschießen, reicht es auch für die Wiederbewaffnung von zwanzig Mann. Die M1-Kugeln brauchen wir hier nicht, weil Fidel mir sehr viele gegeben hat, ich habe drei solcher Gewehre, ich habe sie natürlich jemandem ausgehändigt, der damit treffsicher ist.

Die Patronen und Revolverkugeln sind gut, die brauchen wir, aber sie sind für die irreguläre Truppe, das sind fast hundert Mann, auf die können wir bei einem offenen Gefecht aber nicht zählen, der Unterschied zwischen den Revolvern für sie und einem Garand-Gewehr ist viel zu groß.

Im Hinblick auf die Männer des Llano, von denen du bedauerst, dass sie ihre Waffen zurückgegeben haben – von denen, die du auflistest, meine ich vor allem die fünfzehn Mann aus Mayarí –, über deren Waffen habe ich keine Informationen, und sie hätten auch bei Fidel landen müssen, ich weiß nicht, ob sie vielleicht in der letzten Truppe angekommen sind, die sich uns angeschlossen hat, auf jeden Fall werden sie in der Zahl in der Sierra gebraucht oder bei der Kerntruppe einer neuen Front. Ich weiß nicht, ob du weißt, dass ich einer der größten Anhänger einer weiteren Front bin, Fidel hat sich zu mehreren Gelegenheiten dagegen ausgesprochen und sich dabei auf Faustino[77] und Miranda[78] bezogen. (Ich erinnere mich sehr gut an die letzte Situation, als ich nach einem entsprechenden Vorschlag von Nicaragua[79] für die Bildung einer zweiten Front »kämpfte«, und ich bleibe weiterhin ein Anhänger dieser Strategie – obwohl wir damit gescheitert sind.) Bezüglich der Munition wollte ich doch noch an eine Sache erinnern, die ich vergessen hatte: Ich habe hundert 44er erhalten, was uns hier sehr hilft; ich erinnere mich, dass du meintest, dass du unabhängig vom Preis alles besorgen könntest, was wir für nötig halten. Wenn das immer noch der Fall ist, würde ich es vorziehen, wenn ein großer Teil des Geldes, das mir zugesandt wird, stattdessen für den Einkauf ebenjener Munition ausgegeben wird.

Bei Márquez bin ich mir weiterhin unsicher. Der Mann, der ihn

---

77 Faustino Pérez (1920–1992), Arzt, mexikanischer Exilant und an der Granma-Expedition beteiligt. Er war als Stadtguerillero nationaler Leiter für Aktionen und Sabotage der Bewegung 26. Juli. Nach dem Streik vom 9. April schloss er sich abermals den Truppen in der Sierra Maestra an. Am Ende seiner militärischen Karriere war er Kommandant.

78 Che Guevara bezieht sich hier auf die am 30. Juni 1957 gescheiterte zweite Guerillafront in der Zone rund um die Zuckerfabrik Miranda. Siehe dazu auch Ernesto Che Guevara, *Kubanisches Tagebuch,* Verlag Kiepenheuer & Witsch, Köln 2021.

79 Nicaragua war der Kampfname von Carlos Julio Iglesia Fonseca, Anführer des M-26-7 und Mitglied der Nationalen Führung der Bewegung. Er wurde festgenommen und anschließend von einem Kommandanten der Bewegung befreit.

empfohlen hat, ist der Anführer der Bewegung in Palma Soriano (oder war es in Los Cocos, als ich ihn traf), es wäre wichtig, dass sich das klärt, weil wenn wir einmal Gefangene gemacht haben, können wir sie nicht einfach wieder laufen lassen, und von hier aus ist es ziemlich schwierig, das herauszufinden. Er hat mir ein Papier von einem Unteroffizier gezeigt, der ihn empfohlen habe. Dieses Schreiben, so meinte dieser Mann, sei auch der Grund dafür gewesen, dass er ohne Probleme bis zu uns durchgekommen sei.

Ich muss auch noch etwas erwähnen, das dich und uns alle erfreuen wird. Gerade ist tatsächlich eine wichtige Lieferung eingetroffen, die einen Mimeografen und Papier enthält. Man hat mich aber informiert, dass immer noch sehr viel fehlt, am allerwichtigsten sind derzeit Stoff für die Uniformen (wenn ihr gleich noch ein paar Schnittmuster schicken könntet, wäre das wohl am besten) und Kabel für elektrische Zünder, die würden hier oben mächtig Eindruck machen (noch besser wäre eine bereits fertige Zündkapsel). Der Rest kann warten, aber für den Transport von Munition, Schuhen und Kleidung könnte eventuell Sánchez Mosquera sorgen (er ist bereits in La Mina und wird in den nächsten Tagen raufkommen).

Ich glaube, der Wechsel, der in Bayamo vollzogen wurde, war von großem Nutzen für die Bewegung. Wie nachlässig die vorherige Führung war, lässt sich auch daran erkennen, wie relativ leicht jetzt alles läuft. Ich muss dir mitteilen, dass ein Student namens Pepe sich zum Anführer aufschwingen wollte und einen der Männer, die ich zum Abbrennen des Zuckerrohrs nach Contramaestre geschickt hatte, mit dem Tod bedroht hat. Ich meine, dich bereits einmal darauf hingewiesen zu haben, dass alle Männer nur auf Befehl von Fidel die Felder abbrennen sollten. Ich sage dir das, weil das an vielen Orten als Einmischung in die Angelegenheiten des Llano verstanden wurde und vielen Männern das Abbrennen verboten wurde.

Das will ich noch abschließend sagen: Ich schätze die Arbeit, den Mut und die Tapferkeit derer, die im Llano kämpfen, sehr. Alle Männer, die dort waren und von dort zurückgekehrt sind, haben mir ausnahmslos von den harten Bedingungen vor Ort berichtet.

Bitte tu mir den Gefallen und leite den anderen Brief an *Darío* weiter. Herzlichste Grüße von einem, der in dir einen Kampfgefährten sieht und dich als solchen schätzt.

Che

An Calixto, Sierra Maestra, 13. Juli 1958

Geschätzter *Calixto*[80],

ich habe dir nicht schon früher geschrieben, um die Missverständnisse, die hier immer wieder auftreten, zu vermeiden, aber ich wollte schon die ganze Zeit mit dir eine Reihe von Problemen klären, die hier in letzter Zeit aufgetreten sind.

Ich hatte dir ja einen Brief geschrieben, aber dann solches Pech mit der Überbringung, sodass Du-weißt-schon-wer dir diesen Brief überreicht hat. Ich habe in diesem Brief wohl über einige Leute etwas hart geurteilt, Leute, die in späteren Zusammenkünften wörtlich aus jenem Brief zitiert haben. Das war ein privater Brief an

80 Calixto Morales, an der Granma-Expedition beteiligt, Mitglied der I. Kolonne. Auf Anordnung des Chefkommandanten Fidel Castro ging er im September 1957 nach Santiago de Kuba, um dort im Untergrund zu operieren, ab August 1958 kämpfte er in Las Villas in der VIII. Kolonne. Er erreichte den Grad des Hauptmanns.

dich, und wenn es stimmt, was sie gesagt haben, dass du aus diesem Brief öffentlich zitiert hast, ist das nicht in Ordnung. Ich gehe natürlich davon aus, dass diese Leute den Brief schon zuvor gelesen hatten, deswegen erwarte ich von dir auch keine Erklärung.

Vor Kurzem erreichte uns hier – offenbar um unsere Gesinnung zu prüfen – ein halb öffentliches Manifest, das eindeutig von dir unterschrieben war. Ich glaube, dass dieses hübsche Flugblatt mit der Denunziation bisher dein größter Fehltritt war. Du hättest daran denken müssen, dass, egal wie groß die ideologischen Differenzen sind, es sich hier um unsere Kampfesgenossen handelt, wir kämpfen alle für die gleiche Sache, wenn auch mit sehr unterschiedlichen Strategien und Zielen. Die revolutionäre Idee wird in dem Flugblatt gut dargestellt, wenn du nur nicht die Pseudonyme derer, die du beschuldigst, preisgegeben hättest, ich finde das unglaublich für einen Mann in deiner Position.

All diese Probleme, und egal welche noch auftreten sollten, können geklärt und direkt mit uns besprochen werden. Danke für den Großen Gesang und bitte vergiss nicht, mir immer gute Lyrik zu senden.

Im Geiste der Revolution dein
[Ohne Unterschrift]

Teil 2: Briefe aus den Llanos de Camagüey und der Provinz Las Villas

An Fidel Castro, Llanos de Camagüey, 8. September 1958, 1:50 Uhr

Fidel,

nach einigen anstrengenden nächtlichen Märschen[81] schreibe ich dir nun endlich aus Camagüey, ohne Perspektive auf ein schnelles Vorankommen, im Durchschnitt schaffen wir mit unserer schlecht aufgestellten Truppe drei bis vier Meilen pro Tag. Camilo ist wohl in unmittelbarer Nähe, ich habe auf der Bartles-Reisfarm auf ihn gewartet, aber er ist hier nicht aufgetaucht. Die Ebene ist großartig, es gibt nicht so viele Moskitos, wir haben nicht einen einzigen Helm gesehen, und die Flieger sehen so harmlos aus wie Täubchen. *Radio Rebelde* können wir nur schlecht empfangen, über Umwege von Venezuela aus.

Alles scheint darauf hinzudeuten, dass die Soldaten hier keinen Krieg wollen und wir ja auch nicht. Ganz ehrlich, ich hätte wirklich Angst vor einem Rückzug mit 150 schlecht ausgebildeten Rekruten in dieser uns unbekannten Region, aber eine bewaffnete Guerillatruppe von 30 Mann könnte hier einiges bewirken und die Revolution her bringen. Ich habe übrigens mit einer Reisbauern-

81 Am 31. August 1958 hatte Che die Sierra Maestra in der Provinz Oriente verlassen und führte seine Kolonne westlich in Richtung Zentrum der Insel.

Genossenschaft in Peonero über die Abgaben gesprochen, sie wollen sie nicht. Die Rate scheint ihnen zu hoch. Ich meinte, um das Gespräch nicht abbrechen zu lassen, dass man so etwas ja nachverhandeln könne, aber weiter bin ich nicht gegangen, irgendwann werden sie es verstehen. Jemand mit einem sozialen Bewusstsein könnte hier so vieles zum Besseren verändern, und in den umliegenden Bergen kann man sich gut verstecken. Über meine Zukunftspläne und welchen Weg ich einschlagen werden, kann ich dir nichts sagen, weil ich es selbst nicht weiß; es hängt eher davon ab, wie die Situation sich hier für uns weiterentwickelt, vieles hängt auch vom Zufall ab, derzeit zum Beispiel warten wir auf Lastwagen, um endlich die Pferde loszuwerden, die für die Phase ohne Flugzeuge in Maceo perfekt waren, von der Luft aus aber viel zu gut erkennbar sind. Wenn die Pferde nicht wären, könnten wir gut tagsüber marschieren. Schlamm und Wasser gibt es hier gratis, und die *Fidelitäten,* die ich hatte, um die Granatwerfer zu transportieren, könnten direkt aus einem Spielfilm stammen; wir mussten hier einige Wasserläufe durchschwimmen, es war höllisch anstrengend, aber die Truppe verhält sich anständig, auch wenn der Straftrupp enormen Zuwachs hat und am Ende wohl der größte in der Kolonne sein wird. Der nächste Bericht wird wieder über andere Kanäle eintreffen, wenn möglich aus Camagüey. Noch einmal eine brüderliche Umarmung an alle in der »Sierra«, die man jetzt nicht mehr sieht.

[Ohne Unterschrift]

An Fidel Castro, Llanos de Camagüey, 13. September 1958, 21:50 Uhr

Fidel,

nach einigen unglücklichen Märschen schreibe ich dir immer noch mitten aus Camagüey, wir sind kurz davor, die wohl gefährlichste oder zumindest eine der beiden gefährlichsten Wegstrecken hinter uns zu bringen. Camilo hat sie bereits letzte Nacht hinter sich gebracht, mit einigen technischen Problemen, jedoch ohne Komplikationen militärischer Art. Seit meiner letzten Nachricht an dich sind einige wenig erfreuliche Dinge vorgefallen, aufgrund eines Fehlers der Kundschafter sind wir bei der Finca von Remigio Fernández in La Federal in einen Hinterhalt geraten, Marcos Borrero, der Hauptmann, ist dabei ums Leben gekommen; von den insgesamt acht Soldaten sind drei jetzt tot und vier haben wir gefangen genommen, wir werden sie erst freilassen, wenn es passt, einer von ihnen ist entwischt und hat natürlich gesungen. Es sind sechzig neue Soldaten hier eingetroffen, und auf den Rat von Camilo, der sich ganz in der Nähe befand, haben wir uns zurückgezogen, in einem kurzen Kampf haben wir aber einen weiteren Mann verloren, Dalcio Gutiérrez, aus der Sierra. Herman wurde leicht am Bein verletzt, und Enriquito Acevedo schon schwer an beiden Armen. Eben jener Avecedo, Hauptmann Ángel Frías und Leutnant Roberto Rodríguez (*Vaquerito)* haben sich besonders hervorgetan. Später haben sie ein weiteres Mal versucht, vorzustoßen, und wir haben einen Lastwagen überfallen, mit allerdings nur vier unserer Männer im Hinterhalt, wir haben wohl noch mal mindestens zwei getroffen. Wir haben uns dann nach La Federal zurückgezogen und sind mit Enrique schnell weiter, um seine Wunden versorgen zu lassen, am nächsten Tag haben uns dann die B-26er unter Beschuss genommen. Camilo ist wohl schneller weitergekommen, wir warten zurzeit noch auf ein paar Lastwagen, ich hatte den Auftrag gegeben, sie mitzunehmen.

In dieser Gegend passieren sehr seltsame Dinge, ich glaube, es wäre wichtig, dass so schnell wie möglich ein Anführer mit viel Erfahrung hierherkommt, jemand, der sich in diesen Gegenden auskennt. Derjenige sollte auf keinen Fall von mehr als dreißig bewaffneten Männern begleitet werden, sondern lieber Einheimische rekrutieren, so viele, wie er glaubt zu brauchen. Es würde sich lohnen, in der Gegend von Las Naboas aktiv zu werden, das Klima dort ist wegen der Ausstöße des Werks in Francisco sehr gut. Von Santa Beatriz bis nach Santa Cruz gibt es für diese Anzahl von Männern auf jeden Fall genügend Rückzugsmöglichkeiten in den Bergen. Ihr solltet der Führung in Camagüey genau auf die Finger schauen, die verspricht offenbar jedwedem, dass er zu uns stoßen kann, wir erleben einen regelrechten Ansturm von unbewaffneten Leuten, die uns bitten, sie aufzunehmen. Der Sache mit dem Verrückten bin ich nachgegangen, und tatsächlich hatte der Mann ein schweres Kriegstrauma.

Es gibt noch jede Menge anderer Probleme, die ich gern mit dir besprochen hätte, aber die Zeit reicht nicht, wir müssen weiter. Es heißt, dass es auf dem Weg viele Soldaten geben soll, aber wenn dich dieser Brief in [sic!] erreicht, wirst du das bereits über andere Kanäle wissen.

Grüße an alle

[Ohne Unterschrift]

An Gómez, Las Villas, 23. Oktober 1958

Hauptquartier des Revolutionären Direktoriums
Sierra del Escambray

Lieber *Gómez* [Raúl Castro Ruz][82],

ein Bote ist gerade hier, deshalb schreibe ich dir ein paar Zeilen. Ich bin endlich an dem mir zugewiesenen Ort eingetroffen[83], aber meine Hoffnung, mit deinen Ruhmestaten mithalten zu können, ist zunichtegemacht worden, weil ich mich in einer Situation befinde, die nichts für kleine Napoleons ist, sondern etwas für einen Talleyrand. Wir versuchen, mit allem voranzukommen und das Ansehen jenes Quartetts hochzuhalten, zu dem der arme Ñico und der gefallene Universo gehörten.

Erzähl mir, sobald du kannst, aus deiner Zone, vielleicht hilft mir die Erfahrung anderer dabei, die tausend Hindernisse zu überwinden, die ich nicht mit meinem Willen, etwas Gutes zu bewirken, beeinflussen kann.

Ich habe gehört, dass unser Freund Lucas jetzt sein eigenes Ding macht; du hättest ihm ordentlich den Kopf waschen sollen, aber dafür bleibt immer noch Zeit.

Umarme alle mir bekannten und unbekannten Kämpfer eurer

82 Gómez war der Kampfname von Raúl Castro Ruz (1931), Studentenführer an der Universidad de la Habana. Er war am Überfall auf die Moncada-Kaserne und an der Granma-Expedition beteiligt. Er wurde einer der führenden politischen Persönlichkeiten des Landes. Zwischen 2006 und 2018 war er kubanischer Präsident.

83 Nach sechs Wochen Marsch durch den Südwesten Kubas erreicht die Kolonne am 16. Oktober 1958 die Sierra del Escambray.

Front, besonders Efigenio, Jiménez, Pena, Fajardo und besonders fest die Genossin Deborah.

Eine brüderliche Umarmung von
Che

An Fidel Castro, Sierra del Escambray, 23. Oktober 1958

Las Villas, Hauptquartier der revolutionären Führung

Fidel,

ich habe dir bis dato noch keinen Bericht geschickt, weil ich wegen der schwierigen politischen Situation hier zunächst einmal die Lage sondieren musste, ich wollte keine Zeit damit verschwenden, dich lediglich über meine Ankunft zu informieren.

Die Situation ist dermaßen schwierig, dass ich dir die vorangegangenen Ereignisse kurz erläutern muss. Ich werde zunächst von unserem Marsch hierher berichten, anschließend die aktuelle Lage analysieren.

Marsch durch Las Villas[84]
13. September, am Tag. In der Nacht habe ich dir meine letzte Nachricht zukommen lassen, ich der ich dir von den Gefahren, denen wir ausgesetzt waren, erzählt hatte. Unsere Kontaktperso-

---

84 Einen detaillierteren Bericht über die Geschichte der VIII. Kolonne während ihres Marsches liefert Joel Iglesias, *De la Sierra Maestra al Escambray*, Editorial Letras Cubanas, Havanna, 1979.

nen zur Bewegung 26. Juli hatten uns Kundschafter in Aussicht gestellt, doch sie kamen nicht. Nach einigem Überlegen habe ich mich dann trotzdem entschieden, behelfsmäßig mit einem einzigen Kundschafter weiterzugehen. Mit dem Ergebnis, dass wir in der Morgendämmerung schließlich in Cuatro Compañeros in einen Kampf geraten sind. Wir konnten nicht alle notwendigen Vorkehrungen treffen, und obwohl wir keine Verluste zu verzeichnen hatten, wurde die Lage sehr unübersichtlich. Da wir die Gegend kein bisschen kannten, befahlen wir der Truppe, in Richtung eines Berges zu marschieren, den man in der Morgendämmerung so gerade ausmachen konnte, aber um dorthin zu gelangen, mussten wir eine Bahnlinie passieren, der sich Soldaten aus zwei verschiedenen Richtungen näherten; wir waren gezwungen anzugreifen, damit die Genossen, die die Nachhut bildeten, sicher passieren konnten. Dabei wurde Hauptmann Silva verletzt, der jedoch mit einem beispiellosen Einsatz weiterhin seine Leute anführte, obwohl er sich das rechte Schultergelenk gebrochen hatte. Wir mussten das Gefecht in einem Radius von nicht mehr als 200 Metern auf der Bahnlinie weiterführen und trotz unserer Minderzahl verhindern, dass der Feind vordringen konnte. Das Ganze dauerte zweieinhalb Stunden, bis ich um 9.30 Uhr den Rückzug befahl, dabei verloren wir den Genossen Juan Hernández, ihm zerfetzte eine 100-Pfund-Bombe das rechte Bein; nach dem Bombardement und Beschuss durch zwei B26er, zwei C47 und zwei Kleinflugzeuge, die 45 Minuten lang dicht am Berg flogen, hatten wir einen weiteren Leichtverletzten.

An den darauffolgenden Tagen stellten wir die Truppe neu zusammen und bemerkten, dass zehn Männer, die von uns getrennt worden waren, sich in Camilos Kolonne befanden und nur einer verschwunden war, ein gewisser *Morenito,* dessen Vor- und Nachname ich dir später am Ende noch nennen werde. Ohne uns auch nur einen Tag Pause zu gönnen, marschierten wir weiter, wir kamen an Remedios vorbei, in Cadenas bei einem Reisbauern und an einigen kleineren Sandinseln bei Lagunas del Guano. All das ohne einen Kundschafter, ab und zu griffen wir einen Bauern der Gegend auf und mussten uns darauf verlassen, dass er uns half. Das soziale Bewusstsein ist in den Gebieten mit Viehzucht sehr wenig ausgeprägt, und wir hatten es oft mit Denunziationen zu tun.

20. September. An diesem Tag hörten wir im Radio einen Bericht aus Tabernilla über die barfüßige Kolonne von Che Guevara. Offenbar hatten sie in einem Rucksack ein Büchlein gefunden, in dem Name, Adresse, Waffen, Munition und Ausrüstung jedes einzelnen Mitglieds der Kolonne notiert waren. Außerdem ließ ein Mitglied aus dieser Kolonne, der ebenfalls Mitglied der PSP [Partido Socialista Popular] ist, seinen Rucksack mit Dokumenten dieser Organisation stehen.

In den darauffolgenden Tagen durchquerten wir den Fluss San Pedro und den Durán oder Altamira, bis wir einen Ort namens El Chicharrón erreichten. Dort desertierte eine Person, die sich in Camagüey der Truppe angeschlossen hatte, und kurz danach, als wir eine gefährliche Kampflinie überquerten, verloren wir José Pérez, der zur Kolonne gestoßen war, bevor wir Oriente verlassen hatten, ich vermute, dass er sich mit seinem Gewehr davongemacht hat.

Anschließend erklommen wir unter recht großer Gefahr einen Damm und drangen in das Reisanbaugebiet ein, wo die großen Fincas der Gebrüder Aguilera stehen. Wir hatten keine Kundschafter dabei und folgten, soweit dies möglich war, den Spuren unseres Genossen Camilo. Von Tag zwanzig an marschierten wir fast ohne Unterbrechung durchs Moor. Wir mussten um ein weiteres Mal die wenigen Pferde, die uns begleiteten, zurücklassen; der Maisbrei begann die Truppe zu zerrütten. 29. September, am Tag. Wir hatten gerade die letzte Aguilera-Reisfarm hinter uns gelassen und das Terrain der Zuckerfabrik von Baraguá betreten, als wir bemerkten, dass das Heer die gesamte Bahnlinie, die wir überqueren mussten, blockierte. Als sie uns entdeckten, noch während wir marschierten, signalisierten die vorn positionierten Wachen dies mit Schüssen an die hinteren Posten. Da ich davon ausging, dass die Schüsse von Heckenschützen kamen, ordnete ich an, einer alten Gewohnheit folgend, die Nacht abzuwarten, weil ich glaubte, dass wir dann passieren könnten. Als mir klar wurde, was das mit der Schießerei auf sich hatte, das heißt, dass der Feind unsere Position genau kannte, war es schon zu spät, die Überquerung zu wagen, es war eine dunkle, regnerische Nacht und wir hatten nicht den blassesten Schimmer, wo sich der Feind befand. Wir mussten mit dem Kompass in der Hand in die größten Moorgebiete und auf lichte Berge zurückweichen, um die Flieger in die Irre zu führen, die schließlich einen dicht belaubten Berg bombardierten, der ein ganzes Stück von unserer Position entfernt lag. Die Kundschafter, angeführt von Leutnant Acevedo, fanden einen Durchgang am Rand der feindlichen Linien, wo eine Lagune nicht bewacht war, der Feind war wohl davon ausgegangen, dass dort ein Durchgang unmöglich sei. Wir wateten zwei Kilometer weit durch diese sumpfige Lagune, 140 Männer in dem schmatzenden Schlamm, immer darauf bedacht, so wenig Geräusche wie möglich zu machen, bis wir schließlich 100 Meter hinter dem letzten Posten die Linie überquerten. Wir konnten ihre Gespräche hören. Wegen des leisen Schmatzens des Schlammes, das sich nicht gänzlich unterdrücken ließ, und des Mondlichts bin ich fast davon überzeugt, dass der Feind uns bemerkt haben musste, aber die grundsätzliche mindere Kampflust der Soldaten der Diktatur hat sie wohl für jeden auffälligen Laut taub gemacht.

Wir marschierten die ganze Nacht und auch noch einen Teil des nächsten Tages durch schlammiges Meerwasser. Ein Viertel der Truppe trug entweder schlechtes oder gar kein Schuhwerk.

3. Oktober, am Tag. Auf einer Sandinsel nahe der Fabrik in Baraguá wurde der Fleischer dieser Fabrik ergriffen, wir hatten der Familie mitgeteilt, dass ihm nichts passieren würde, wir ihn

aber ein paar Tage wegen seiner Ortskenntnisse als Kundschafter brauchten. Offenbar wollte die Frau den Ehemann auswechseln, jedenfalls hat sie geplaudert, woraufhin uns die B-26er mit dem üblichen Gepäck an Bord einen Besuch abstatteten, es gab keine Verletzten, aber wir mussten die ganze Nacht durch eine Lagune waten, in der Pflanzen mit klingenscharfen Blättern standen, die nicht wenige nackte Füße übel zugerichtet haben. Die Laune der Truppe sank wegen Hungers und des Maisbreis immer weiter. Wir konnten nicht einmal Rast machen, weil die Soldaten mithilfe der Flieger über uns unseren Spuren folgten. In jedem Bauern, den wir trafen, sahen wir den nächsten Denunzianten, es war psychologisch eine ähnlich angespannte Situation wie während der ersten Zeit in der Sierra Maestra. Wir konnten keinen Kontakt mit der Organisation des 26. Juli aufnehmen, weil einige angebliche Mitglieder uns ihre Unterstützung verweigerten, wir bekamen lediglich materielle Hilfe, in Form von Planen, ein paar Schuhen, Medikamenten, Essen und Kundschaftern. Und zwar vonseiten der PSP-Mitglieder, die mir sagten, sie hätten bei den Zuständigen der Bewegung um Unterstützung gebeten und darauf folgende Antwort erhalten, die man sich wirklich merken sollte, ich habe bis dato so etwas noch nicht gehört: Wenn der Che einen schriftlichen Antrag schickt, werden wir ihm helfen, wenn nicht, kann der Che uns mal.

7. Oktober, am Tag. Wir nehmen Kontakt zu drei Kundschaftern aus dem Escambray auf, die sich in höchstem Maße über das Verhalten von Gutiérrez Menoyo[85] beschweren und mir mit-

---

85 Eloy Gutiérrez Menoyo war Mitglied des Revolutionären Direktoriums sowie Kommandant der II. Nationalen Front des Escambray. Er weigerte sich bis wenige Tage vor Ende des Krieges gegen Batista, mit dem Rebellenheer in Las Villas zu kollaborieren. Nach der Revolution war er Aktivist der Konterrevolution. Er starb 2012.

teilen, dass Bordón[86] festgesetzt worden sei und es eine Situation gegeben hätte, in der die beiden Gruppen sich fast einen Kampf geliefert hätten. Ich hatte das Gefühl, dass es hier einiges zu klären gab, und sandte einen von ihnen aus, der ein Treffen mit Bordón organisieren sollte. Ich nutzte diesen Tag, um die Truppe auf Vordermann zu bringen, und ordnete die Entlassung aller an, die dies bei mir beantragt hatten; sieben nahmen diese Gelegenheit wahr, und ich gebe dir hiermit ihre Namen durch, um sie für die Schattenseite dieser Revolution festzuhalten: Víctor Sarduy, Juan Noguera, Ernesto Magaña, Rigoberto Solís, Oscar Macías, Teodoro Reyes y Rigoberto Alarcón. Einen Tag zuvor ist Pardillo, aus Joels Truppe, verschwunden, ich gehe davon aus, dass er desertiert ist.

Von diesem Moment an folgten die Flieger uns mathematisch genau, sie bombardierten den Wald, den wir am Tag zuvor hinter uns gelassen hatten, um uns dann den Weg am Río Jatibonico abzuschneiden. Während eines dieser Bombardements explodierte ein Kampfjet in der Luft, davon hast du sicher im Radio gehört. Am 10. Oktober erreichten die Flugzeuge tagsüber schließlich den Berg, auf dem wir unterwegs waren. Es waren Kleinflugzeuge, und es gab keine Opfer. Die Vorhut besetzte am nächsten Tag eine Siedlung von Zuckerarbeitern, die in Kontakt zur nächstgelegenen Reisfarm standen, und so erfuhren wir durch abgehörte Telefongespräche, dass die Armee unsere Lage kannte: »Die Ratten« seien genau lokalisiert worden (nur, dass wir in weiser Voraussicht den Berg verlassen und uns in einem von Viehweiden umgebenen Haus verschanzt hatten, dort blieben wir den restlichen Tag, ohne uns zu rühren). Die Militärs glaubten, wir seien nicht in der Lage, den zwei

86 Victor Bordón Machado (1930–2014) war Mitglied der Jugendgruppe der Partei des kubanischen Volkes – Die Orthodoxen und später der Bewegung 26. Juli. Ab Oktober 1958 kämpfte er in Ches Kolonne.

Meilen entfernten Río Jatibonìco zu erreichen. Wir sind dann natürlich noch in der Nacht los, überquerten schwimmend den Fluss, auch wenn dabei unsere ganze Ausrüstung nass wurde, und marschierten anschließend noch eine Meile weiter, bis wir auf einem Berg einen sicheren Zufluchtsort fanden. Die Überquerung des Jatibonico war für mich ein Symbol des Übergangs von der Finsternis ins Licht. Ramiro meint, es sei so gewesen, als hätte jemand einen Schalter umgelegt und das Licht wäre angegangen, ich finde das Bild sehr passend. Aber schon am Tag zuvor hatten wir die Sierra in der Ferne bläulicher aufscheinen sehen, und selbst die Unmotiviertesten unter uns hatten ein unendliches Bedürfnis danach, endlich dort anzukommen.

Anschließend machten wir einen anstrengenden Marsch durch Morast, wir passierten Reis- und Zuckerrohrfelder, wir passierten den Río Zaza, der einer der breitesten Flüsse in Kuba sein muss, wir passierten in der Nacht auf den 16. den letzten Wachposten an der Straße von Trinidad nach Sancti Spíritus, und unsere anstrengende politische Arbeit begann.

Ich habe von dem Debakel mit Vega gehört, das ist ganz sicher Unerfahrenheit, Ramiro wäre so etwas nicht passiert, aber gib uns etwas Zeit, und wir werden beweisen, dass sich seine Anwesenheit hier positiv auf die Revolution auswirkt. Und nun zum zweiten Teil.

Bericht zur politisch-militärischen Situation in Las Villas

Die ersten Gruppen von Aufständischen, oder eher von politisch Verfolgten aus dem Llano, haben mit dem 26. Juli sympathisiert. Diese Leute waren militärisch gesehen unbedeutend. Die erste organisierte Gruppe, die hierherkam, war das Revolutionäre Direktorium, 20 Männer, die unter die militärische Führung von Eloy Gutiérrez Menoyo gestellt wurden. Es scheint, als ob ab dem Moment, in dem Menoyo die militärische Führung übernahm, auch die Reibereien mit Faure Chaumont[87] [sic!] begannen. In dieser Zeit des Hin und Her trat Bordón auf den Plan, mit Waffen, die der 26. Juli gestellt hatte. Die Feindseligkeit der anderen Gruppe war offenbar. Bordón brachte seine Leute abseits der anderen unter und von dort aus machte er offensichtlich gute politische Arbeit unter der Landbevölkerung. Die Situation zwischen Gutiérrez Menoyo und dem Direktorium spitzte sich immer weiter zu, was dazu führte, dass das Direktorium, um sich zu separieren, in das Gebiet von Trinidad-Sancti Spíritus umzog.

Gutiérrez Menoyo und seine Gruppe gründeten daraufhin die sogenannte II. Front des Escambray. Sie schlugen dem Provinzialdirektorium des 26. Juli die Bildung eines Generalstabs vor, dessen Chef Eloy Gutiérrez sein sollte. Die 14 Chefs der Guerillatruppen würden gleichberechtigte Kommandanten sein. Das Provinzialdirektorium, genauer gesagt *Sierra,*[88] machte nach Absprache mit Faustino und einem weiteren Mitglied der Nationalen Führung (ich glaube mit unserem Eloy, aber das kann ich nicht sicher sagen) folgenden Gegenvorschlag: die Formierung eines Stabs unter der Leitung von Gutiérrez Menoyo, Bordón und Plinio Preto, der die OA [Organización Auténtica] repräsentierte. Dieser Stab sollte nach dem Mehrheitsprinzip militärische Entscheidungen treffen können. Zu dieser Zeit war bereits der Pakt von Caracas unterschrieben, in dem vereinbart worden war, an die verschiedenen Fronten einen Betrag von insgesamt 100 000 US-Dollar auszuschütten, 35 000

87 Faure Chomón Mediavilla (1929) war einer der Anführer des Revolutionären Direktoriums und an der Erstürmung des Präsidentenpalastes am 13. März 1957 beteiligt. Während des Revolutionskrieges kämpfte er in Ches Kolonne.

88 Sierra war der Kampfname von Enrique Oltuski (1930-2012), Provinzialkoordinator des M-26-7 in Las Villas, nach der Revolution arbeitete er gemeinsam mit Che im Industrieministerium.

US-Dollar davon an die Front des Escambray – an dieser Front war ausschließlich das Revolutionäre Direktorium militärisch aktiv. *Sierra* setzte daraufhin einen Brief auf, in dem er darum bat, die Ausschüttung auf das Revolutionäre Direktorium und die II. Front unter der Leitung der drei oben genannten Kommandanten aufzuteilen. Er ließ ihnen das Dokument zur Unterzeichnung zukommen, doch als er es zurückbekam, hatten sie den Absatz, in dem es um die gleichberechtigte Führung ging, gestrichen und stattdessen nur Eloy Gutiérrez Menoyo als Chef der II. Front des Escambray stehen lassen. Aufgrund des Zeitdrucks unterschrieb *Sierra* – sagt *Sierra* – das Dokument, das dann an die Kommission des Paktes von Caracas[89] ging, die die Bewegung 26. Juli Gutiérrez Menoyo unterstellte. Es ist nicht klar, welche Rolle *Diego*[90], der Kommandant der Milizen, in diesem Fall spielte. Das Problem hört an dieser Stelle nicht auf, denn es wurde ein neues Dokument aufgesetzt, das ich dir beifüge, dort heißt es im Absatz C der Schlussbestimmungen, dass dem Stabschef das Recht zugesprochen wird, die Ausrichtung der nationalen und internationalen Strategie der II. Front zu bestimmen. Das Dokument ist von Bordón als Kommandant der II. Front unterschrieben. Es scheint, dass einige der Führungskräfte des 26. Juli Bordón beraten haben bzw. dass dieser in die Sierra Maestra gesandt wurde, um den Pakt von einem gewissen Anastasio Cárdenas anerkennen zu lassen. Bordón ist nicht in der Sierra gewesen, ist aber von dort zurückgekehrt und hat behauptet, dort gewesen zu sein und dass Fidel niemanden außer ihm als Kommandanten anerkenne. Zu diesem Zeitpunkt dann entwaffnete Menoyo ihn, setzte ihn fest und ließ ihn ein Dokument unterschreiben, in

---

89 Der Pakt von Caracas wurde am 20. Juli 1958 von elf kubanischen politischen Parteien und Organisationen unterschrieben.

90 Diego war der Kampfname von Victor Díaz Paneque, Leiter der Guerillaaktionen in Las Villas.

dem er sich verpflichtete, die Sierra zu verlassen. Das Provinzialdirektorium des 26. Juli riet Bordón aber, das nicht zu tun, da es ihm die Treue hält, was wiederum Menoyo dazu veranlasste, Bordón ein Ultimatum zu stellen, in dem er ihm ankündigte, dass er ihn aus der Sierra [des Escambray] verbannen würde, wenn er innerhalb von fünf Tagen nicht freiwillig ginge. Das Provinzialdirektorium wies Bordón an, dem nicht nachzukommen, und Bordón ist nicht bei mir erschienen, wie ich es ihm viermal über verschiedene Kanäle befohlen hatte. Ich habe ihm erst unlängst mitteilen lassen, dass ich ihm befehle, mit seinen Männern zu mir hier runterzukommen, ohne Nachricht erhalten zu haben, dass er dem nachkommt.

Als ich im Escambray ankam, erreichte mich die beigelegte Nachricht, unterzeichnet von Kommandant Jesús Carreras[91], sie hat einen recht auffälligen Ton, wie du sicher bemerken wirst. Auf der Suche nach einem geeigneten Platz für unser Hauptquartier kam ich an drei Quartieren der II. Front vorbei, und bei allen dreien präsentierte sich mir das gleiche Bild: sehr herzliche Begrüßung durch die Truppe und ein kalter Empfang durch die Führungskräfte, die auf mich wirkten, als wären sie Spione, die unsere Ankunft aufgescheucht hatte. Ich erreichte das Quartier von Jesús Carreras, kurz nachdem er es verlassen hatte. Ich hinterließ ihm einen Brief, in dem ich ihm erklärte, wie überrascht ich über die Formulierungen in seinem Brief sei, doch in diesem Moment entdeckte ich ein Flugblatt an der Wand, auf dem unter Punkt zehn mehr oder weniger so etwas stand, wie dass es anderen Truppen, die nicht Teil dieser Organisation sind, verboten sei, von ihnen besetztes Territorium zu betreten, das sie beim ersten Mal ermahnt, falls sie sich nicht daran halten sollten, jedoch vertrieben oder sogar vernichtet

91 Jesús Carreras Zayas war Kommandant der II. Nationalen Front des Escambray. Nach 1959 schloss er sich der Konterrevolution an.

werden würden. Ich versammelte die Männer um mich und erklärte ihnen, warum wir eine solche Formulierung schwierig fänden und dass es wichtig sei, dass sie wachsam blieben, weil wir es so verstehen würden, dass das kubanische Territorium für alle offen sei, die gegen die Diktatur kämpfen wollten, dass wir niemals den ersten Schuss abgeben würden, aber dass unsere Kampftradition … bla bla bla. Währenddessen erreichte Carreras das Camp und bat um Entschuldigung für das Wort »drohen« in seinem Brief, was ich jedoch nicht akzeptierte. Er erklärte mir, dass er ein wenig ungeschickt beim Formulieren sei und Wörter keine besondere Bedeutung für ihn hätten, es aber nicht seine Absicht gewesen sei zu drohen und dass diese Worte eher an das Revolutionäre Direktorium gerichtet seien, »weil sie uns Sachen klauen«. Ich erklärte ihm, dass die einzige Möglichkeit zusammenzuarbeiten, darin bestünde, die militärische Führung des 26. Juli anzuerkennen, was er aber nicht wollte. Anschließend traf ich mich mit Kommandant Alfredo Peña, ehemaliger Gefreiter der Armee, ehemaliges Mitglied des 26. Juli, der mir gestand, dass er bald ohne Männer dastehen würde. Dieser Mann trägt einen Brief bei sich, den du im März unterschrieben hast, in dem du ihm Hilfe in Aussicht stellst, wenn er sich für die Organisation engagiert, der Typ ist ein totaler Idiot, aber so wie alle sehr ambitioniert. Mit Gutiérrez Menoyo habe ich noch nicht gesprochen, aber er hat dieses Ultimatum gegen Bordón nicht verstreichen lassen.

Die Gespräche mit dem Revolutionären Direktorium waren von ganz anderer Art; es ist erst zu einer Vereinigung bereit, wenn die Gruppe von Gutiérrez Menoyo aufgelöst ist, und wir haben uns jetzt darauf geeinigt, dass sie ihr Hauptquartier in der Zone errichten, die sie derzeit besetzen, wir errichten unseres irgendwo anders, das Thema der Begrenzung des Lagers, das Erheben von Abgaben usw. haben wir auf spätere Verhandlungen verschoben. Wir haben auch über eine gemeinsame Aktion gesprochen, aber ich sehe auf ihrer Seite keine große Begeisterung dafür. Sie warten derzeit auf ein großes Kontingent an Waffen und planen nach eigenen Aussagen vorher keine Aktionen mehr. Sie sind nur wenige und schlecht ausgerüstet.

Die OA gibt es hier oben nicht, aber so wie immer hat sie die Dinge hier verkompliziert und die schlimmsten Elemente der II. Front eingestellt (Peña ist ihr offizieller Repräsentant). Wie immer hat sie Waffen angeboten.

Die PSP hat einen Repräsentanten hergeschickt. Ich sagte ihm, dass eine Einheit nur möglich sei, wenn er seine Guerilla unter den Befehl der Bewegung stellen würde, und dass ich Kommandant Torres[92], der von einer anderen Organisation eingesetzt worden ist, nicht akzeptieren könnte, solange er sich nicht an den Einheitsbeschluss aller Fraktionen im Escambray hält, was er akzeptabel fand.

Der dicke Herr, der uns in der Sierra besucht hat, das zweite Mal mit Lino, ist geschäftlich in Las Villas unterwegs, und er kam vorbei, um mir ein Sendegerät und einen Mimeografen zu schenken, ich habe beides angenommen. Über ihn hast du Camilo einen Brief zukommen lassen, ich habe ihn geöffnet, um über den Inhalt im Bilde zu sein, deine Aufträge stimmten mit dem überein, was ich von ihm wollte; ich habe tausend Pesos herausgenommen. Er will unbedingt mit uns kollaborieren, hatte aber Differenzen mit dem Provinzialdirektorium, das ihn nicht anerkennen möchte. Unser ewiges Problem. Das Provinzialdirektorium hat den groben Fehler begangen und dieses Dokument unterschrieben; sie sind einfach nicht schnell genug. Ich habe um ein Treffen mit allen Koordinatoren der umliegenden Städte gebeten, aber es kam nur der Generalkoordinator, die anderen »konnten nicht«. Cienfuegos scheint die einzige Stadt

---

92 Félix Torres González (1913–2008), Führungsmitglied der PSP, er erreichte den militärischen Grad des Kommandanten.

zu sein, die die notwendigen Voraussetzungen erfüllt, um die Rebellenarmee mit Lebensmitteln zu versorgen. Ich habe mit dem Arbeitervertreter gesprochen und versucht, ihn von der Notwendigkeit zu überzeugen, die Dörfer ohne eine interne Organisation anzugreifen, die uns Rückendeckung gibt und führt. Ich werde aber bis zum 3. November weder Entscheidungen treffen noch ernste Gespräche führen.

Unsere Ankunft ist für Las Villas in dem Sinne nützlich, dass all die Organisationen aufwachen, die einander in den letzten Tagen feindlich gesinnt waren.

Der Name des Verschwundenen, den ich dir versprochen hatte, lautet Santos Ferrales Milanés von der Fabrik in Mabay.

Bitte lass mich kurz wissen, ob die Zuckerrohrsteuer einheitlich erhoben wird oder ob ich mich hier in dieser Provinz darum kümmern soll. Ich spiele mit dem Gedanken, vor Ort eine Kasse einzurichten, um das Geld, das durch diese Steuern eingenommen wird, besser verwalten zu können, ich habe außerdem Ideen für ein paar ehrgeizige Projekte, von denen werde ich dir noch berichten (ich habe gerade den schönen Klang einer Bazooka gehört, wenn man überlegt, wie viel Energie sie zieht, ist sie die Heldin der Truppe).

Ich habe dir noch gar nicht erzählt, wie überschwänglich uns die zivile Bevölkerung hier willkommen geheißen hat, es war wirklich grandios, und wäre da nicht Camilo, würde ich offen gestanden dem bronzenen Titan einen abschätzenden Blick zuwerfen.

Eine Umarmung von den Touristen des Escambray an die Alteingesessenen der Sierra Maestra.

[Ohne Unterschrift]

An Fidel, Sierra del Escambray, 3. November 1958

Fidel,

hier von unterwegs ein vorläufiger Bericht über das, was bisher geschehen ist, und über die Schwierigkeiten, die uns begegnet sind, anbei auch Kopien von Briefen.

Nach meinem letzten Bericht wurde ich einige Tage aufgehalten, alles wegen Verzögerungen des Direktoriums, bis ich es schaffte, das Lager Güinía de Miranda (inzwischen Lino Pérez) anzugreifen, und das ohne deren Hilfe, sie haben wirklich keinen Handschlag geleistet. Das Lager war uns als Leckerbissen angepriesen worden, mit etwas mehr als 20 Soldaten, alle bereit, sich zu ergeben. So wäre es wohl auch gelaufen, wenn nicht mit einer Bazooka vier Schüsse danebengeballert worden wären. Der fünfte Schuss traf, die Soldaten kapitulierten, dabei entkam eine uns unbekannte Anzahl. Der Kampf kostete uns zwei Tote, die Namen schicke ich dir separat, sechs Verletzte, zwei mit Brüchen und eine Menge Munition. Der ganze Aufwand, um acht Gewehre zu erbeuten, eines schenkte ich einem Kundschafter des Direktoriums, und sehr wenig Munition. Es hat sich in keinster Weise gelohnt, aber politisch war es ein ordentlicher Schlag, der unseren Willen bekundet, die Dinge anzugehen. Zwei Tage später wollten wir uns ein anderes kleines Lager vornehmen, das von 50 Soldaten verteidigt wurde; ich setzte drei Uhr morgens für den Angriff an, da wir keine Munition haben, um das sehr weitläufige Gelände mit zwei Meilen Durchmesser heldenhaft zu erstürmen. Zu dieser Stunde hatten wir aber die Bazooka noch nicht in Stellung gebracht und mussten die Belagerung abbrechen. Wir sind dann im Eilmarsch über die Straße Trinidad-Sancti Spíritus zum Lager von Banao mit 30 Soldaten, dabei verloren wir wegen der Blödheit der Kundschafter einen ganzen Tag, sie meinten, es würde fünf Stunden dauern, obwohl wir schon zwölf Stunden unterwegs waren und unser Ziel immer noch nicht erreicht hatten. Letztendlich führten wir die Operation am folgenden Tag durch, aber die Bazooka ließ uns im Stich, und wir mussten, ohne einen einzigen Schuss abgegeben zu haben, abziehen.

Ich hatte die Anführer der Guerilleros aus den umliegenden Orten zu einem Treffen gebeten und ihnen allgemeine Anweisungen gegeben, was zu tun sei, und sie um Angaben zu uns wohl und feindlich gesinnten Banken gebeten, wir entschieden, ein paar von ihnen anzugreifen, zum Beispiel die eine aus Kanada, wir hatten vor, Schuldscheine einzulösen und den Einlegern anzukündigen, dass die Revolution dafür die Verantwortung übernimmt, doch die gesamte Führung des Llano stellte sich dagegen (also die da unten, hier hat keiner der Anführer was gesagt, und *Diego* auch nicht, *Sierra* schon), und nebenbei boykottierten sie auch noch die Aktionen oder entzogen sich ihnen feige, das müsste man im Nachhinein noch einmal genauer beleuchten. In dem Brief kannst du gut sehen, dass man in Sancti Spíritus überhaupt nichts machen kann, in Fomento arbeiteten sie mehr schlecht als recht und zogen die Angelegenheit in die Länge, als Bordón bereits festgesetzt war. Cabaiguán, dessen Anführer ein Bruder von Faustino ist, war einverstanden, aber unglücklicherweise verlor uns einer der vielen Idioten von Kundschafter, sie sind der Aussschuss einer unorganisierten II. Front, weshalb wir nicht angreifen konnten. Wir werden es heute tun, nur wissen jetzt auch alle Bescheid. Ich hätte gern deine ausdrückliche Erlaubnis, um das, was ich für nötig halte, mit den Banken in Angriff zu nehmen, oder ein ausdrückliches Nein, um das Ganze zu beenden, und deine Unterstützung, um die Anführer, die nichts taugen, auszutauschen. Ich glaube, es wäre klug, sich genau jetzt eine der Banken vorzunehmen, wenn du Sorge davor hast, dass dich die »feinen Leute« abweisen, zumindest die Engländer oder Ähnliches sollten wir ins Visier nehmen; das ist meine Meinung, aber ich warte darauf, dass du dem zustimmst oder es korrigierst oder mich vor das Revolutionstribunal beorderst, darum geht es auch in der Kopie, die ich dir beigelegt habe, wenn es also die Gelegenheit gibt, an Geld von den Banken zu kommen, werde ich sie mit mehr Begeisterung ergreifen als Al Capone.

Ich beabsichtige, die Truppe für zwei Tage ausruhen zu lassen, die Aufstellung der Leute, die hierbleiben, zu verändern, die notwendigen Befehle zur Bildung all der Zentren zu erteilen, die wir im Hauptquartier ganz in der Nähe von Sancti Spíritus benötigen, und dann mit Teilen der Truppe und meiner geliebten Bazooka wieder loszuziehen, um Lager zu zerstören. Ich warte auf Nachricht von Camilo, seitdem ich ihm Order gegeben habe, wie er vorzugehen hat, habe ich nichts mehr von ihm gehört – sie waren anders als deine, die waren nicht mehr aktuell.

Die politische Situation sieht mehr oder weniger so aus: Vom Direktorium gibt es nichts Neues, die II. Front hat so gut wie alle Gefechte in dieser Region verloren, deren Leute mit all ihren schlechten Angewohnheiten wie übermäßiges Trinken, unüberlegtes in die Luft Schießen, unorganisiertes Handeln haben sich uns jetzt angeschlossen. Die Schule für Rekruten habe ich inzwischen aufgebaut, alle diese Männer werden sie besuchen, zurzeit mehr als 200, und die Zahl steigt alarmierend. Wir brauchten neben der kleinen Schule eine reinigende Offensive der Regierung. Ich habe in der Zone eine »Operation Telefon« ausgerufen, die darin besteht, dass alle Patrouillen und Aktionsgruppen in einer Art Wettkampf aus den umliegenden Dörfern Stromkabel und Telefonapparate organisieren, wir werden alles miteinander verbinden. Es ist unglaublich, was man alles umsetzen könnte, wenn es hier Anführer gäbe, die sich mehr um die Organisation der Milizen als um sich selbst kümmern würden.

Auf Rat von Ramiro wurde Bordón als Kommandant abgesetzt und ist jetzt Hauptmann, eine nur halbwegs angemessene Maßnahme. Ich denke darüber nach, die Führung dieser Zone hier zu beantragen und mit harter Hand gegen alle kriminellen Delikte, die derzeit geschehen, vorzugehen, Übergriffe auf die Bauern, aber auch auf uns, zum Beispiel innerhalb weniger Tage wiederholter Raub von Schuhen durch zwei Guerrilleros von der II. Front.

Hier die Namen unserer Toten: Alberto Cabrales und Carlos Amengual. Ich würde mir eine Nachricht darüber im Radio wünschen, wo sie schon die Ersten sind, die aus Oriente hierherkamen, um als Erste im Kampf zu sterben. Angelito und Silva haben sich in ihrer Rolle als Hauptmann bestens bewährt. Beide wurden in Güinía leicht verwundet; ich beabsichtige, Angelito als Anführer für die Front in Yaguajay vorzubereiten, jemand von dort sollte ihm beratend zur Seite stehen, doch bevor ich dahin gehend eine Entscheidung treffe, will ich auf Nachricht von Camilo warten, der die Gegend kennt. Die gefangen genommenen und wieder freigelassenen Soldaten des kleinen Lagers (das eher eine Festung war) sind: Maximiliano Juviel Hugando, aus Trinidad, 58 Jahre, Untergefreiter; Israel Rodríguez Torres, 25 Jahre, per Liste erfasst im Dezember 1957; Juan Díaz López, 21 Jahre, per Liste erfasst im März 1957; Mario Aday Espinosa, 21 Jahre, per Liste erfasst im Dezember 1957; Manuel Armando García Morales, per Liste erfasst im Januar 1958, zwei Verwundete, einer von ihnen verstarb anschließend, und ein Toter, alles Soldaten des 3. Regiments, 39. Schwadron. Zwischen 5 und 15 Soldaten konnten durch einen tiefen Graben fliehen, der eigens dafür ausgehoben worden schien.

Man hat uns ein paar Funkstationen versprochen, aber ich weiß nicht, ob sie tatsächlich kommen, wenn ja, werden wir um fünf Uhr nachmittags auf zwanzig oder vierzig Meter versuchen, Kontakt aufzubauen, wir werden so schnell es geht über Radio Miami ein Lebenszeichen senden. *Sierra* hat mir gesagt, dass er persönlich nach Miami fährt, um Waffen aufzutreiben. Ich würde gern wissen, ob er das auf eigene Kappe machen kann oder nicht. Bisher gibt es keine weiteren Flugplätze als die, die dem Direktorium oder anderen Leuten gehören, aber wir werden uns sicher mit ihnen zu einem späteren Zeitpunkt einig werden, wenn unsere Bewegung an Prestige gewonnen hat. Berichte mir doch genauer von der aktuellen Situation und ob ihr in Kürze mit einem Fall der Regierung rechnet. In meinem nächsten Bericht sende ich dir auch die erste Abrechnung.

Mögen sich die Helden in Oriente von ihren kleinen Brüdern herzlich umarmt fühlen.

[Ohne Unterschrift]

Nachbemerkung, 5. November
Bisher konnten wir den Ruhmestaten vom 26. Juli nur wenig hinzufügen. Die hochverehrte Führung der hochverehrten Krämer vor Ort hat sich nicht dazu herabgelassen, mich zu unterstützen; das in Fomento war ein Reinfall dank der Feigheit dieser Leute, die nicht einmal bereit waren, uns Kundschafter für die Durchführung der Aktion zur Verfügung zu stellen; Cabaiguán war unsere Schuld: Angelito hatte den Auftrag, das Feuer auf das Lager zu eröffnen und anzugreifen, Joel sollte sich über die Dorfseite nähern und Ramiro von der anderen Seite, um die Raffinerie in die Luft zu sprengen, aber wegen der vielen Soldaten dort hat er es nicht getan, während die anderen, die auf der gleichen Seite beschossen wurden, sich um vier Uhr morgens zurückzogen, ohne nur einen einzigen Schuss abgegeben zu haben. Das Einzige, was diese Aktion bewiesen hat, ist, dass man diese Dörfer einnehmen und die Menschen zwingen kann, je 300 bis 500 Soldaten zu versorgen. Es ist wahrscheinlich nicht klug, dir von meinen militärischen Plänen zu erzählen, aber in der ganzen Sierra [des Escambray] darf nicht das winzigste Lager fortbestehen. Ich warte derzeit auf die Ergebnisse des Angriffs auf Jíquima, den ich in der Nacht angeordnet habe, und wie es aussieht,

war die Sache erfolgreich, denn heute bombardierten fünf Flugzeuge die Zone. Ramiro sollte diese Aktion leiten.

Mir scheint es unmöglich, die Truppen zu vereinen. Morgan[93] hat einem der Hauptmänner, die ich in jener Zone stationiert habe, ein Ultimatum gestellt und ihm dann eine Gruppe geschickt, die ihn entwaffnen sollte, und diese Gruppe ist vollständig zu uns übergelaufen, später schickte er eine weitere, die das Gleiche machte, und zuletzt tauchte dieser Morgan auf, Kommandant und Nordamerikaner, und teilte ihnen mit, dass, wenn bis Sonntag, den 2. ihm nicht alle Waffen übergeben würden, er angreifen würde; ich weiß nicht, was dabei rausgekommen ist, aber ich habe Gutiérrez Menoyo folgenden Brief geschickt, mit einem Schlussakt à la Fidel.

An das Provinzialdirektorium der Bewegung 26. Juli in Las Villas, 3. Dezember 1958

Befreites Territorium, 3. Dezember 1958

Genossen,

ich schreibe euch diese Zeilen, um eine Reihe von Punkten klarzustellen, die in Zusammenhang mit der Bewegung stehen.

Allem voran muss ich euch darüber in Kenntnis setzen, dass ich

93 William Morgan, US-Amerikaner, Mitglied der II. Nationalen Front des Escambray, nach dem Triumph der Revolution stellte sich heraus, dass er ein Agent der US-Geheimdienste war.

einen Einheitspakt mit dem Revolutionären Direktorium[94] unterzeichnet habe, anbei eine Kopie des Dokuments. Wir sind außerdem in Gesprächen mit Camilo Cienfuegos, Félix Torres und Führungskräften des PSP übereingekommen, dass oben erwähnter Félix Torres in einem Brief für die Öffentlichkeit verkünden wird, dass er seine Unabhängigkeit als Kommandant der Guerilla aufgibt und mit seiner Gruppe namens »Máximo Gómez« der Bewegung 26. Juli zur Verfügung stehen wird. Unter diesen Bedingungen wird die Eingliederung der Guerilla akzeptiert, Torres wird zum Hauptmann ernannt; falls Camilo die Zone verlassen muss, wird Hauptmann Angel Frías aus meiner Kolonne die Führung der Truppe übernehmen. Die einzige Gruppe, mit der wir uns auf diesem Weg überhaupt nicht einigen konnten, ist die II. Front, auch wenn sich unsere Beziehungen in den letzten Tagen deutlich verbessert haben und Hauptmann Julio Chaviano, der sich derzeit hier aufhält, herzlich willkommen geheißen wurde.[95]

Camilo Cienfuegos übermittelte mir in Gesprächen die Beschwerden von der Front in Yaguajay über den Koordinator jenes Ortes, deswegen beantrage ich einen Austausch oder dass man ihm genaue Instruktionen gibt, damit er seine Pflicht besser erfüllen kann. Die Koordinatoren von Remedios, Zulueta und Caibarién sollen sich beim Kommandanten Camilo Cienfuegos melden, er möchte mit ihnen verschiedene Angelegenheiten besprechen.

---

94 Der Pakt von El Pedrero wurde von der Bewegung 26. Juli und dem Revolutionären Direktorium am 1. Dezember 1958 unterzeichnet. Er war das Fundament für die Zusammenarbeit bei militärischen Aktionen und die politische Administration der befreiten Zonen. Einige Tage später unterzeichnete auch die Sozialistische Volkspartei (PSP) diesen Pakt.

95 Che Guevara und Eloy Gutiérrez Menoyo unterzeichneten wenige Tage nach dem Aufsetzen dieses Briefes, am 12. Dezember 1958, eine Absichtserklärung zwischen den beiden Organisationen Bewegung 26. Juli und II. Nationale Front des Escambray.

Ich möchte euch außerdem mitteilen, dass die Restrukturierung der Leitstelle für Aktionen so gut wie abgeschlossen ist und nun drei Führungen hat, René Rodríguez in dieser Zone, Macho Parra in der Zone von Yaguajay und Eliecer Grave de Peralta in der Zone von Chaviano, wozu derzeit auch die Stadt Santa Clara gehört. Jeder Aktionsleiter wird auf Anweisung des jeweiligen Gruppenführers arbeiten, und ihm unterstehen mittels des bereits bestehenden Apparats sämtliche städtischen sowie außerstädtischen Milizen.

Die Revolutionäre Armee wurde in vier Truppen aufgeteilt: Die erste untersteht meinen direkten Anweisungen, die zweite bezieht sich auf die Zone von Yaguajay und grenzt an die Straße, die Carabién, Remedios und Camajuaní verbindet, die dritte Truppe bezieht sich auf die ehemalige Zuständigkeit von Bordón im Escambray und die vierte auf die westliche Zone. Die dritte und vierte Truppe stehen unter der Leitung von Hauptmann Erasmo Peraza und Hauptmann Julio Chaviano.

Wir schicken euch so bald wie möglich ein Diagramm mit den verschiedenen Rangabzeichen, die die Revolutionäre Armee des 26. Juli aus Gründen der Identifikation einheitlich tragen wird.

Aus der Sonderklasse der Rekrutenschule ging die erste Milizgruppe hervor, die in der Zone von Fomento operieren wird.

Die Abteilung für Propaganda arbeitet bereits mit voller Kraft, auch wenn es auf theoretischer Ebene ein paar Schwierigkeiten gab, weshalb ich mich gezwungen sah, die Ausgabe von *El Miliciano* zu konfiszieren, da sie überhaupt nicht mit dem Zweck übereinstimmt, für den dieser Text [das Original ist unlesbar] einst herausgebracht wurde; ich drucke eine limitierte Sonderausgabe einer Zeitung, die sich an die Soldaten richten soll, mit dem Titel »Für dich, Soldat der Tyrannei«. Ich lege euch außerdem eine Kopie der *Orden Militar Nr. 5* bei und eine Kopie eines kurzen internen Briefes an die Aktivisten der Armee des 26. Juli.

Bezogen auf die Kriegshandlungen haben wir einen Vorstoß des Heeres, unsere Positionen in El Pedrero einzunehmen, zurückschlagen können, dabei gab es vier Verwundete. Der Feind zog sich über den rechten Flügel nach Fomento zurück und hinterließ einen kaputten Panzer, unzählige Munition und diverse militärische Ausrüstung. Im Inneren des Landes wurde das Heer bis nach Santa Lucia zurückgeschlagen; auch hier versuchte es uns über den rechten Flügel zu umzingeln. Als Vergeltungsmaßnahme brannte der Feind einundzwanzig Bauernhäuser nieder.

Die Sabotage der Verkehrswege geht weiter, unsere Kräfte haben die Bahnbrücke über den Fluss Calabazas vollkommen zerstört und die Hauptstraße über den Fluss Tuinicú unbefahrbar gemacht, außerdem wurden eine Brücke und der Weg auf der Straße Trinidad-Sancti Spíritus zerstört. Wir haben die Genossen Erasmo Rodríguez und Alfonso Zayas zu Hauptmännern befördert, verschiedene andere sind zum Leutnant befördert, deren Namen ich hier nicht aufliste, weil ich oft nur den Nachnamen oder den Vornamen kenne. Die Liste mit den Bestellungen der Kolonne wird über die gewohnten Kanäle zugestellt.

Ich lege die Grundlagen für das Programm des 26. Juli bei, um die mich Genosse Eloy bat, und einen Brief für Fidel.

Mit revolutionären Grüßen verabschiedet sich

[Ohne Unterschrift]

META
CUMPLIDA
PESO NETO 90.72 KLG.
100.000
nacional
para panificación
PARA EL PUEBLO
ELABORADO POR:
BURRUS FLOUR MILLS
NACIONALIZADA
ENSENADA DE GUASABACOA REGLA

BRIEFE ALS POLITISCHER FÜHRER DER REVOLUTIONÄREN REGIERUNG

1959–1965

Einleitung

Ches Korrespondenz aus seiner Zeit als politischer Führer der neuen Kubanischen Revolutionären Regierung enthalten Briefe an unterschiedlichste Personen, darunter Künstler, Politiker von internationalem Rang und Persönlichkeiten des literarischen Lebens, alte Freundinnen und aktuelle Kollegen. Die Briefe zeugen von Che Guevaras intellektuellem Scharfsinn, seinem kreativen Geist und der unerbittlichen Hingabe, mit der er seinen außerordentlich vielen Aufgaben in den frühen Jahren der kubanischen Revolution nachging.

Die Revolution war für Che Guevara kein Zustand, sondern dynamisch, entsprechend richten sich seine scharfe Kritik und sein beißender Sarkasmus gegen alles, was er als Bürokratismus und »ideologisches Geplapper« empfindet, oder gegen jede – absichtliche oder unbeabsichtigte – Neigung, unangenehme Wahrheiten zu verschönern oder zu vertuschen, einschließlich jeglicher Versuche anderer, seine persönliche Geschichte umzuschreiben.

Er betont immer wieder, dass sich ein revolutionärer kommunistischer Führer jeglicher Privilegien enthalten muss und es seine Pflicht ist, härter und beständiger als andere zu arbeiten. Immer wieder lehnt er freundlich, aber bestimmt ab, wenn er um einen Gefallen gebeten wird, wie bei einem Job oder einer Reise nach Kuba unterstützend tätig zu werden. Er ist überaus gewissenhaft bei allen finanziellen Angelegenheiten oder wenn es darum geht, das Verschwenden wertvoller Ressourcen zu vermeiden.

Wohl auf Bitte seines argentinischen Landsmanns Ernesto Sábato macht Che in einem Brief von April 1960 an den Schriftsteller einen ersten Anlauf, das Wesen und die Ideologie der Revolution in Kuba zu beschreiben. Seiner Meinung nach müssen alle Versuche, die kubanische Revolution zu theoretisieren, aufgrund ihres rasanten Tempos scheitern. Leider finden sich im Archiv des *Che Guevara Studies Center* nur wenige Kopien der Originalkorrespondenz, auf die Che antwortet.

Als Leiter der Abteilung Industrialisierung im Nationalen Institut für Agrarreform und später als Industrieminister, Präsident der Nationalbank und in vielen anderen Schlüsselpositionen hat Che bei der Bewältigung unmittelbarer Herausforderungen stets die längerfristigen Ziele der Revolution im Blick: nicht nur die Transformation der Wirtschaft, sondern auch die Verwandlung aller Kubanerinnen und Kubaner zu politisch aktiven und bewussten Menschen, die eine neue und gerechtere Gesellschaft erschaffen, wie er in seinem Essay »Der Sozialismus und der Mensch in Kuba« skizziert.

Anfang 1965 reist Che gemeinsam mit einer kleinen Gruppe von kubanischen Internationalisten in die ehemalige belgische Kolonie Belgisch-Kongo in Zentralafrika, um dort die Unabhängigkeitsbestrebungen zu unterstützen. Bevor Che Kuba verlässt, schreibt er einen langen Brief an Fidel Castro, in dem er einige der seiner Einschätzung gemäß Schlüsselprobleme Kubas bei der Transformation von einer kapitalistischen Wirtschaft hin zu einer neuen sozialistischen Gesellschaft und politischen Kultur aufzeigt. Dieser Brief sowie zahlreiche weitere im folgenden Kapitel werden erstmals vollständig veröffentlicht.

Es finden sich ebenfalls einige Briefe Ches an seine Frau Aleida und ihre schnell größer werdende Familie, die er während seiner langen und ständigen Reisen als Repräsentant der Kubanischen Revolutionären Regierung schreibt. Ches Ton kann leidenschaftlich und auch humorvoll sein, mal nimmt er sein Gegenüber auf den Arm, oft auf eigene Kosten.

An [Víctor Trapote] Trapito, 12. Januar 1959

Trapito,[96]

da wären wir also, die siegreichen Rebellen, die recht gut von den Überbleibseln des Alten leben.

Deine einzige gute Skulptur heiratet hier, man hat mir gesagt, dass du wegen eines schwierigen Auftrags nicht herkommst, macht nichts, muss auch nicht sein. Gallegos gibt es viele, und sie lassen sich leicht ersetzen.

Trotzdem, wenn dir deine Tochter ein bisschen was bedeutet, dann komm her und ich verzeihe dir.

Hier gibt es viel zu tun.

Grüße und eine Umarmung von diesem dogmatischen Unerbittlichen

Che

---

96 Trapito war der Kosename von Víctor Trapote, spanischer Bildhauer, der im mexikanischen Exil lebte und mit dem Che sich während seiner Zeit in Mexiko angefreundet hatte. Die Tochter, von der er hier spricht, ist Irina Trapote, die den Kommandanten Ramiro Valdés heiratete.

An Juan Hehong Quintana, Havanna, 5. Februar 1959

Herr Juan Hehong Quintana
A-6, Primera No. 371
Oeste, Cárdenas

Mein lieber Freund,

ich schätze Ihre Geste. Es ist begrüßenswert, dass die Jugend bereit ist, sich für etwas so Nobles wie den Freiheitskampf in Santo Domingo zu opfern, aber ich meine, dass wir derzeit hier, in Kuba, kämpfen sollten, wo es noch enorme Schwierigkeiten zu bewältigen gibt. Engagieren Sie sich erst einmal mit vollem Einsatz für unsere Revolution, das wird die größte Hilfe sein, die wir dem dominikanischen Volk bieten können, das heißt, unseren endgültigen Sieg als Vorbild.

Es grüßt Sie
Dr. Ernesto (Che) Guevara, Chefkommandant der Militärabteilung La Cabaña

An Remberto Martínez Jiménez, Havanna, 5. Februar 1959

Herr Remberto Martínez Jiménez
Martí No. 263 Norte
Sancti Spíritus
Las Villas

Lieber Freund,

Ihren Brief zu lesen macht große Freude. Sie sind voller Mut und guten Absichten, etwas, das gute und bedeutende Menschen auszeichnet, die Kuba derzeit mehr als je zuvor braucht, um unsere Revolution zu einem guten Ende zu bringen.

Wenn Sie Ihre Anstrengungen jetzt auf die Zusammenarbeit mit uns richten und Ihre eigene Zukunft gestalten, indem Sie hier studieren und mitarbeiten, dann wird auch Santo Domingo, wenn die Zeit dafür reif ist, befreit werden, weil es dann auf die Hilfe von erwachsenen und reifen Männern zählen kann, wie Sie zweifelsohne einer sein werden.

Mit herzlichen Grüßen,
Dr. Ernesto (Che) Guevara
Chefkommandant der Militärabteilung
La Cabaña

An José E. Martí Leyva, Havanna, 5. Februar 1959

Herr José E. Martí Leyva
Mártires No. 180
Holguín
Oriente

Lieber Freund,

ich habe Ihre Zeilen mit großer Freude gelesen und danke Ihnen, dass Sie an unserer Seite für die Freiheit unserer Nachbarn in Santo Domingo kämpfen wollen.

Ich schätze Ihr selbstloses und großzügiges Angebot überaus und möchte Sie dazu auffordern, sich diesen Enthusiasmus für eine Gelegenheit in der Zukunft zu erhalten, nutzen Sie bis dahin Ihre Schulzeit, um ein guter Mann zu werden, denn solche brauchen wir in Kuba, und ich weiß, dass Sie einer sind. Malen Sie. Versprechen Sie mir das.

Ein herzlicher Gruß
Dr. Ernesto (Che) Guevara
Chefkommandant der Militärabteilung
La Cabaña

An William Morris, Havanna, 5. Februar 1959

Herr William Morris
45 N.E. 9th St.
Miami, Fla.

Sehr geehrter Herr,

ich habe Ihren Brief an die Chefkommandantur erhalten und bin der Bitte um Weiterleitung nachgekommen. Ich möchte Ihnen jedoch auch versichern, dass, falls es in diesem Land immer noch rassistische Diskriminierung gibt, unsere Revolution dies vollständig beenden wird.

Ich kann Ihnen zu hundert Prozent versichern, dass der Unterschied zwischen Schwarzen und Weißen in wenigen Jahren nur noch eine Frage der Hautfarbe sein wird, so wie es auch sein sollte.

Eine revolutionäre Umarmung
Dr. Ernesto (Che) Guevara
Chefkommandant der Militärabteilung
La Cabaña

An Pedro Revuelta, Havanna, 5. Februar 1959

Herr Pedro Revuelta
Obrapía 516
Havanna

Verehrter Herr Revuelta,

herzlichen Dank für Ihren freundlichen Brief vom 28. Januar und Ihre beigefügten schönen Verse und das Lied aus Ihrer Hand, das schätze ich alles wirklich sehr.

Ihre Anzeige der Journalisten habe ich aufgenommen und möchte die Gelegenheit nutzen, Sie zu ermuntern, Ihre Rolle als Wächter eines symbolischen Schützengrabens weiterhin auszuüben, denn der Kampf ist noch nicht vorbei.

Brüderliche Grüße von einem Revolutionär, der es nicht zu einem Dichter gebracht hat.

Dr. Ernesto (Che) Guevara
Chefkommandant der Militärabteilung
La Cabaña

An Luis Paredes López, Havanna, 5. Februar 1959

Herr Luis Paredes López
José María Paz
Pabellón No. 8, piso No. 9
Depto. 93, Villa Celina
Buenos Aires

Lieber Freund,

es freut mich immer, Briefe von Menschen zu erhalten, die sich für das amerikanische Zeitgeschehen interessieren.

Was mich an all Ihren Ausführungen besonders beschäftigt hat, war Ihre Beurteilung der Hinrichtungen. Ich glaube, Sie irren sich gewaltig. Diese Hinrichtungen sind nicht nur eine Notwendigkeit für das kubanische Volk, sondern auch eine Verpflichtung für dieses Volk. Ich würde mir wünschen, dass Sie sich, um das zugrunde liegende Problem umfassend zu begreifen, nicht über einseitig berichtende Presse informieren.

Eine feste Umarmung von Ihrem ewigen Freund
Dr. Ernesto (Che) Guevara
Chefkommandant der Militärabteilung
La Cabaña

An Carlos Franqui, Tarará, 10. März 1959

Genosse Carlos Franqui
Chefredakteur der Zeitung Revolución
Havanna

Genosse Franqui,

ich habe in der Zeitschrift *Carteles* unter der Rubrik »Vermischtes«, die Antonio Llano Montes schreibt, eine interessante Meldung gelesen, in der in einem dem Anschein nach harmlosen Satz über meine revolutionäre Haltung spekuliert wird: »Kommandant Guevara hat seine Residenz in Tarará bezogen.«

Ich werde an dieser Stelle nicht über den Herrn Journalisten sprechen, noch darüber, wie er an vertrauliche Informationen über mich kommt, es ist nicht meine Absicht, anzuklagen oder mich zu revanchieren, ich bin der öffentlichen Meinung verpflichtet und jenen, die mir als Revolutionär vertraut haben.

Ich möchte für die Leser von *Revolución* klarstellen, dass ich krank bin, dass ich mir meine Krankheit weder in der Spielhölle noch Nächte durchfeiernd in einem Nachtlokal geholt habe, sondern weil ich mehr für die Revolution gearbeitet habe, als mein Körper das vertragen hat.

Die Ärzte haben mir eine Unterkunft in einer abseits gelegenen Gegend empfohlen, und das *Amt für Verstaatlichung* hat mir diese an bereits erwähntem Strandabschnitt zur Verfügung gestellt, bis die Kollegen, die mich hier betreuen, mich wieder gesundschreiben; ich sollte in eine Unterkunft von Vertretern des ehemaligen Regimes ziehen, weil mein Lohn von 125 US-Dollar als Angehöriger der Rebellenarmee es mir nicht gestattet, eine Unterkunft zu mieten, um die Leute, die mich begleiten, ebenfalls zu beherbergen.

Da es sich um ein ehemaliges Haus des Batista-Regimes handelt, ist es eine luxuriöse Unterkunft; ich habe die einfachste gewählt, doch ist sie für das Empfinden der Menschen eine Beleidigung. Ich verspreche Herrn Llano Montes, aber vor allem dem kubanischen Volk, dass ich die Unterkunft, sobald ich wiederhergestellt bin, verlassen werde.

Ich wäre dir dankbar, wenn du diese Zeilen veröffentlichst, damit das Volk besser im Bilde ist, wie wir, die wir ihm gegenüber Verantwortung übernommen haben, handeln.

Che

An Dr. Miguel Ángel Quevedo, Havanna, 23. Mai 1959

Dr. Miguel Ángel Quevedo
Chefredakteur der Zeitschrift Bohemia
Ciudad

Zu Ihrer Kenntnisnahme:

Ich appelliere an Ihren traditionellen demokratischen Geist und hoffe auf Ihren Respekt vor der Pressefreiheit. Ich übermittle Ihnen hiermit dieses Antwortschreiben an den armseligen internationalen Gangster, der den hochtrabenden Titel »Redakteur der lateinamerikanischen Seite« der Zeitschrift *Bohemia* trägt.

Es ist nicht meine Absicht, mich gegen betrügerische Unterstellungen zu verteidigen oder dagegen, wie auf scheinheilige Weise meine argentinische Nationalität ins Spiel gebracht wird; ich bin Argentinier, und ich werde meine Herkunft niemals verleugnen (verzeihen Sie, dass ich diesen Vergleich wage, aber Máximo Gómez verleugnete seine dominikanische Herkunft ebenfalls nicht), aber ich fühle mich kubanisch, unabhängig davon, ob dies gesetzlich geregelt ist oder nicht, weil ich als Kubaner wie das kubanische Volk in der Zeit des bewaffneten Kampfes Opfer gebracht habe und heute den Wunsch teile, dass sich die Hoffnungen erfüllen. Ich bin auch kein Kommunist (wenn ich es wäre, würde ich es in alle Winde posaunen, dagegen stehe ich zu meiner Rolle als Kämpfer für die Sache des Volkes und zu meiner Hoffnung, dass die Waffen der unterdrückten Völker die amerikanische Landschaft von jeglichen Diktatoren befreien). Die United Fruit und andere Unternehmen aus den Sektoren Fruchthandel, Minenabbau, Viehzucht, Telekommunikation oder Energie, mit einem Wort Kräfte, die das Volk ausbeuten, haben Jules Dubois befohlen, diese Lügen zu verbreiten – nach dem Motto »Wes Brot ich es, des Lied ich sing«.

Dass sich hier weder die Knechte noch die Herren täuschen: Was Fidel Castro gesagt hat, gilt, »wenn sie uns angreifen, wir sind bis an die Zähne bewaffnet«. Seien Sie gewiss, Herr Dubois, dass das stimmt, und glauben Sie bitte nicht, dass Sie oder die anderen Sklaven, die in dieses Land kommen könnten, einen Haufen verängstigter Schafe vorfinden; was Sie vorfinden werden, ist ein starkes und vereintes Volk, das bereit ist, bis zur letzten Kugel seine Rechte zu verteidigen, wie unser Premierminister jüngst der Presse gegenüber sagte.

Die Menschen der Revolution, jenseits aller Unterschiede, die es bei der politischen Umsetzung immer wieder geben kann, stehen vereint und weder Verleumdungen noch Drohungen können sie von ihrem einzigen Weg abbringen, die großen Ziele des kubanischen Volkes zu erreichen: die Agrarreform, die Zollreform, Steuerreform, was zur Industrialisierung unseres Landes führen wird und schließlich zur Verbesserung des Lebensstandards unseres Volkes, zur nationalen Befreiung, zu internationaler Anerkennung.

Hochachtungsvoll, auch wenn ich Sie, verehrter Herr Quevedo, wirklich nicht zu dem Wolf im Schafspelz beglückwünschen kann, dem Sie Zutritt zu den Seiten Ihrer Zeitschrift verschafft haben.

Ernesto Che Guevara
Chefkommmandant der R. M.A.

An Valentina González Bravo, Havanna, 25. Mai 1959

Militärabteilung von La Cabaña
Frau Valentina González Bravo
Narciso López Nr. 35
Morón, Camagüey

Sehr geehrte Frau González Bravo,

ich habe Ihren Brief gelesen, in dem Sie mich um eine ordnungsgemäße Unterweisung zum offiziellen »26. Juli« bitten. Ich bewundere Ihre Strebsamkeit; ich beglückwünsche Sie zu Ihrer Kraft und den Vorsätzen, die Sie antreiben.

Ich glaube nicht, dass man gemäß einer Unterweisung schreiben kann, und außerdem gibt es keinen offiziellen 26. Juli; ich glaube, dass Schreiben bedeutet, sich mit konkreten Problemen auseinanderzusetzen, und von einer Haltung zeugt, die man aus Empfindungsvermögen dem Leben gegenüber einnimmt.

Arbeiten Sie weiter hart, damit Ihre Mühe belohnt wird; Widrigkeiten zu überwinden, ist in dem Beruf, den Sie für sich gewählt haben, eine der besten Methoden, um sich zu vervollkommnen.

Ich grüße Sie herzlich
Dr. Ernesto (Che) Guevara
Chefkommandant Militärabteilung
La Cabaña

An Loreto Cabrera Cruz, Havanna, 27. Mai 1959

Militärabteilung La Cabaña
Herr Loreto Cabrera Cruz
San Roque
C. de Ávila
Camagüey

Sehr geehrter Freund,

ich habe Ihren Brief erhalten, in dem Sie mich informieren, dass das Komitee Pro–Schule Ernesto Guevara der Umbenennung zu Zenén Marín – ein Genosse, der am 24. September 1958 ermordet wurde – zugestimmt hat, was ich sehr gut finde.

Ich sende herzliche Grüße
Dr. Ernesto (Che) Guevara, Chefkommandant der Militärabteilung
La Cabaña

An Pedro Revuelta, Havanna, 27. Mai 1959

Militärabteilung La Cabaña
Herr Pedro Revuelta
Obrapía 516
Havanna

Verehrter Freund,

gern bestätige ich Ihnen den Erhalt Ihrer Zuwendung vom 11. dieses Monats, über die ich informiert worden bin.

All Ihre Briefe sind hier herzlich willkommen, so wie die aller Bürger, die mit Kuba fühlen; ich fordere Sie herzlich dazu auf, mit diesen unterhaltsamen Reden weiterzumachen.

Ich verbleibe mit einem herzlichen Gruß »von Dichter zu Dichter«
Dr. Ernesto (Che) Guevara, Chefkommandant der Militärabteilung La Cabaña

An María Teresa Díaz Dicon, Havanna, 1. Juni 1959

Militärabteilung La Cabaña
Frau María Teresa Díaz Dicon
Hotel Bouchard 487
Buenos Aires, Republik Argentinien

Sehr Verehrte,

ich habe mich sehr über den Erhalt Ihres Briefes gefreut, den ich heute beantworten möchte.

Ehrlich gesagt können wir aufgrund der aktuellen Notlage in Kuba niemandes Angebot ausschlagen, uns dabei zu unterstützen, die Ziele der Revolution zu erreichen.

Deswegen sehe ich keinen Grund, warum Sie nicht dahin versetzt werden sollten, wo man Sie herzlich willkommen heißen wird, aber ich möchte klarstellen, dass Sie sich wie alle anderen auch durch eine Prüfung qualifizieren müssen.

Herzliche Grüße
Dr. Ernesto (Che) Guevara, Chefkommandant der Militärabteilung La Cabaña

An José Ricardo Gómez, Havanna, 7. Juni 1959

Herr José Ricardo Gómez
Las Heras 126
Ezeiza, Argentinien

Mein lieber Freund,

endlich antworte ich, wenn auch verspätet, auf deinen freundlichen Brief. Ich hoffe, du verstehst, dass ich sehr viel zu tun habe und dass das Schreiben mich viel Kraft kostet. Hier die Antwort auf deine Fragen.

Für unsere ersten 80 Rebellen haben wir die Waffen aus Mexiko-Stadt bezogen, es handelte sich hauptsächlich um normale Gewehre und Maschinengewehre und Granaten aus Nordamerika. Nach der Landung waren wir nur noch wenige Überlebende und eher unorganisiert, wir waren ständig auf der Flucht und versuchten zu überleben; wir versteckten uns in *Bohíos* (so nennt man hier die traditionellen Bauernhäuser) und marschierten hauptsächlich bei Nacht. Im Grunde haben wir nie richtig große Angriffe gestartet, sondern immer nur mit kleinen Patrouillen von Guerilleros an strategisch wichtigen Punkten.

Ich hoffe, es geht dir inzwischen viel besser, einen herzlichen Gruß von

Dr. Ernesto Che Guevara
Chefkommandant der Militärabteilung
La Cabaña

An Aleida March, 22. Juni 1959

Liebe Aleida[97],

ich habe den Brief an dich in Madrid angefangen, habe in Rom weitergeschrieben und musste noch mal von vorn beginnen. Wir arbeiten ziemlich viel und uns ist klar, dass wir nicht in der Position sind, die Reiseroute zu bestimmen. Deswegen haben wir Museen oder auch Pyramiden usw. besucht, die nicht so großartig waren, wie wir es uns vorgestellt hatten, aber durchaus interessant. Unser Arbeitsprogramm endet in Kürze, am 26. Juni, hier in der Vereinigten Arabischen Republik, anschließend werden wir weiter der geplanten Route folgen, wobei die Besuche einiger weiterer Länder hinzugekommen sind.

Was die wirtschaftlichen Themen angeht, haben wir Erfolge verbuchen können, und der Empfang durch die ägyptische Regierung war sehr herzlich.

Auch wenn du das nicht glauben willst, ich denke jeden Moment an dich.

Ich hoffe, dass du im Tippen, in Stenografie und in Englisch gute Fortschritte machst, damit du mich bald auf jeder Reise, die vielleicht noch kommt, begleiten kannst.

Sie haben mich im Namen der Republik ausgezeichnet. Ein sehr großer Orden, er steht mir ganz prächtig, und das sage nicht nur ich. Ich war auch schon auf dem Silbermarkt, um dir dein Armband zu kaufen, ich habe allerdings nichts Passendes für dich gefunden, ich

97 Zwischen dem 12. Juni und dem 18. September 1959 bereiste Che als Repräsentant der Revolutionären Regierung die Länder, die an der Bandung-Konferenz teilgenommen hatten, einem Vorläufer der Bewegung der Blockfreien Staaten. Am 2. Juni, kurz vor seiner Abreise, hatte er Aleida March de la Torre geheiratet, eine kubanische Kampfgenossin. Während seiner Reise schickte Che diverse Briefe an seine Ehefrau, die sich auf den folgenden Seiten wiederfinden.

bringe dir aber ein paar andere Kleinigkeiten mit. Die Reise hierher ist sehr schnell vergangen, ohne dass wir uns irgendetwas hätten anschauen können, und hier in den Vereinigten Arabischen Emiraten ist es das Gleiche. Ich schlafe sehr wenig, ich kriege kaum noch die Augen auf. Morgen reise ich nach Gaza weiter und berichte dir das Neueste.

Es war wichtig zu sehen, in welcher Misere und Verwahrlosung die palästinensischen Geflüchteten leben.

Ich habe die brasilianischen Verantwortlichen besucht, die sich um diese Orte kümmern. Ich habe neue Regeln brüderlicher Diplomatie zwischen den Völkern etabliert, ich bin nämlich an der Schulter des ägyptischen Beamten, der mich begleitete, eingeschlafen.

Am nächsten Tag bin ich nach Damaskus gefahren, wo ich dir einen dieser berühmten Stoffe kaufen wollte, aber sie haben mir nicht gefallen; du musst dich hier auf meinen Geschmack verlassen. Nach einem ganzen Tag Hin- und Hergelaufe sind wir nach Alexandria, die Stadt von Cleopatra, gefahren, wo wir ebenfalls freundlich aufgenommen wurden, und heute bin ich nach Kairo zurückgekehrt, aber ich kann jetzt leider nicht weiter schreiben, weil ich losmuss. Bis später.

Am Abend waren wir bei einem Empfang, wo ich ein weiteres Mal meine diplomatischen Qualitäten unter Beweis gestellt habe. Wieder ein Tag später, wir haben gerade einige Waffen- und Sprengstofffabriken besucht, man hat mir dort ein Gewehr und ein Maschinengewehr aus ägyptischer Produktion geschenkt. Die Tage sind voller Arbeit und jeden einzelnen vermisse ich dich mehr; das meine ich ernst!

Wir sind in einem großartigen Palast untergebracht, der früher einem dieser hohen Tiere gehört hat, mit einem Haufen Angestellten, die den Kopf senken und gleich losrennen, wenn man sie um etwas bittet, es ist wie im Film. Hier hättest du in Sachen Manieren noch gut etwas lernen können.

Zum Schluss noch: Simón hat zwei Artikel für *Verde Olivo* geschrieben, gib sie doch bitte Raúl, damit er damit macht, was er für nötig hält; ich konnte sie nicht lesen.

Ich verabschiede mich, um dir diesen Brief zuschicken zu können, das wird sonst nichts mehr. Ich schicke dir einen Kuss in der Größe eines Elefanten, der dich während meiner Abwesenheit trösten soll [...]

Che
22. Juni 59 bei Nacht

An Aleida March, 27. Juni 1959

Liebe Aleida,

anbei die Liste der Geschenke. In Rom hat man mir erzählt, dass die christlichen Märtyrer immer Geschenke dabeihatten, um den Löwen zu besänftigen (keine Ahnung, warum ich dir das erzähle, es hat nichts zu bedeuten). Schick mir die Liste von den Leuten, denen du etwas geschenkt hast, damit ich Bescheid weiß. Du fragst dich jetzt bestimmt, warum deine Mutter nicht auf der Liste steht, aber du irrst dich; sie sind beide drauf, nur dass ich hier wohl keinen Maulkorb in der passenden Größe finde, in Indien wohl schon eher.

Ich muss dich darauf aufmerksam machen, dass Havanna, was Briefe angeht, von Kairo genau so weit entfernt ist wie Kairo von Havanna. Am 30. reise ich nach Indien ab, ich hoffe auf Neuigkeiten, schick den Brief an mich adressiert an das Außenministerium.

Alfredo wird dir erzählen, wie hart wir arbeiten und wie gut ich mich benehme. Ich müsste jetzt nur noch schreiben, dann wäre ich der perfekte Ehemann.

Ich schicke dir eine kurze Umarmung, damit du in Übung bleibst, grüß alle schön

Che
[…]

An Aleida March, irgendwo in Indien, 30. Juni 1959

Liebste,

alle hier haben Briefe bekommen, nur ich nicht. Bitte gib ein Lebenszeichen. Wir sind in Ägypten ganz offiziell mit einer Zeremonie verabschiedet worden, sind die Ehrenkompanie abgeschritten, die Soldaten wirkten wie Maschinen. Die Schwarze Hexenmotte[98] flattert gerade allerliebst umher. Ich werde dir ab jetzt kurze Briefe schreiben, um sie schneller abschicken zu können, damit du dir schneller ein Bild davon machen kannst, was hier los ist, auch wenn das anstrengend für mich ist, du weißt ja, dass Rhetorik nicht zu meinen Stärken gehört.

In den letzten Tagen haben wir Fabriken aller Art besucht und Interviews zu politischen und wirtschaftlichen Themen gegeben, die dich nicht interessieren. Wir haben uns von Nasser verabschie-

---

98 Die Tatagua-Motte (Schwarze Hexe) gilt im kubanischen Volksglauben als Vorbotin des Todes oder eines bösen Ereignisses.

det und haben ein Abschiedsessen für das ganze Diplomatische Korps gegeben, ich habe währenddessen unglaublich gelitten, mich aber tapfer gehalten.

Alles sagen, dass das Protokoll in Indien wesentlich strenger als hier ist, und das macht mir schon ein bisschen Angst, aber wir werden das schon hinbekommen.

Vergiss bitte nicht, mir zu sagen, was ich für dich kaufen soll, und auch nicht die Liste von Leuten, denen du etwas schenken möchtest.

Deine bessere Hälfte vermisst dich ganz schrecklich, vor allem, wo ich gerade wegen des Essens mit Nesselfieber geschlagen bin.

Einen dicken Kuss
Che

An Aleida March, [12. Juli 1959]

Aleiducha,

ich nutze diese gute Gelegenheit, um dir ein paar Zeilen zukommen zu lassen, aber lies den Brief bitte allein, damit du nicht in Anwesenheit von Zeugen anfängst, zu heulen. Die beiden Briefe sind ein Ausbund an Klagen, ich habe sie dreimal gelesen.

Das Einzige, was mir gefallen hat, war, dass du dieses – nachdem du dir eine eigene Bibliothek zugelegt hast – »ich lege dir nahe« schreibst usw., ein perfekter Ausdruck, so langsam schreibst du dich warm.

Ich liebe dich ein bisschen, aber nicht sehr. Zumindest habe ich, nachdem ich zwei so unfreundliche Briefe bekommen habe, nicht zu heulen angefangen. Dafür wird es noch genug Gelegenheiten geben. Heute ist es ein Monat, und wir haben nur zwei Länder bereist; zwei wichtige stehen noch aus, Japan und Indonesien, jedenfalls wird das Ganze sich noch einen weiteren Monat hinziehen. In Japan werden wir einige Tage bleiben, schick mir Post dorthin, auch wenn es nur eine Postkarte ist.

[...]

Ich erzähle dir jetzt nicht alles, was ich so gemacht habe, weil du sonst sagst, dass das alles langweilig ist usw., oder wenn es dir vielleicht sogar gefällt, warum ich dich nicht mitgenommen habe und dieses ganze Zeugs.

Schick mir weiter Briefe, aber bitte schreib etwas deutlicher, weil ich nichts entziffern kann. Ich kann dir nicht noch mehr Sachen schicken, weil niemand da ist, der sie mitnehmen könnte.

Sag mir bitte auch, wie es zu Hause läuft. Ob alle auch brav lernen usw.

Die Nachricht von Pedro Luis hat uns schon früher erreicht, aber wir haben sie wegen der vielen Falschmeldungen, die wir auch erhalten, nicht geglaubt.

Hier kursieren nur schlechte Nachrichten der nordamerikanischen Zeitungen; absolut niemand verteidigt uns.

Ich bin furchtbar müde. Wenn ich den Brief jetzt beiseitelege, um später weiterzuschreiben, vergeht zu viel Zeit, bis er dich erreicht, deswegen mache ich jetzt Schluss.

Ich schicke dir einen Kuss in der Größe der Entfernung zwischen uns.

Che
12. Juli 59

An Aleida March, [ohne Datum]

Liebe Aleida,

ich nutze die Abreise des Journalisten Rabilero, um dir ein paar Zeilen zukommen zu lassen. Heute steht alles unter dem seltsamen Eindruck von Fidels Amtsniederlegung, ohne zu wissen, was sich inmitten der gegensätzlichen Informationen, die uns erreichen, wirklich ereignet hat.

Wir werden unsere Reise auf jeden Fall beschleunigen, damit wir mit den uns gestellten Aufgaben so schnell wie möglich nach Kuba zurückkehren.

Ich kann dir nicht viel schreiben, die Zeit ist zu knapp.

Ich wollte dir nur sagen, dass ich einen wunderschönen Kimono gekauft habe, der für mich einen besonderen Zauber hat, weil er von einer Geisha ist, die mich verführen wollte.

Deiner Mutter habe ich auch einen gekauft, aber weil sie ungefähr meine Größe hat, kann ich mir schon vorstellen, wie er ihr steht.

Falls ich jetzt eine wichtige Nachricht vergessen habe, wird Rabilero sie dir überbringen, ich schicke dir einen Kuss und eine einen Monat aufgeschobene leidenschaftliche Umarmung.

Die Puppe ist für Hilda, gib sie ihr, und schick ihr die 100 US-Dollar, wenn du deinen Lohn schon hast.

Noch eine Umarmung

Che
Ein Kuss ... Aleiducha

An Aleida March, [ohne Datum]

Meine Liebe,

ich schreibe dir aus dem Flieger von Garudo Indonesian, der uns nach Singapur bringt, und wie immer sende ich dir den Brief über jemand anderen, damit er auch gut ankommt.

In Indonesien hat man uns so empfangen, wie es sich gehört: als große Helden der Befreiung Amerikas. Wir haben die Insel Bali besucht, die so schön ist wie die von Gauguin, sie hat ebenfalls ihren toten Maler, dessen Andenken auf der Insel bewahrt wird. Es ist ein paradiesischer Ort und ein enormer Kontrast zu Jakarta, der Hauptstadt, eine flache und heiße Stadt.

Ich habe deine Briefe über die ägyptische Botschaft zusammen mit dem Kuriergepäck erhalten; ich frage mich, ob du mich tatsächlich liebst oder ob du einfach nichts anderes zu erzählen weißt und deswegen deine Briefe voller Liebesbeteuerungen sind. Jedenfalls will ich dir sagen, dass ich dich sehr wohl liebe und ich mich nicht damit abfinden kann, nicht in dem ungastlichen Nest Santiago [de las Vegas] zu sein. Ich bin Materialist, alle geistigen Dinge sind für mich an die Materie gekoppelt, und deswegen liebe ich dich ganz und gar [...]. Genau so liebe ich dich, im Ganzen, es ist nicht eine bestimmte Prozentzahl, und ich kann meine Gefühle auch nicht aufteilen.

Diese Reise wird langsam ermüdend, eintönig, verwirrend. Wenn man sich gerade eingewöhnt hat, geht es schon wieder weiter. Kaum Schlaf, so wie in Kuba, und immer dieses Unstete, das einem sogar die Lust zum Arbeiten nimmt.

[...] Eine Umarmung in der Größe eines Elefanten, mit der Kraft eines wütenden Löwen und einem Hunger von fast zwei Monaten.

Che

An Aleida March, 6. August 1959

Meine Liebe,

ich habe gerade zwei Minuten und schreibe dir in Ermangelung von Postkarten diesen Brief aus Kandy, der zweiten Stadt in Ceylon.

Wir wurden hier wie Könige empfangen und wohnen im Haus des Premierministers.

Vielleicht können wir nicht viel von hier mitnehmen, auf jeden Fall die Entschiedenheit, die Dinge anzupacken, und eine freundliche Haltung der Revolution gegenüber.

Gestern Abend musste ich an dich denken und bin erst spät eingeschlafen. Die Reise dauert noch mehr als einen Monat, und langsam finde ich die Trennung von dir anstrengend. Ich habe keinen Brief von dir erhalten und die Hoffnung darauf aufgegeben. Am besten schreibst du mir nach Kairo, von dort schickt der alte García sie mir zu. Bitte sorg dafür, dass alle fleißig lernen, und sag Hernando, er soll sich um den Lohn für den Lehrer kümmern, der wohl noch aussteht. Du hast nicht erwähnt, ob Villegas in der Schule ist und ob er und Alberto sich gegenseitig anspornen.

Küsschen
Che

An Aeropuertos Internacionales, S.A., Havanna, 30. November 1959

»Jahr der Befreiung«

Aeropuertos Internacionales, S.A.
Prado Nr. 262
Ciudad
An Herrn Raúl García González
Zahlmeisterei

Sehr geehrte Herren,

ich habe mich sehr über Ihren Brief vom 26. dieses Monats gewundert, ich weiß nichts von offenen Beträgen. Bitte schicken Sie mir eine Rechnung unter Angabe der staatlichen Behörde, in deren Namen diese Kosten, deren Begleichung Sie fordern, verursacht wurden.

Hochachtungsvoll
Comandante Ernesto Guevara

An Miguel Grau Triana, Havanna, 18. März 1960

»Jahr der Agrarreform«

Dr. Miguel Grau Triana
Aguiar Nr. 108, Bajos
Havanna

Sehr geehrter Herr Grau Triana,

hiermit bestätige ich Ihnen, dass ich Ihren Brief vom 16. dieses Monats und die beigelegten mikroskopischen Untersuchungen der Röntgenbilder erhalten habe.

Es tut mir leid, dass ich mich nicht tiefergehend mit Ihrer Arbeit beschäftigen kann, mir fehlt aufgrund meiner aktuellen Betätigung, die mich vom Feld der Medizin weggeführt hat, die Zeit dafür.

Ich empfehle Ihnen, dass Sie sich wegen dieser Kooperation an unseren in dieser Angelegenheit zuständigen Minister für Gesundheit wenden.

Zu meiner Entlastung schicke ich Ihnen Ihre Unterlagen zurück.

Hochachtungsvoll
Comandante Ernesto Che Guevara

An Ernesto Sábato, Havanna, 12. April 1960

»Jahr der Agrarreform«

Herrn Ernesto Sábato
Santos Lugares
Argentinien

Verehrter Landsmann,

es ist wohl ungefähr fünfzehn Jahre her, dass ich Ihren Sohn kennenlernte, der jetzt wahrscheinlich fast zwanzig Jahre alt sein wird, und Ihre Frau, an jenem Ort, der, glaube ich, »Cabalando« genannt wird, in Carlos Paz, und später, als ich Ihr Buch *Uno y el Universo* las, das mich begeisterte, hätte ich es nicht für möglich gehalten, dass ausgerechnet Sie – der Sie den für mich größten Titel der Welt tragen, den des Schriftstellers – derjenige sein würden, der mich einmal um eine Meinung bittet, um die Auffrischung einer Bekanntschaft, wie Sie es nennen, wegen meiner Position aufgrund gewisser Umstände und vieler persönlicher Erfahrungen.

Ich habe dies geschrieben, um Sie daran zu erinnern, dass ich mich, trotz allem, dem Land verbunden fühle, in dem ich geboren wurde, und dass ich immer noch in der Lage bin, all Ihre Freude, all Ihre Hoffnungen tief nachzuempfinden, und auch all Ihre Enttäuschungen.

Es ist nicht leicht, Ihnen zu erklären, warum das hier keine »Befreiungsrevolution« ist; vielleicht sollte ich Ihnen sagen, dass ich, als all das hier begann, Ihre despektierlichen Anführungszeichen zu diesem Wort gesehen habe. Dieses Wort soll wohl dasselbe beschreiben, was etwa in einem Land Guatemala passiert ist, das besiegt und im Stich gelassen wurde und ohne Hoffnung ist. Wie ich waren alle zum ersten Mal in ein solch seltsames Abenteuer verwickelt, in diesen zwei Jahren grausamer Kämpfe und wirklich großartiger Arbeit haben wir in Kontakt mit den Bauernmassen, in einer tiefen, wechselseitigen Beziehung, ein Verständnis für die Revolution entwickelt.

Wir konnten nicht »befreien«, weil wir nicht zu einem plutokratischen Heer gehörten, wir waren ein neues, aus dem Volk geborenes Heer, das sich mit Waffen erhob, um das Alte zu zerstören; und wir konnten nicht »befreien«, weil unser Banner nicht die Kuh, sondern allenfalls eine von einem Traktor zerstörte Drahteinzäunung für Vieh war, so wie es heute das Zeichen unserer INRA [Nationales Institut für Agrarreform][99] ist. Wir konnten nicht »befreien«, weil unsere als Bedienstete angestellten Frauen an dem Tag, als Batista ging und wir nach Havanna kamen, vor Freude weinten, und bis heute werden wir von diesen Frauen mit Informationen über all die Äußerungen und naiven Intrigen dieser »Country Club«-Leute versorgt, genau dieselben »Country Club«-Leute, die Sie kennengelernt haben und die manchmal Ihre Hasskumpane gegen den Peronismus waren.

Hier unterwarfen sich die Intellektuellen auf sehr viel plumpere Weise als in Argentinien. Hier waren die Intellektuellen einfach nur Sklaven, sie haben sich nicht hinter Gleichgültigkeit versteckt wie dort und schon gar nicht hinter Intelligenz; sie haben sich schlicht und einfach zu Sklaven machen lassen, sich in den Dienst einer schändlichen Sache gestellt; sie brüllten einfach nur. Aber all das ist nur Literatur. Sie auf ein Buch über die kubanische Ideologie zu

---

99 Die INRA (Instituto Nacional der Reforma Agraria) wurde im Jahre 1959 gegründet, um die sozialen und politischen Maßnahmen, die mit der Agrarreform in Verbindung standen, auszuführen. In diesem Zusammenhang entstand auch am 23. Februar 1961 das Industrieministerium, das von Ernesto Che Guevara geleitet wurde. Die INRA wurde 1976 durch das Ministerium für Landwirtschaft ersetzt.

verweisen, so wie Sie das mit mir machen würden, hieße, auf eine Zeit ein Jahr in der Zukunft zu verweisen; ich kann zum heutigen Zeitpunkt als Versuch einer Theorie dieser Revolution, als vielleicht ersten ernsthaften, ganz auf das Praktische ausgerichteten Versuch überhaupt, so wie unsere Herangehensweise immer praktisch ausgerichtet sein wird, dieses Buch über den Krieg der Guerillas vorzeigen. Es ist fast schon kindisch zu sagen, dass ich weiß, wie ich ein Wort an das nächste setze; es hat nicht die Absicht, diese großen Dinge zu erklären, die Sie beunruhigen, und wahrscheinlich könnte auch dieses zweite Buch dies nicht erklären, das ich überlege zu veröffentlichen, wenn die nationalen und internationalen Umstände mich nicht dazu zwingen, wieder zu den Waffen zu greifen (eine Aufgabe, die ich als Mitglied der Regierung zwar verachte, die mich aber als Abenteurer begeistert). Vorwegnehmend und unabhängig davon, ob es erscheint oder nicht (das Buch), kann ich Ihnen zusammenfassend sagen, dass diese Revolution vollständig von der Improvisation lebt.

In der Sierra Maestra besuchte uns einmal ein kommunistischer Führer, er war beeindruckt von unserer Improvisationskunst und davon, wie alle Bereiche, die für sich selbst als Einheit funktionierten, einer zentralen Organisation untergeordnet waren, er sagte, das sei das am perfektesten organisierte Chaos im ganzen Universum. Und diese Revolution ist so, weil sie viel schneller vonstattenging als die ihr vorangehende Ideologie. Fidel Castro hatte sich eigentlich als Abgeordneter für eine bürgerliche Partei beworben, eine so bürgerliche und anerkannte Partei wie eine radikale Partei in Argentinien sein kann; die den Fußstapfen eines verschwundenen Führers folgte, Eduardo Chibás, mit Charakterzügen, die denen von Irigoyen ganz ähnlich sind; und wir, die ihm folgten, waren eine kleine Gruppe Männer mit sehr geringer politischer Erfahrung, nur mit einer guten Portion Willen ausgestattet und einer ehrlichen Haut. Und so kamen wir und haben gebrüllt: »Im Jahr '56 werden wir Helden oder

Märtyrer sein.« Kurz zuvor hatten wir oder besser gesagt hatte Fidel gebrüllt: »Schande gegen Geld«. Wir fassten unsere noch sehr einfachen Aktionen in einfachen Sätzen zusammen.

Der Krieg revolutionierte uns. Es gibt für einen Revolutionär keine fundamentalere Erfahrung als den Krieg; gemeint ist nicht der reine Akt des Tötens, auch nicht das Tragen eines Gewehrs oder ein Gefecht zu beginnen oder Ähnliches, es ist der Kriegszustand an sich, das Wissen darum, dass ein einziger bewaffneter Mann eine Kampfeinheit und genauso viel wert wie jeder andere bewaffnete Mann ist und sich nicht mehr vor anderen bewaffneten Männern fürchten muss.

Wir zogen als Anführer durchs Land und erklärten den wehrlosen Bauern, wie sie ein Gewehr benutzen sollten und wie sie den Soldaten zeigen konnten, dass ein bewaffneter Bauer genauso viel wert war wie der beste Soldat; und außerdem lernten wir, dass die Stärke eines Einzelnen nichts wert ist, wenn er nicht von der Stärke der anderen umgeben ist; und genauso lernten wir, dass die revolutionären Parolen sich auf die brennenden Sehnsüchte des Volkes beziehen müssen; und so lernten wir die tiefsten Wünsche des Volkes kennen und verwandelten diese in Banner politischer Agitation. All das machten wir selbst und verstanden, dass die Liebe des Bauern zu Grund und Boden der stärkste Antrieb für den Kampf war, den man in Kuba finden konnte. Fidel verstand noch viel mehr Dinge; er entwickelte sich zu dem außergewöhnlichen politischer Führer, der er heute ist, und damit zu einer unglaublich starken, bindenden Kraft. Weil Fidel vor allen Dingen das Bindeglied par excellence ist, ein unbestrittener Anführer, der alle Gegensätze überwindet und kraft seiner Missbilligung zerstört. Er wurde oft ausgenutzt, andere Male herausgefordert, wegen Geldes oder aus Ehrgeiz, doch immer wird er von seinen Gegnern gefürchtet. So wurde diese Revolution geboren, so entstanden ihre Parolen, und so wurden nach und nach Taten in einen theoretischen Rahmen gesetzt, um eine Ideologie zu schaffen, die den Ereignissen nachgeordnet war. Schon bevor wir in der Sierra Maestra die Agrarreform ausriefen, hatte man dort mit der Verteilung des Bodens begonnen. Durch die Praxis verstanden wir verschiedene Faktoren, woraufhin wir unseren ersten schüchternen Gesetzesentwurf vortrugen, der sich aber noch nicht an das Wesentliche, die Abschaffung des Großgrundbesitzes, traute.

Für die kontinentale Presse waren wir nicht besonders schlimm, und zwar aus zwei Gründen: erstens, weil Fidel Castro ein außergewöhnlicher Politiker ist, der niemals seine Absichten jenseits bestimmter Grenzen preisgab und wusste, wie man sich die Anerkennung der Reporter großer Medienhäuser sicherte, die mit ihm sympathisierten und den einfachen Weg der Skandalberichterstattung gehen; der andere Grund ist einfach, weil die Nordamerikaner, die ja die großen Erfinder von Tests und Standardisierungsverfahren sind, um alles berechnen zu können, eines ihrer Raster anlegten und aus den Ergebnissen ihre Schlüsse zogen. Wo er klar sagte: »Wir werden die öffentliche Hand verstaatlichen«, verstanden sie gemäß ihren Testergebnissen: »Wir werden versuchen, das zu vermeiden, wenn wir genügend Unterstützung erhalten«; wo es hieß: »Wir werden den Grundbesitz abschaffen«, lasen sie: »Wir werden den Grundbesitz nutzen, um daraus Geld für unsere politische Kampagne zu schöpfen oder um uns persönlich zu bereichern«, und so weiter und so fort. Es ist ihnen nicht einmal der Gedanke gekommen, dass das, was Fidel Castro und unsere Bewegung so klar und deutlich aussprachen, genau das war, was wir umsetzen wollten; wir waren für sie der große Betrug dieser Jahrhundertmitte, wir sagten die Wahrheit, indem wir vorgaukelten, sie zu verfälschen. Eisenhower sagt, dass wir unsere eigenen Ziele verraten hätten, das ist Teil seiner Wahrheit; wir haben das Bild, das sie von uns gezeichnet haben, verraten, wie in diesem Märchen mit dem Schäfer, der immer wieder lügt, hat man uns auch nicht geglaubt. Und so sprechen wir nun eine Sprache, die ebenfalls neu ist, weil wir viel schneller voranschreiten, als wir hätten ahnen oder unsere Gedanken hätten strukturieren können, wir sind mitten in einem Prozess, und die Theorie hinkt hinterher, so langsam, dass ich, nach der wenigen Zeit, die ich habe, um Ihnen diesen Leitfaden zu schreiben, finde, dass er für Kuba kaum von Nutzen ist; für unser Land hingegen vielleicht schon, man müsste diesen Leitfaden mit Bedacht nutzen, ohne Eile und betrügerische Absichten. Deswegen habe ich Angst, die Ideologie der Bewegung zu beschreiben; zum Zeitpunkt der Veröffentlichung würde die ganze Welt denken, dass dieses Werk viele Jahre zuvor verfasst worden wäre.

Wo sich nun die äußere Lage weiter verschärft und der internationale Druck steigt, sollte unsere Revolution aus Gründen der Selbsterhaltung ebenfalls den Druck verstärken, und jedes Mal, wenn das passiert, wird auch der internationale Druck steigen, woraufhin wiederum die Revolution mehr Druck aufbauen wird, und so weiter, bis sie am Ende ist; wir werden sehen, wie wir dann dort herauskommen. Was ich Ihnen versichern kann, ist, dass dieses Volk stark ist, weil es gekämpft hat und gesiegt hat und den Wert dieses Sieges zu schätzen weiß; es kennt den Geschmack von Gewehrkugeln und von Bomben, es kennt auch den Geschmack der Unterdrückung. Es wird mit einer beispiellosen Beharrlichkeit kämpfen. Gleichzeitig kann ich Ihnen versichern, dass wir, abgesehen davon, dass ich gerade einen bescheidenen Versuch in dieser Hinsicht mache, nur sehr wenig theoretisiert haben und dass wir uns den Ereignissen mit der Beweglichkeit stellen werden, die wir durch das Leben als Guerilleros gewonnen haben. Ich weiß, dass Ihre ehrenvollen intellektuellen Waffen an einem solchen Tag auf den Feind zielen werden, unseren Feind, und dass Sie hier sein könnten, um gemeinsam mit uns zu kämpfen. Dieser Brief ist etwas lang geworden und ist auch nicht gänzlich frei von einer gewissen Eitelkeit, die uns einfache Leute beeindruckt, trotzdem versucht er letztendlich einem Denker zu zeigen, dass wir auch sind, was wir nicht sind: Denker. Jedenfalls stehe ich Ihnen zur Verfügung.

Herzlich
Ernesto Che Guevara

An José Tiquet, Havanna, 17. Mai 1960

»Jahr der Agrarreform«

Herr José Tiquet
Publicaciones Continente S.A.
Paseo de la Reforma No. 95
México, D.F.

Mein lieber Freund,

ich hoffe, du verzeihst mir meine verspätete Antwort. Es ist nicht so, dass ich es vergessen hätte, dir zu schreiben, mir fehlte die Zeit.

Ich wünschte, ich könnte dir die Reise nach Kuba bezahlen, aber ich habe nicht die Mittel dazu. Meine Einkünfte beschränken sich auf meinen Sold als Kommandant der Rebellenarmee, der aufgrund des Sparkurses unserer Revolutionären Regierung gerade gut zum Leben reicht.

Ich danke dir ausdrücklich für deinen Brief, ich habe mich sehr darüber gefreut.

Alles Liebe
Comandante Ernesto Che Guevara

An José R. Silva, Havanna, 5. Juli 1960

»Jahr der Agrarreform«

Kommandant der Rebellenarmee José R. Silva
708 Manord
Alexandría, Va.

Lieber Genosse,

ich beziehe mich auf deinen Brief vom 23. Juni, für den ich dir sehr dankbar bin.

Ich stimme dem zu, was Dr. Anderson sagt, die orthopädischen Geräte heutzutage sind großartig.

Und jetzt denk bitte an nichts anderes als an deine Genesung, damit du, wie du sagst, bald wieder mit vollem Einsatz an unserer Seite bist. Grüße von Aleida und eine Umarmung von deinem Genossen

Comandante Ernesto Che Guevara

An Herrn Lorenzo Alujas, Havanna, 9. August 1960

»Jahr der Agrarreform«

Herr Lorenzo Alujas Piñeiro
Avenida 62 No. 3914
Cienfuegos
Las Villas

Sehr geehrter Herr Alujas,

ich habe Ihren Brief vom 24. des letzten Monats erhalten, in dem Sie mich über die Kritik informieren anlässlich dessen, dass ich die Banknoten mit meinem Kampfnamen unterschrieben habe. Diese Kritik war mir bereits zugetragen worden.

Auch wenn es mich in keinster Weise interessiert, wie die Konterrevolution diese Sache für sich ausnutzt, möchte ich, da ich Ihre Beweggründe verstehe, mir zu schreiben, Ihnen den Sachverhalt erklären. Auch wenn meine Art zu unterschreiben nicht der der Präsidenten der Nationalbank entspricht – normalerweise Männer mit völlig anderer Gesinnung als der meinen, die auf ganz andere Weise an diese Posten in der Nationalbank gelangt sind als ich –, heißt das in keinster Weise, dass ich diesem Dokument seine Bedeutung abspreche, sondern dass der Revolutionsprozess noch nicht abgeschlossen ist und dass außerdem andere Wertmaßstäbe angelegt werden sollten.

Hochachtungsvoll
Comandante Ernesto Che Guevara

An die Generalverwaltung der Volksbank von China, Havanna, 15. Oktober 1960

»Jahr der Agrarreform«

An die Herren der Generalverwaltung
Chinesische Volksbank
Peking
Volksrepublik China

Sehr geehrte Herren,

bis vor einigen Jahren operierte in Havanna ein Filialbetrieb der chinesischen Volksbank; die kubanische Nationalbank, die von der Kuomintang-Bande geführt wird, hatte dies mit Datum 9. Juni 1952 genehmigt.

Aufgrund der Entscheidungen der Nationalen Generalversammlung des kubanischen Volkes am 2. September 1960, im Rahmen dessen die historische *Erklärung von Havanna* verabschiedet wurde, welche auch die diplomatischen Beziehungen zwischen den rechtmäßigen Regierungen von Kuba und China neu regelte, zog sich die Führung der chinesischen Volksbank zurück und verließ das Land.

In der Folge wurde eine staatliche Übernahme dieser Bank beschlossen, die, wie zu erwarten war, große finanzielle Unregelmäßigkeiten aufwies.

Die Revolutionäre Regierung von Kuba beabsichtigt, das Bankensystem des Landes zu vereinheitlichen und eine Staatsbank aufzubauen; in Anerkennung der Tatsache, dass das Vermögen der chinesischen Volksbank dem chinesischen Volk gehört, der einzigen rechtmäßigen Herrschaft des Landes, möchten wir Ihnen antragen, dass wir wünschen, die chinesische Bank in Kuba zu übernehmen, da es unsere Absicht ist, auch die gesamten ausländischen Banken zu verstaatlichen.

Anbei finden Sie die Bilanz der chinesischen Volksbank in Havanna, datiert auf den 21. des letzten Oktobermonats, und wir wiederholen unseren Wunsch, ab diesem Datum sämtliches Soll und Haben, Vermögen, Schuldverschreibungen dieser Filiale zu übernehmen.

Wir senden Ihnen brüderliche Grüße
Comandante Ernesto Che Guevara
Presidente

An Gustavo Jménez, Havanna, 30. Dezember 1960

»Jahr der Agrarreform«

Herr Gustavo Jiménez
Nayarit 73
Méxiko 7, D. F.

Mein verehrter Gustavo,

nach der Rückkehr von einer Auslandsreise im Auftrag der kubanischen Regierung fand ich deinen lieben Brief vor, der mich an alte Zeiten erinnerte und mir sehr gutgetan hat.

Mein jetziges Leben ist wirklich ganz anders als damals. Man kann es auf ein einziges Wort herunterbrechen: Arbeit, Arbeit und noch mehr Arbeit. Die Revolution lässt uns keine freie Minute. Wenn du uns besuchen könntest, würdest du sehen, wie viel wir arbeiten.

Ich habe vor fast einem Jahr eine Kubanerin geheiratet, und letzten Monat ist unsere Tochter auf die Welt gekommen.

Bitte grüß deine Eltern von mir.

Ganz liebe Grüße
Comandante Ernesto Che Guevara

An Fernando Barral, Havanna, 15. Februar 1961

»Jahr der Bildung«

Dr. Fernando Barral
Papp J. 18
Budapest IV
Újpest, Hungría

Lieber Fernando,

es ist wirklich schade, dass wir uns nicht einmal kurz gesehen haben. Ich habe nur wenig Zeit, dir zu schreiben, meine verschiedenen Tätigkeiten nehmen mich sehr ein, ich hoffe, du verstehst das. Kurzgefasst, auch wenn du es in deinem letzten Brief nicht explizit ansprichst, jedoch in dem davor, glaube ich, dass ihr Lust habt, zum Arbeiten hierherzukommen. Ich kann dir so viel sagen, dass es hier Arbeit für dich und deine Frau gibt. Ihr würdet genug verdienen, ohne euch großen Luxus erlauben zu können, und die Kubanische Revolution ist sicherlich eine sehr interessante Erfahrung für jemanden wie dich, der du eines Tages in der Heimat neu anfangen musst. Selbstverständlich könntest du auch deine Mutter mitbringen, und du hättest hier auch die persönlichen Annehmlichkeiten, die deine Arbeit erfordern. Die Universität wird gerade umstrukturiert, und es gäbe auch die Möglichkeit, dort zu arbeiten, falls euch das interessiert.

Natürlich werden dir hier viele Dinge weniger nachvollziehbar erscheinen als bei euch, eine Revolution bringt alles in Bewegung, sie lässt nichts unberührt, und erst nach und nach werden die Menschen die Arbeit ausführen, die sie am besten beherrschen. Das einzig Wichtige ist, dass niemand in seiner Arbeit behindert wird.

Kurzum, hier hast du ein Zuhause. Wenn du hierherkommen willst, dann tue das so kund, wie es dir am besten erscheint, und teile mir mit, falls es Formalitäten zu erledigen gibt, damit du deine Frau mitbringen kannst.

Weil wir so viele Jahre so unterschiedliche Wege gegangen sind, wollte ich dir auf diesem Wege noch mitteilen, dass ich verheiratet bin, zwei Töchter habe und dass ich über Mamá ab und an etwas über die alten Freunde gehört habe, sie war vor Kurzem hier für ein paar Monate zu Besuch.

Eine brüderliche Umarmung von deinem Freund
Comandante Ernesto Che Guevara

An Robert Starkie, Havanna, 12. Juni 1961

»Jahr der Bildung«

Herr Robert Starkie
Rocamora Bros. Ltd.
35 Wingold
Toronto 19, Ontario

Sehr geehrter Herr Starkie,

hiermit beantworte ich Ihren Brief vom 19. Mai dieses Jahres, den ich vor einigen Tagen erhielt.

Bezüglich Ihres Angebots sind für uns zwei verschiedene Aspekte von Interesse.

Sie bieten uns den Bau von Fabriken für die Produktion von Insektiziden an, für den veterinären Gebrauch, für die Nutzung in der Landwirtschaft, vor allem für Früchte, von Fungiziden, Pestiziden, für Böden und den Hausgebrauch. Die Errichtung dieser Art von Fabriken sind für Kuba durchaus von Interesse, aber in unserem Land ist die Ausbeutung des Menschen durch den Menschen untersagt worden, weshalb auch keine Fabriken in privater Hand neu gebaut werden dürfen, weshalb wir das Angebot des Baus von Fabriken, die abhängig von einem ausländischen Unternehmen sind, nicht annehmen können.

Sollten Sie am Verkauf von Maschinen Interesse haben sowie an der langfristigen Belieferung mit Rohstoffen, die wir hier nicht beziehen können, im Rahmen von akzeptablen Zahlungsbedingungen für ein Land, das zurzeit nicht über frei konvertierbare Devisen verfügt, wären wir sehr interessiert daran, mit Ihnen entsprechende Gespräche zu führen.

Hochachtungsvoll
Comandante Ernesto Che Guevara

An Rolando Díaz Aztaraín, Havanna, 27. Juni 1962

»Jahr der Planung«

Kommandant Rolando Díaz Aztaraín
Korvettenkapitän
Generalstab der Revolutionären Kriegsmarine

Betreff: Versetzung der Genossin Carmen Durán Suárez an das Ministerium für Finanzen

Genosse,

gleichwohl du derzeit andere Funktionen innehast, wollte ich dich darauf hinweisen, dass das Vorgehen im Hinblick auf die Versetzung der oben genannten Genossin zu beanstanden ist. Wie wir in unserem Brief vom 1. Juni 62 mitgeteilt haben, erhielt sie bei ihrer früheren Stelle ein monatliches Gehalt von 99,54 Dollar.

Trotzdem wurde am 4. Juni das Gehalt der erwähnten Compañera auf 143,00 Dollar erhöht, was eine Verletzung der Resolution des Juceplan [Rat für Wirtschaftsplanung] bedeutet und uns die Unruhen und Probleme beschert, die im Allgemeinen das Ergebnis solch willkürlicher Gehaltserhöhungen sind.

Ich verbleibe mit revolutionären Grüßen
Vaterland oder Tod
Wir werden siegen
Comandante Ernesto Che Guevara

An Laura Bergquist, Havanna, 15. Oktober 1962

»Jahr der Planung«

Laura Bergquist
Senior Editor
Cowles Magazines and Broadcasting Inc.
488 Madison Avenue
New York 22, N. Y.

Sehr geehrte Laura,

vielen Dank für Ihren Brief. Nach wie vor gibt es in den Vereinigten Staaten offenbar Menschen, die tatsächlich daran interessiert sind, wenn auch nur auf professioneller Ebene, die Wahrheit über Kuba zu erfahren.

Ich kann Ihnen ein Interview zusagen, wenn Sie den Termin zeitig genug mitteilen; die Recherche, die Sie durchführen möchten, würde von hier aus koordiniert werden, ich kann Ihnen diesbezüglich aber nichts versprechen.

Herzlichen Dank für das Überbringen der Grüße von I. F. Stone. Ich grüße Sie

Vaterland oder Tod
Wir werden siegen

Comandante Ernesto Che Guevara

An Anna Louise Strong, Havanna, 19. November 1962

»Jahr der Planung«

Anna Louise Strong[100]
Tai Chi Chang
Peking, China

Liebe Genossin,

ich habe Ihren Brief vom 10. September erhalten.

Ich verstehe Ihre Probleme. In erster Linie freuen wir uns, wenn Sie unsere Einladung annehmen, nach Kuba zu kommen und sich einen Eindruck von der Revolution verschaffen; Sie sind in keinster Weise verpflichtet zu schreiben, auch wenn ich glaube, dass Sie bezüglich Ihrer Qualifikation sehr bescheiden sind. Fühlen Sie sich jederzeit eingeladen, Sie können auch bleiben, solange Sie möchten, und tun, was Sie möchten (ein 1000-seitiges Buch schreiben oder nichts tun, was auch seinen Reiz hat).

Anbei sende ich Ihnen einige Exemplare Ihres Buches über die Kommunen, das in Kuba sehr erfolgreich war. Es tut mir leid, Ihnen mitteilen zu müssen, dass Ihr Buch über Laos vom gefährlichen Räderwerk unserer bürokratischen Maschinerie geschreddert wurde.

Wir sind hier in Kuba in einem Alarmzustand; das Volk ist kampfbereit und auf einen Angriff gefasst. Niemand würde auch

---

100 In Ches persönlichem Büro, im Archiv des Centro de Estudios Che Guevara, befindet sich eine Ausgabe von 1949 von Anna Louise Strongs Werk *The Chinese Conquer China* mit einer persönlichen Widmung der Journalistin an Che vom November 1960, in der es heißt: »For Che Guevara: With admiration and best wishes.«

nur einen Schritt zurückgehen. Jeder ist bereit, seine Aufgabe zu erfüllen. Sollten wir unterliegen (vorher hätten wir bis zum letzten Blutstropfen gekämpft), wird man in jedem noch so entlegenen Winkel unserer Insel Botschaften wie nach der Schlacht bei den Thermopylen finden.

Allerdings sind wir alles andere als lebensmüde; wir lieben das Leben und wir werden es verteidigen.

Ich sende Ihnen einen revolutionären Gruß
Ihr Freund
Vaterland oder Tod
Wir werden siegen

Comandante Ernesto Che Guevara

An Antonio Venturelli, Havanna, 19. November 1962

»Jahr der Planung«

Antonio Venturelli, E.
13, Ave. Sainte Cecile
Meyrin, Genf, Schweiz

Verehrter Genosse,

ich habe Ihre Lieferung erhalten, ich erachte sie als wichtig für uns.

Wir stecken mitten in einer Diskussion über die Notwendigkeit, die Preise des sozialistischen Sektors an die übertriebenen Preise des Weltmarktes anzupassen, was für ein Land wie Kuba wichtig sein könnte, weil die Importe für die industrielle wie auch die landwirtschaftliche Produktion entscheidend sind.

Auf jeden Fall sehe ich darin auch die brüderliche Geste, für die ich mich sehr bedanke.

Ich sende Ihnen herzliche Grüße

Vaterland oder Tod

Wir werden siegen

Comandante Ernesto Che Guevara

An Carlos Franqui

Genosse Carlos Franqui
Direktor der Zeitung Revolución
Ciudad

Genosse Franqui[101],

ich mochte den Artikel von neulich nicht; ich hoffe, ich darf dir das in aller Ehrlichkeit sagen, und ich will dir auch den Grund dafür nennen, in der Hoffnung, dass diese Zeilen als »Entladung meinerseits« veröffentlicht werden.

Ich will jetzt nicht auf Kleinigkeiten eingehen, die die Zeitung höchst unseriös wirken lassen würden, so wie diese Gruppen-

101 Dieser Text wurde am 29. Dezember 1962 in der Zeitung Revolución veröffentlicht.

fotos von Soldaten, die auf einen vermeintlichen Feind zeigen und dabei in die Kamera schauen, es geht mir um fundamentale Fehler:

1) Dieser Tagebuchauszug ist nicht wirklich authentisch. Es war so, dass man mich (noch im Krieg) gefragt hat, ob ich während der Invasion ein Tagebuch geführt hätte. Das habe ich, jedoch nur in sehr knapper Form, nur für mich, ich hatte damals keine Zeit, ausführlicher zu schreiben. Darum hat sich (ich kann mich gerade nicht an die Umstände erinnern) ein Mann aus Santa Clara gekümmert, der sich letztendlich als ziemlicher Fehlgriff erwies, weil er Taten mittels Adjektive aufgebauscht hat.

Der geringe Wert, den diese wenigen Notizen haben könnten, geht verloren, sobald sie ihre Authentizität einbüßen.

2) Es ist falsch zu behaupten, dass der Krieg für mich an zweiter Stelle steht und ich mich hauptsächlich um die Bauern gekümmert habe. Zu dieser Zeit war es das Allerwichtigste, den Krieg zu gewinnen, und ich denke, dass ich mich dieser Aufgabe mit allen Kräften, die mir zur Verfügung standen, gewidmet habe. Nachdem wir in Escambray einmarschiert waren, habe ich der Truppe nach 45 Tagen Marsch unter extrem widrigen Bedingungen erlaubt, sich zwei Tage auszuruhen, um nach mehreren erneuten Angriffen Güinía de Miranda einzunehmen. Wenn ich mir hier etwas habe zuschulden kommen lassen, dann war es eher das Gegenteil; zu wenig Fokus auf diese schwierige Aufgabe gelegt zu haben, mich mit diesen »Kuhfressern« herumzuzanken, wie sie in diesen verdammten Bergen genannt wurden, was haben mich Gutiérrez Menoyo und seine Truppe Nerven gekostet, damit ich mich der wichtigsten Aufgabe widmen konnte: dem Krieg.

3) Es ist falsch, dass Ramiro Valdés »bei organisatorischen Dingen eng mit Che zusammengearbeitet hat«, und ich verstehe nicht, wie es dir als Direktor dieser Zeitung passieren konnte, so etwas zu schreiben, du kennst ihn doch so gut.

Der gute Ramiro war bei der Moncada-Kaserne dabei, er war Gefangener auf der Isla de Pinos, er war als Oberleutnant auf der *Granma,* wurde dann zum Hauptmann ernannt, als ich zum Kommandanten befördert wurde, er führte als Kommandant eine Kolonne an, war der zweite Mann während der Invasion und anschließend führte er die Operationen im östlichen Sektor, während ich in Richtung Santa Clara marschierte.

Die historische Wahrheit sollte unbedingt respektiert werden; sie sich nach Lust und Laune zurechtzuzimmern führt zu nichts Gutem. Dies – und weil ich selbst in diesem Drama mitgespielt habe – hat mich dazu veranlasst, dir diese kritischen Zeilen zu schreiben, in der Hoffnung, dass sie als konstruktiv wahrgenommen werden. Ich glaube, wenn du den Text noch mal überarbeitet hättest, hätten die Fehler vermieden werden können.

Frohe Ostern und auf ein Jahr mit nur wenigen Schlagzeilen (die immer Aufregung mit sich bringen) wünscht dir

Che

An Nicolás Guillén, Havanna, 28. Februar 1963

»Jahr der Organisation«

Gen. Nicolás Guillén, Präsident
Vereinigung der Schriftsteller und Künstler Kubas
Calle 17 No. 351
Vedado, Havanna

Genosse,

als Antwort auf Ihren Brief vom 14. bezüglich des Buches *Crónicas de la Guerra* informiere ich Sie über Folgendes:

1. Ich denke, der Titel kann bleiben.
2. Sie können das tun, was Sie für richtig halten.

Wir senden Ihnen revolutionäre Grüße
Vaterland oder Tod
Wir werden siegen

Comandante Ernesto Che Guevara

An den Verlag Grijalbo, S.A., Havanna, 1. April 1963

»Jahr der Organisation«

Editorial Grijalbo, S.A.
Apartado No. 28568
Mexiko 17, D.F.

Sehr geehrte Damen und Herren,

ich bedanke mich für die Zusendung der Ausgabe des Werks *Geschichte der Philosophie* in der russischen Übersetzung (obwohl ich sie nicht erhalten habe; ich weiß nicht, welcher der beiden Staatsbürokratien ich die Schuld dafür geben soll).

Ich akzeptiere die subtile Kritik, die Sie mit Ihrem Befremden zum Ausdruck bringen. Bitte glauben Sie mir, dass wir in bester Verfassung sind, um den aktuellen Stand der Dinge zu korrigieren, auch wenn ich nichts fest versprechen kann, zumal sich die imperialistische Belagerung bei unseren frei konvertierbaren Devisen bemerkbar macht.

Ich sende revolutionäre Grüße
Vaterland oder Tod
Wir werden siegen

Comandante Ernesto Che Guevara

An Guillermo Lorentzen, Havanna, 4. Mai 1963

»Jahr der Organisation«

Co. Guillermo Lorentzen
Havanna

Lieber Genosse,

ich habe Ihre Sendung erhalten. Ich bedanke mich.

Ich bin in Argentinien geboren, habe in Kuba gekämpft und wurde in Guatemala zum Revolutionär.

Diese biografische Zusammenfassung führt vielleicht dazu, dass Sie mir die Einmischung in Ihre Angelegenheiten nachsehen.

In Guatemala kämpft die Guerilla. Das Volk hat zu den Waffen gegriffen. Es gibt nur eine Möglichkeit, die Entwicklung dieses Kampfes zu bremsen, der allem Anschein nach in eine Revolution im Stile Kubas oder Algeriens münden wird.

Der Imperialismus hat diese Möglichkeit, auch wenn ich nicht weiß, ob Sie sich dazu entscheiden können: »freie Wahlen«, mit Arévalo.

Das ist unser Vorschlag. Halten Sie ihn nicht auch für angemessen?

Revolutionäre Grüße
Vaterland oder Tod
Wir werden siegen

Comandante Ernesto Che Guevara

An Peter Marucci, Havanna, 4. Mai 1963

»Jahr der Organisation«

Herr Peter Marucci,
Herausgeber des Telegraph und
The Daily Mercury
Kanada

Genosse,

ich muss Ihnen zunächst beichten, dass es in unserem Land weiterhin bürokratische Strukturen gibt, die Papier verschlingen, bebrüten und irgendwann an den Adressaten ausspucken.

Dies ist der Grund, warum ich Ihnen erst heute auf Ihren liebenswerten Brief antworte.

Kuba ist ein sozialistisches Land, tropisch, ungezähmt, treuherzig und fröhlich. Es ist sozialistisch, ohne dabei auch nur eine einzige seiner besonderen Eigenschaften zu verraten, es ermöglicht seinem Volk, auf diese Weise zu reifen. Es lohnt sich, das Land kennenzulernen. Wann immer Sie kommen wollen, Sie sind herzlich eingeladen.

Mit freundlichen Grüßen
Vaterland oder Tod
Wir werden siegen

Comandante Ernesto Che Guevara

An Aleida Coto Martínez, 23. Mai 1963

»Jahr der Organisation«

Dr. Aleida Coto Martínez
Stellvertretende Direktorin für Grundschulwesen
Ministerium für Bildung
Region Puerto Regla Guanabacoa
Ciudad

Verehrte Genossin,

herzlichen Dank für Ihre Post.

Manchmal stehen wir Revolutionäre allein da, selbst für unsere Kinder sind wir wie Fremde. Sie sehen uns seltener an als einen Reservisten, den sie »Onkel« nennen.

Die Aufsätze, die Sie mir zugeschickt haben, ließen mich für einen Moment an einen Aufsatz denken, den wir, als ich in der zweiten oder dritten Klasse war, für den Besuch eines Präsidenten in unserer Stadt verfassen sollten, und der Unterschied zwischen dem, was die Kinder damals verfassten und die Kinder der Revolution heute, lässt uns mit Zuversicht in die Zukunft blicken.

Revolutionäre Grüße
Vaterland oder Tod
Wir werden siegen

Comandante Ernesto Che Guevara

An die Genossen des Montagewerks für Motorräder,
Havanna, 31. Mai 1963

»Jahr der Organisation«

Genossen des Montagewerks für Motorräder
Unidad 0-1 E[mpresa] C[onsolidada] Automotriz
Lorraine No. 102
Santiago de Cuba

Liebe Genossen,

Sie irren sich in Ihrer Fragestellung. Die jeweilig verantwortlichen Arbeiter für egal welches Erzeugnis haben keine Verfügungsgewalt über selbiges. Weder haben die Bäcker Recht auf mehr Brot noch die Arbeiter, die Zement herstellen, Recht auf mehr Zementsäcke; und Sie haben auch nicht das Recht auf mehr Motorräder.

Am Tag meines Besuches fiel mir auf, dass eines der Dreiräder als eine Art Lieferwagen benutzt wurde, was ich noch vor Ort beanstandete, ein Mitglied der Jugendorganisation fuhr mit dem Motorrad herum, um Angelegenheiten der Organisation zu erledigen, was ich gleich in zweierlei Hinsicht kritisierte, da das Fahrzeug unzulässig gebraucht wurde und es außerdem nicht korrekt ist, in der bezahlten Arbeitszeit Aufgaben für das Gemeinwohl zu erledigen, die zusätzlich zur Arbeitszeit, im Sinne eines Ehrenamts, erledigt werden sollten. Im Laufe dieses Gesprächs äußerte ich, dass ich mir die Löhne anschauen würde; und dass ich prüfen würde, ob es möglich wäre, für einige Arbeiter und Techniker Motorräder zur Verfügung zu stellen.

Da inzwischen dem Verkehrsministerium die Zuteilung und der Verkauf von Motorrädern obliegen, gibt es diese Möglichkeit nicht mehr.

Mit revolutionären Grüßen
Vaterland oder Tod
Wir werden siegen

Comandante Ernesto Che Guevara

An Lisandro Otero, Havanna 23. Juni 1963

»Jahr der Organisation«

Gen. Lisandro Otero
Sekretär für kulturelle Veranstaltungen der UNEAC
Ciudad

Genosse,

niemand weiß im Hinblick auf sich selbst, bis zu welchem Punkt Lobeshymnen berechtigt sind. Ich mag sie nicht, und ich finde sie unnötig.

Ich beziehe mich im Folgenden auf sowohl inhaltliche als auch formale Fehler.

Inhaltlich: Die Vorfahren, die »ihren Hass gegen die Unterdrücker des Volkes zum Ausdruck brachten«, waren Teil der großen argentinischen Rinder-Oligarchie, und der Kampf gegen Rosas war niemals im Volk verankert. Aus marxistischer Sicht waren die Gegner von Juan Manuel Rosas nicht als fortschrittlich zu bezeichnen.

Im Übrigen habe ich mich in meiner Jugend nicht sozial engagiert und habe mich auch nicht an politischen oder studentischen Protesten in Argentinien beteiligt.

Formal: Das ist kein Buch, sondern das sind nur Stichworte.

Mit revolutionären Grüßen

Vaterland oder Tod

Wir werden siegen

Comandante Ernesto Che Guevara

An Daniel Gispert, Havanna, 2. September 1963

»Jahr der Organisation«

Dr. Daniel Gispert,
General der Befreiungsarmee
Carretera del Cuervo, Luyanó
Havanna

Sehr geehrter Herr Gisbert,

herzlichen Dank für Ihren Brief an den Premierminister, Genosse Fidel Castro Ruz, den ich am 26. des Monats erhalten habe.

Bezüglich Ihres Anliegens, den Verkauf des Unternehmens Industrias Gispert S.A., dessen Eigentümer Sie und Ihr Sohn sind, in nächster Zeit nicht zu veranlassen, bin ich damit beauftragt worden, Sie darüber zu informieren, dass im Rahmen der Politik der Revolutionären Regierung die Zeit gekommen ist, alle Produktionszweige, selbst die kleinsten Unternehmen, systematisch in die Nationalökonomie zu integrieren.

Deswegen ist es notwendig, dass die Formalitäten für den Ankauf der Industrias Gispert S.A. durch den kubanischen Staat erledigt werden. Die Revolutionäre Regierung wird Ihnen, Ihrer besonderen Situation Rechnung tragend, in jeder Hinsicht entgegenkommen.

Mit freundlichen Grüßen
Comandante Ernesto Che Guevara

An José Matar, Havanna, 19. September 1963

»Jahr der Organisation«

Herr José Matar
Nationalkoordinator der
Nationaldirektion des CDR
Misiones 25
Havanna

Verehrter Genosse,

auch wenn es noch dauert, bis dies in der Sonderausgabe erscheint, beantworte ich Ihre Frage nach meiner Meinung zu dieser Organisation.

Nach dem zu urteilen, was ich bisher weiß, ist das fundamentale Problem Ihres Exekutivbüros mangelnde Organisation, was die Tatsache beweist, dass ich einen Brief datiert vom 22. Juli erhalte, in dem ich gebeten werde, meine Meinung zu dem Thema vor dem 31. desselben Monats kundzutun, mit einem Poststempel der Organisation vom 12. Juli, wobei der Brief am 12. September hier eintraf.

Vielleicht ist auch dieses Ministerium hier nicht gut organisiert. In diesem Fall bitte ich Sie, den CDR hier zu informieren.

Mit revolutionären Grüßen
Vaterland oder Tod
Wir werden siegen

Comandante Ernesto Che Guevara

An Manuel Navarro Luna, Havanna, 18. Oktober 1963

»Jahr der Organisation«

Genosse Manuel Navarro Luna
Hotel Colina
Calle L y 27
Vedado
Ciudad

Verehrter Genosse,

mit großem Bedauern werde ich jetzt Ihren Brief beantworten. Als ich Ihr Buch erhielt, blätterte ich zunächst nur darin, ich wollte es später ausführlich lesen. Dabei fand ich die Notiz zwischen den Buchseiten.

Anbei sende ich Ihnen den Bericht über den Fall des besagten Genossen. Wir bewerten den Fall anders; ich vertraue unseren Fachleuten und ihrem Sinn für Gerechtigkeit. Ich glaube, dass wir in diesem Bereich bereits bestens aufgestellt sind.

Es tut mir leid, dass ich Ihrer einzigen Bitte nicht vollständig nachkommen kann.

Ich beglückwünsche Sie zu Ihrem Buch, obwohl die Gedichte ja sehr viel früher entstanden sind, viele sind jahrzehntealt, ich kannte sie bereits aus Veröffentlichungen in Zeitungen und Zeitschriften.

Herzliche Grüße von jemandem voller Wertschätzung
Comandante Ernesto Che Guevara

An Arturo Don Varona, Havanna, 28. Oktober 1963

»Jahr der Organisation«

Dr. Arturo Don Varona
3ra. y 6 Rpto. Vista Hermosa
Camagüey

Sehr geehrter Doktor Varona,

vielen Dank für Ihre Nachricht, aber mir scheint die Lobhudelei etwas zu viel, um sich gleichzeitig auf irgendeinen Gesetzesartikel zu berufen.

Jedenfalls will ich Ihnen meine Befangenheit nicht vorenthalten bezüglich Ihrer Einschätzung, der Staat führe Geschäfte häufig weniger effizient als der Privatsektor.

Aufgrund Ihrer Adresse gehe ich davon aus, dass Sie nicht zu den Erzeugern gehören, die im Kontakt mit dem Boden, den sie bewirtschaften, leben, dass Sie aber aufgrund Ihres Geschäftssinns die Finca erfolgreich zu leiten vermögen, jedenfalls zeigen das Ihre Zahlen. Ich hoffe, Sie empfinden das nicht als schlechten Scherz, aber vielleicht könnte die Eingliederung Ihres Unternehmens in die INRA eine Stärkung dieser Organisation bedeuten. Es hängt alles davon ab, ob jemand die tiefgreifende Bedeutung und Richtigkeit dessen, was wir gerade erleben, versteht und letztendlich mit kritischem Sinn die vielfältigen Fehler einer Revolution, die tatsächlich vom Volk ausgeht, wertschätzt.

Hochachtungsvoll
Vaterland oder Tod
Wir werden siegen

Comandante Ernesto Che Guevara

An Pablo Díaz González, Havanna, 28. Oktober 1963

»Jahr der Organisation«

Genosse Pablo Díaz González
Geschäftsführer
Campo de Perf. Extr. de la Cuenca Central
Aptdo. 9, Majagua
Camagüey

Lieber Pablo,

ich habe deinen Artikel gelesen. Ich sollte dankbar dafür sein, wie gut ich bei dir wegkomme: ein bisschen zu gut, glaube ich. Ich habe außerdem den Eindruck, dass du auch sehr gut bei dir wegkommst.

Die erste Sache, die ein Revolutionär, der über Vergangenheit schreibt, machen sollte, ist, so dicht wie möglich bei der Wahrheit bleiben. Du hast vielleicht genau das versucht, aber es ist dir nicht gelungen.

Mein Rat: Lies den Artikel noch mal, nimm alles raus, von dem du weißt, dass es nicht der Wahrheit entspricht, und sei vorsichtig mit allem, von dem du nicht sicher sagen kannst, dass es der Wahrheit entspricht.

Revolutionäre Grüße
Vaterland oder Tod
Wir werden siegen

Comandante Ernesto Che Guevara

An Carlos Rafael Rodríguez[102]*, Havanna, 28. Oktober 1963*

»Jahr der Organisation«

Gen. Carlos Rafael Rodríguez, Präsident
Nationales Institut für Agrarreform
Ciudad

Lieber Genosse,

anbei sende ich dir die Papiere von Argelio Rosabal, der Adventist, von dem ich dir erzählt habe, dessen Entschädigung sich in eine irdische Strafe verwandelt hat.

Da du ein brillanter junger Kommunist bist, weißt du sicher, wie man das Gesetz beugt oder mich sonst wie beruhigt.

(Das mit Hund und Katze kommt separat.)

Einen revolutionären Gruß
Vaterland oder Tod
Wir werden siegen

Comandante Ernesto Che Guevara

102 Carlos Rafael Rodríguez (1913–1997). Politiker, Ökonom und kubanischer Revolutionär. Während der durch Che Guevara angestoßenen Debatte über die kubanische Ökonomie war Rodríguez Präsident der INRA.

An Lydia Ares Rodríguez, Havanna, 30. Oktober 1963

»Jahr der Organisation«

Frau Lydia Ares Rodríguez
Calle Cárdenas No. 69
Calabazar
Havanna

Liebe Genossin,

Ihr Brief wurde an das Innenministerium weitergeleitet, es ist in solchen Fällen zuständig.

Auf jeden Fall danke ich Ihnen für Ihre Haltung bezüglich Arbeit und Revolution, aber ich muss Ihnen sagen, dass ich persönlich der Meinung bin, dass Ihr Sohn die Strafe antreten sollte, weil die mutwillige Beschädigung sozialistischen Eigentums eine schwerwiegende Straftat ist, unabhängig von möglichen mildernden Umständen.

Es tut mir leid, Ihnen das sagen zu müssen, und ich bedaure das Leid, das Ihnen dadurch zuteilwird, aber ich würde meine revolutionäre Pflicht verletzen, wenn ich Ihnen dies nicht in aller Ehrlichkeit sagen würde.

Mit revolutionären Grüßen
Vaterland oder Tod
Wir werden siegen

Comandante Ernesto Che Guevara

An Lisandro Otero, Havanna, 10. November 1963

»Jahr der Organisation«

Gen. Lisandro Otero
Sekretariat für Kultur
Vereinigung der Schriftsteller und Künstler Kubas
Calle 17 No. 351
Vedado, Havanna

Lieber Genosse,

bezüglich Ihres Schreibens vom 29. Oktober kann ich ihnen Folgendes mitteilen:

Ich habe nichts gegen die Übersetzung von *Pasajes de la guerra revolucionario*[103] in welche Sprache auch immer einzuwenden.

Im Falle einer Anfrage aus einem anderen sozialistischen Land erteile ich Ihnen hiermit die Erlaubnis, dieser stattzugeben, und ich lehne ausdrücklich die Vergütung welcher Rechte auch immer ab.

Revolutionäre Grüße
Vaterland oder Tod
Wir werden siegen

Comandante Ernesto Che Guevara

---

103 Auf Deutsch unter folgendem Titel veröffentlicht: Ernesto Che Guevara, *Kubanisches Tagebuch,* Kiepenheuer und Witsch, Köln 2021

An Juan Ángel Cardi, Havanna, 11. November 1963

»Jahr der Organisation«

Genosse Juan Ángel Cardi
Calle 17 No. 54, apto. 22
Vedado
Havanna

Lieber Genosse,

ich danke Ihnen für Ihr Schreiben vom 3. Oktober, dem Sie Kapitel von neun Ihrer nicht veröffentlichten Romane beigefügt haben.

Es ist für mich kein Problem, dass Sie dafür das angebliche Tagebuch aus Las Villas verwenden. Bitte bedenken Sie jedoch, dass irgendein Speichellecker es mit einer blumigen Sprache versehen hat, bevor es veröffentlicht wurde.

Ich habe das Kapitel aus *Pléyade* wie jemand gelesen, der nach dem Foto eines ihm bekannten Ortes sucht, aber ich habe ihn nicht gefunden. Es scheint, als seien Sie selbst nie in der Sierra gewesen und als hätten Sie nicht einmal mit den Akteuren von damals gesprochen. Von Bruder zu Bruder muss ich Ihnen leider sagen, dass ich nicht den Eindruck habe, als könnten Sie dieser Zeit all die Tiefe und Größe beimessen, die ihr gebührt.

Das ist das, was ich wahrnehme, es ist keine Literaturkritik; ich schreibe das als jemand, der sein Gesicht auf einem alten Foto sucht, die Erinnerung an eine Gruppe von Freunden zum Beispiel, und ihm fällt auf, dass aufgrund eines technischen Fehlers oder der Zeit die Fotografierten unkenntlich geworden sind.

Wenn Ihnen diese Beobachtung von Nutzen ist, freue ich mich, bitte nehmen Sie mir meine Offenheit nicht übel. Ich weiß nicht, wie alt Sie sind, noch, wie Sie Ihre Berufung als Schriftsteller sehen; die einzige Leidenschaft, die ich in dem Bereich, in dem Sie sich bewegen, habe, ist die Suche nach Wahrheit (nur damit wir uns richtig verstehen, ich bin kein radikaler Verteidiger des sozialistischen Realismus). Aus diesem Blickwinkel betrachte ich alles.

Ich grüße Sie und wünsche Ihnen Erfolg auf Ihrer Pilgerreise, einen Verlag zu finden

Comandante Ernesto Che Guevara

An Oscar L. Torras de la Luz, Havanna, 3. Januar 1964

»Jahr der Wirtschaft«

Herr Oscar L. Torras de la Luz
Direktor des Fachgebiets Rechnungswesen
Fakultät der Wirtschaftswissenschaften
Universidad de La Habana
Ciudad

Lieber Genosse,

vielen Dank für Ihre Sendung. Ich lerne derzeit Rechnungswesen, folglich bin ich selbst ein Schüler. Ich werde Ihnen meine Meinung mitteilen, sobald ich das Werk gelesen habe.

Und sollte es gelungen sein, wird es bestimmt eine wichtige Leerstelle in unserem Land füllen.

Hochachtungsvoll
Vaterland oder Tod
Wir werden siegen

Comandante Ernesto Che Guevara

An Regino G. Boti, Havanna, 2. Februar 1964

»Jahr der Wirtschaft«

Dr. Regino G. Boti[104]
Minister für Wirtschaft und
Fachsekretär des Rats für Wirtschaftsplanung
Havanna-Stadt

Betreff: Wire-Relays

Sehr geehrter Genosse,

danke für den ausführlichen Brief. Ich ziehe daraus in aufsteigender Ordnung folgende Schlüsse:

---

104 Regino G. Boti León (1923–1999) war ein kubanischer Ökonom, bekannt durch seine Mitarbeit in der Wirtschaftskommission für Lateinamerika und die Karibik (CEPAL). Ernesto Che Guevara und Regino Boti verband eine enge Freundschaft, ihr Austausch war geprägt von scherzhaften Untertönen.

1. Das Unternehmen Consolidada de la Mecánica funktioniert schlecht (mehrere Geschäftsführer und Aufsplitterungen, von Beginn an bis heute).

2. Das Unternehmen Consolidada del Plástico funktioniert schlecht (mehrere Geschäftsführer ... usw.)

3. Der Industrieminister ist unfähig, aus dem logischen Grund, dass seine Mitarbeiter unfähig sind und keine adäquaten Mittel gefunden haben, um die Probleme zu lösen.

4. Die höchste Leitung der Wirtschaft sollte als Vorbild die kleinsten herzustellenden Teile kennen, neben all der anderen von Ihnen aufgelisteten Ineffizienz, die die Ausführung dieser Arbeit gefährlich macht.

Ich grüße Sie, Genosse Minister, mit dem Ruf des *Rats für Wirtschaftsplanung:* Ein Hoch auf den Papierkrieg! Nieder mit der produktiven Arbeit!

Revolutionäre Grüße
Vaterland oder Tod
Wir werden siegen

Comandante Ernesto Che Guevara

An Charles Bettelheim, Havanna, 6. Februar 1964

»Jahr der Wirtschaft«

Charles Bettelheim[105]
École Pratique des Hautes Études 54
Rue de Varenne, París 7
Frankreich

Verehrter Freund,

anbei sende ich Ihnen die aktuelle Ausgabe unserer Zeitschrift. Die von Ihnen eingereichten Arbeiten wurden dem Format Folge leistend aufgeteilt, und werden in der nächsten Ausgabe erscheinen. Ich halte sie für höchst wichtig, um einige Aspekte der Beziehungen mit beiden Welten zu beleuchten. (Der Vertrag mit den Sowjets ist in dieser Hinsicht besonders interessant.)

Ich wäre Ihnen dankbar, wenn Sie ein Exemplar an den Genossen Emanuel weiterleiten könnten und Sie beide meinen Artikel aufmerksam lesen und redigieren.

Ich sende einen revolutionären Gruß
Comandante Ernesto Che Guevara

---

105 Charles Bettelheim (1913–2006) war ein französischer marxistischer Ökonom, Professor für politische Ökonomie und Direktor der École Pratique des Hautes Études, Paris. Zu der Zeit, in der dieser Brief verschickt wurde, begann die Auseinandersetzung über das kubanische Wirtschaftssystem, die Ernesto Che Guevara initiiert hatte und an der verschiedene Führungskräfte der Revolution teilnahmen. Durch die Beteiligung von Ökonomen wie Ernest Mandel und Charles Bettelheim erhielt sie bald internationalen Charakter.

An Josefina Cabrera, Havanna, 11. Februar 1964

»Jahr der Wirtschaft«

Dr. Josefina Cabrera
Ciudad

Verehrte Freundin,

der Artikel von Benítez hat bei mir wie bei Ihnen im Hinblick auf die sogenannte richtige Linke ein Gefühl von Verachtung erzeugt, und Ihr Brief war in dieser Hinsicht sehr dienlich.

Ich möchte Ihnen hiermit auch meinen Respekt und meine Solidarität bekunden, was ich aufgrund von Fehlinformationen nicht persönlich tun konnte, als die sterblichen Überreste Ihres Ehemannes überstellt wurden.

Ich hätte Ihnen dies gern persönlich gesagt, aber die Sorge, dass die Tage vergehen, ohne dass ich dies wirklich tun kann, zwingen mich, Ihnen diese Zeilen zu schreiben.

Ich bin kein Freund von Beileidsbekundungen, aber ich verstehe, dass Sie unsere Solidarität brauchen und dass Sie sie auch verdienen. Dass die sterblichen Überreste Ihres Mannes in Kuba verbleiben, erfüllt uns alle mit Achtung und es ist unsere Pflicht, die Erinnerung an ihn lebendig zu halten, als Mann, als Wissenschaftler und Revolutionär.

Ihr Freund auf ewig sendet Ihnen eine brüderliche Umarmung
Comandante Ernesto Che Guevara

An María Rosario Guevara, Havanna, 20. Februar 1964

»Jahr der Wirtschaft«

Frau María Rosario Guevara
36 Rue d'Annam
(Maarif), Casablanca
Marokko

Liebe Genossin,

tatsächlich weiß ich nicht, wo genau in Spanien meine Familie herkommt. Natürlich ist es schon ziemlich lange her, dass meine Vorfahren das Land verlassen haben, einen Blick nach vorne und einen zurückgerichtet; wenn ich sie so nicht in Erinnerung habe, dann nur, weil das keine sehr bequeme Position ist.

Ich glaube nicht, dass wir nahe Verwandte sind, aber wenn Sie jedes Mal, wenn etwas Ungerechtes auf der Welt geschieht, vor Empörung zittern, sind wir Genossen, was wesentlich wichtiger ist.

Revolutionäre Grüße
Vaterland oder Tod
Wir werden siegen

Comandante Ernesto Che Guevara

An Luis Amado-Blanco, Havanna, 25. Februar 1964

»Jahr der Wirtschaft«

Herr Luis Amado-Blanco
Botschafter von Kuba beim
Heiligen Stuhl
Ruggero Fauro No. 25
Rom

Lieber Genosse,

danke für die Zusendung der *Revista del Occidente.*

Ihr Ton zeigt mir, dass Sie mir übel nehmen, dass ich nicht auf frühere Briefe geantwortet habe. Sie haben vollkommen recht. Kurz und gut: Asche auf mein Haupt; Ihr Buch erscheint nirgendwo, und jedes Mal, wenn ich Ihrer stillen Kritik ausgesetzt bin, suche ich verzweifelt nach einer Möglichkeit, diesen Zeitpunkt hinauszuzögern.

Ich danke Ihnen für Ihr Interesse an einer ganzen Serie von Problemen in der Industrie. Der Fall Bacardí wird von einer Regierungskommission untersucht, die aufgrund ihrer Eigenschaft als Kommission und als Regierung wohl lange brauchen und nichts bewirken wird.

Ich sende revolutionäre Grüße
Vaterland oder Tod
Wir werden siegen

Comandante Ernesto Che Guevara

An José Medero Mestre, Havanna, 26. Februar 1964

»Jahr der Wirtschaft«

Herr José Medero Mestre
Juan Bruno Zayas No. 560
e/Ave. de Acosta y O'Farrill
Víbora, Havanna.

Lieber Genosse,

ich bedanke mich für Ihr Interesse und Ihre Nachricht. Um mich zu überzeugen, haben Sie den Finger in die Wunde gelegt; zitieren Sie jene, die ich bekämpfe. Bedauerlicherweise kann ich darüber mit Ihnen keine weitergehende Korrespondenz führen, da dies zeitlich für mich nicht möglich ist.

In den kommenden Ausgaben von *Nuestra Industria Económica* werden Artikel erscheinen, in denen sich eine Auswahl sowjetischer Fachleute zu ähnlichen Problemen äußert.

Hier nur eine Anmerkung zum Nachdenken: Die kapitalistische Ineffizienz gegenüber sozialistischer Effizienz im Hinblick auf das Führen von Fabriken zu nennen, kommt dem Verwechseln von Realität und Wunschdenken gleich. Beim Vertrieb und bei einer zentralistischen Planung hat der Sozialismus klare Vorteile, weil er dort die technologischen und organisatorischen Nachteile, die der Kapitalismus mit sich bringt, beseitigen konnte. Nach dem Bruch mit der alten Gesellschaft wollte man eine neue Gesellschaft mit einem Zwitterwesen erschaffen; der Mensch, der sich selbst und anderen ein Wolf ist, die Gesellschaft der Wölfe wird durch eine andere Gattung ersetzt, die nicht mehr diesen hoffnungslosen Impuls verspürt, den Nächsten zu berauben – weil ja die Ausbeutung des Menschen durch den Menschen verschwunden ist –, aber durchaus Impulse derselben Qualität (wenn auch weniger häufig), weil die materiellen Interessen vom individuellen Wohlstand und von kleinen Kollektiven (z.B. Fabriken) regiert werden, und in dieser Verbindung sehe ich die Wurzel alles Bösen. Den Kapitalismus mit den eigenen Fetischen zu überwinden, denen die größte magische Qualität genommen wird, der Profit, scheint mir ein schwieriges Unterfangen.

Wenn das alles etwas obskur wirkt (auf meiner Uhr ist es bereits nach Mitternacht), vielleicht macht dieser andere Vergleich meine Gedanken deutlicher: Der Hebel des materiellen Interesses im Sozialismus ist wie die Pastorita-Lotterie; sie schafft es weder, die Augen der Interessiertesten zum Leuchten zu bringen noch die gleichgültige Mehrheit zu mobilisieren.

Ich behaupte nicht, das Thema erschöpfend behandelt, und erst recht nicht, das letzte Wort über den ein oder anderen Widerspruch gesagt zu haben. Bedauerlicherweise beeindruckt die Mehrheit unseres Volkes, mich inklusive, eher die Verteidigung eines Systems als dessen wissenschaftliche Analyse. Das hilft uns nicht bei unserer Aufklärungsarbeit, und all unsere Anstrengung sei deshalb darauf ausgerichtet, zum Denken einzuladen, dem Marxismus mit der Ernsthaftigkeit zu begegnen, die diese herausragende Lehre verdient.

Deswegen, weil Sie nachdenken, schätze ich Ihren Brief; unser geringstes Problem ist, dass wir nicht einer Meinung sind.

Wenn Sie mir mal wieder etwas sagen müssen, denken Sie daran, ich bin kein Lehrer; ich bin nur ein weiterer jener Männer, die für ein neues Kuba kämpfen, der jedoch das Glück hatte, in den schwierigsten Momenten der kubanischen Revolution und in einigen der tragischsten und glorreichsten Momenten der Geschichte einer Welt, die für ihre Freiheit kämpft, an der Seite von Fidel zu sein. Dass Sie mich kennen und ich mich nicht an Ihren Namen erinnern kann, hätte auch umgekehrt sein können, nur dass ich Ihnen dann aus irgendeiner entlegenen Region der Welt schreiben müsste, wohin mich meine rastlosen Füße getragen hätten, da ich hier nicht geboren bin.

Das ist alles.

Revolutionäre Grüße

Vaterland oder Tod

Wir werden siegen

Comandante Ernesto Che Guevara

An Luis Corvea, Havanna, 14. März 1964

»Jahr der Wirtschaft«

Genosse Luis Corvea
Calle 146 No. 25701
Bauta, Havanna

Lieber Genosse,

danke für Ihren Brief, in dem Sie mir mitteilen, 354 freiwillige Arbeitsstunden in der Zeit vom Dezember 1962 bis Dezember 1963 verrichtet zu haben.

Im selben Brief erwähnen Sie unsere Diskussion vom 11. Januar dieses Jahres, bei der ich mich auf die freiwillige Arbeit bezog, und ich würde an dieser Stelle gern etwas wiederholen, was wir in diesem Zusammenhang formuliert haben, die Quintessenz dieser so ehrenhaften Aktivität sozusagen.

Wir haben gesagt, dass »die Bedeutung, die die freiwillige Arbeit hat, sich in dem *Bewusstsein* widerspiegelt, das man angesichts der Arbeit erlangt, und in dem Ansporn und in der Vorbildfunktion für alle Genossen«: Die kommunistische Erziehung muss auf diesem Bewusstsein basieren, und die Freiwilligen der ersten Stunde verkörpern die Ideale des wahren Kommunisten am besten. Unsere Revolution muss sich großen Problemen stellen, sie hat sich gegen eine Vielzahl feindlicher Angriffe zur Wehr setzen müssen, insbesondere den Angriffen des Yankee-Imperialismus; noch immer gibt es viel Böses, gegen das wir für eine bessere Zukunft kämpfen müssen, und wir sollten uns bewusst sein, dass wir diese Zukunft, diese neue, klassenlose Gesellschaft, die von Wohlstand bestimmt ist, nur mit Schweiß, Arbeit und Opfern erreichen können.

Genosse Corvea, meinen herzlichen Glückwunsch, und mögen Ihnen diese Zeilen als Ansporn dienen, um weiterhin jeden Tag mehr und besser zu arbeiten, damit Sie Ihren Arbeitsgenossen ein Vorbild auf dem Weg des Aufbaus der kommunistischen Gesellschaft sind.

Vaterland oder Tod
Wir werden siegen

Comandante Ernesto Che Guevara

An Eduardo B. Ordaz, 26. Mai 1964

»Jahr der Wirtschaft«

Dr. Eduardo B. Ordaz
Direktor der Psychiatrischen Klinik
Havanna

Sehr geehrter Ordaz,

vielen Dank für die Zeitschrift. Auch wenn ich nur sehr wenig Zeit habe, finde ich die Themen sehr interessant und werde einen Blick reinwerfen.

Aus Neugierde eine weitere Frage: Wie ist es möglich, eine Fachzeitschrift mit einer Auflage von 6300 Exemplaren zu drucken, wenn es nicht einmal so viele Ärzte in Kuba gibt?

Ich habe einen Verdacht, der mich an den Rand einer neuroökonomischen Psychose bringt: Ob wohl die Ratten diese Zeitschrift nutzen, um ihre Kenntnisse im Bereich der Psychiatrie zu vertiefen oder um ihre Mägen zu besänftigen; oder hat vielleicht jeder Patient ein solches Exemplar auf seinem Nachttisch liegen?

Wie auch immer, diese Auflage hat 3000 Exemplare zu viel; ich bitte Sie, darüber nachzudenken.

Ehrlich, es ist eine gute Zeitschrift, aber die Auflage geht nicht. Glauben Sie mir, weil die Verrückten immer die Wahrheit sagen.

Revolutionäre Grüße
Vaterland oder Tod
Wir werden siegen

Comandante Ernesto Che Guevara

An Leo Huberman und Paul M. Sweezy, 12. Juni 1964

»Jahr der Wirtschaft«

Herr Leo Hubermann
und Herr Paul M. Sweezy[106]
Monthly Review
333 Sixth Avenue
New York 14, N. Y.

Verehrte Freunde,

heute, am 12. Juni, lese ich eure freundliche Bitte bezüglich des 24. Mai. Ich muss euch wohl kaum sagen, wie sehr ich den Genossen Baran bewundert habe und wie konstruktiv sein Buch über die Rückständigkeit unserer entstehenden (und noch immer schwachen) ökonomischen Kultur ist.

Ich hätte dem, was Sie und andere Genossen über unseren verstorbenen Freund gesagt haben, nichts hinzufügen können, aber ich bedauere sehr, dass ich nicht das habe einlösen können, was ich unter brüderlicher Pflicht verstehe.

Revolutionäre Grüße
Vaterland oder Tod
Wir werden siegen

Comandante Ernesto Che Guevara

---

106 Paul Sweezy (1910–2004) war ein US-amerikanischer Wirtschaftswissenschaftler und Professor an der Harvard-Universität. Er veröffentlichte viele seiner Werke zusammen mit Paul Baran (1909–1964). Seit 1959 verfolgte er die Entwicklung Kubas, er war häufig dort zu Besuch und pflegte Verbindungen mit einigen Intellektuellen und Führungskräften der Revolution, so auch mit Che. Zusammen mit Leo Huberman (1903–1968), ein US-amerikanischer sozialistischer Autor, schrieb er *El socialismo en Cuba*.

An Ezequiel Vieta, 16. Juni 1964

»Jahr der Wirtschaft«

Herr Ezequiel Vieta
Calle 18 No. 316
Miramar, Havanna

Verehrter Genosse,

richtig, ich hatte Ihre Nachricht nicht gelesen. Es beschämt mich ein wenig, dass Sie dennoch so freundlich zu mir sind. Das Buch ist eine Sammlung von Notizen, entstanden in der Absicht, andere zu ermuntern, ebenfalls von ihren Erfahrungen zu berichten und sie in *Verde Olivo* zu veröffentlichen. Eines Tages werde ich das vollenden. Ich wollte nicht, dass nur Teile dessen veröffentlich werden, aber dem wurde nicht Rechnung getragen, ich für meinen Teil sehe nicht, wie man das verstehen kann, ohne die Geschichte der Revolution genau zu kennen.

Ich hoffe, dass ich eines Tages die gesamte Geschichte dieser zwei Jahre erzählen kann, eine regelrechte Heldengeschichte, die ich das Glück hatte erleben zu dürfen. Ich möchte Ihnen auch für Ihre Einschätzungen danken, die ich allerdings nicht teile. Das ist Ihre Sache.

Revolutionäre Grüße
Vaterland oder Tod
Wir werden siegen

Comandante Ernesto Che Guevara

An Fabio Vargas Vivanco, 16. Juni 1964

»Jahr der Wirtschaft«

Herr Fabio Vargas Vivanco
Moskau V 300
Avenida Lomonosov No. 31
Korridor 2, Zimmer 329
UdSSR

Verehrter Genosse,

ich erinnere mich an die von dir geschilderten Ereignisse, aber ich erinnere mich nicht an dich. Aber das ist das geringste Problem.

Ich kann keinen persönlichen Gefallen tun, aber die Revolution bietet auch immer andere Möglichkeiten. Ich werde deinen Brief an das Bildungsministerium weiterleiten, das Stipendien vergibt.

Wenn du mit deinem Anliegen durchkommst, sehen wir uns, wenn nicht, brüderliche Umarmungen, viel Glück ... bis dann.

Vaterland oder Tod
Wir werden siegen

Comandante Ernesto Che Guevara

An Regino G. Boti, 17. Juni 1964

»Jahr der Wirtschaft«

Dr. Regino G. Boti
Wirtschaftsministerium
Ciudad

Genosse,

ich beziehe mich auf Ihre Eingabe vom vergangenen 25. Mai, der Sie die Anfrage von Herrn Carlos A. Fidalgo beigefügt haben, in der es um die Anschaffung einer mechanischen Drehbank mit einer Länge von 120 cm geht.

Diese Korrespondenz hat mich so sehr überrascht, dass ich zwanzig Tage gebraucht habe, um mich davon zu erholen und darauf zu antworten.

Wie Sie wissen werden, sind nach den unumgänglichen Vorschriften des Budget-Finanzierungssystems[107] – gemäß der reinen Lehre des Marxismus und ihre einzig gültige Vertretung auf Erden – die Grundmittel keine Waren. Dieses Konzept geht vom Austausch im staatlichen Sektor aus, der, wenn er nicht der einzige Sektor ist, der Produktionsmittel besitzt, eben dazu werden sollte, und der niemals die Möglichkeiten der Ausbeutung von Mensch zu Mensch vergrößern sollte, indem er ein derartiges Werkzeug einer Privatperson überlässt.

Damit auch Sie es verstehen, möchte ich klarstellen: Ich werde niemals meine Zustimmung erteilen, eine staatliche Investition in eine Ware zu verwandeln.

---

107 Siehe dazu: Ernesto Che Guevara, *El Gran Debate. Sobre la economía en Cuba. 1961–1965*, Ocean Sur, Mexiko 2018; Ernesto Che Guevara, *Retos de la transición socialista en Cuba. 1961–1965*, Ocean Sur, Mexiko 2008

Ich werde dem Haushaltssystem bis zu meinem Tode treu bleiben. Wenn Sie Freunde haben, suchen Sie die Produktionsmittel […].

Es lebe das Haushaltssystem!
Nieder mit dem ketzerischen Neokapitalismus!
Vaterland oder Tod
Wir werden siegen

Comandante Ernesto Che Guevara

An das Kubanische Unternehmen für Import und Export von Kultur- und Kunsterzeugnissen, 25. Juni 1964

»Jahr der Wirtschaft«

Kubanisches Unternehmen für Import und Export
von Kultur- und Kunsterzeugnissen
Ministerium für Außenhandel
Ciudad

Genossen,

vielen Dank für die Schallplatten.

Auch wenn sie weit davon entfernt sind, perfekt zu sein – ich beziehe mich auf die Cover –, ist der sichtbare Fortschritt bemerkenswert.

Vielleicht trete ich ins Fettnäpfchen, da sich unter den Unterzeichnern des Briefes auch studierte Leute befinden, trotzdem würde ich Ihnen empfehlen, die Texte noch mal zu überarbeiten;

meiner Meinung nach sind sie unorthodoxer Kitsch. Wenn irgendjemand von Ihnen daran beteiligt war, keine Sorge; ich bin auf diesem Gebiet alles andere als ein Experte.

Zum Inhalt enthalte ich mich. Ich bin nicht berechtigt, überhaupt eine Meinung zu Musik zu äußern, weil mein Wissen in dieser Hinsicht gegen null tendiert.

Danke, dass Sie sich die Mühe gemacht haben, mir das Erreichte zu zeigen.

Revolutionäre Grüße
Vaterland oder Tod
Wir werden siegen

Comandante Ernesto Che Guevara

An Hubert Jacob, 30. Juni 1964

»Jahr der Wirtschaft«

Herr Hubert Jacob
Hotel Sierra Maestra
Block B, Apartment 251
Ciudad

Sehr geehrter Herr Jacob,

ich habe den Brief gelesen, den Sie mir persönlich übergeben haben.

Sie drohen mit einem Skandal, um Aufmerksamkeit zu erregen.

Von mir aus können Sie das tun. Drohungen werden Ihnen zu keinem Interview mit mir verhelfen. Ein Interview mit einem Minister ist kein unveräußerliches Recht, sondern ein Akt der Höflichkeit vonseiten des Ministers. Zumindest ist das hier die gängige Praxis.

Wenn Sie meinen, unrecht behandelt worden zu sein, können Sie sich beim Leiter für Zusammenarbeit oder beim Personalchef dieser Behörde beschweren.

Hochachtungsvoll
Comandante Ernesto Che Guevara

An Santiago Morciego und Manuel Hernández, 3. Juli 1964

»Jahr der Wirtschaft«

Santiago Morciego und
Manuel Hernández
Granja Nr. 5-34, Dalcio Gutierrez
Carretera de Vertienten km 14
Camagüey

Sehr geehrte Genossen,

es ist richtig, dass der Genosse Gutiérrez meiner Kolonne angehörte, sein Name war DALCIO.

Er stammt aus einer Bauernfamilie der Sierra Maestra, er und einer seiner Brüder waren Soldaten meiner Kolonne und an der Invasion beteiligt. Im Gefecht von La Federal wurde er am Bauch verletzt, und wir mussten ihn fast ohne Betäubung operieren, um sein Leben zu retten, was uns nicht gelang.

Sein Leben als Kämpfer war kurz, aber immer war er in der vordersten Linie des Gefechts, wo er auch am letzten Tag seines Lebens verwundet wurde.

Revolutionäre Grüße
Vaterland oder Tod
Wir werden siegen

Comandante Ernesto Che Guevara

An León Felipe, 21. August 1964

»Jahr der Wirtschaft«

Herr León Felipe
Verlag Grijalbo, S.A.
Avenida Granjas 82
México 16, D.F.

Lieber Meister,

es ist schon einige Jahre her, dass ich nach dem Ende der Revolution Ihr letztes Buch mit einer persönlichen Widmung erhielt.

Ich habe mich nie bei Ihnen bedankt, aber es war mir immer sehr wichtig. Vielleicht interessiert es Sie zu wissen, dass eines der zwei oder drei Bücher, die auf meinem Nachttisch liegen, *El Ciervo* ist; ich komme selten zum Lesen, weil zu schlafen, die Zeit einfach so verstreichen zu lassen oder sich auszuruhen, in Kuba immer noch als Vergehen fauler Führungskräfte gilt.

Neulich habe ich an einem Festakt teilgenommen, der große Bedeutung für mich hatte. Der Saal war voller begeisterter Arbeiter, und ich dachte an den neuen Menschen. Der gescheiterte Dichter, den ich in mir trage, meldete sich, und ich griff auf Sie zurück, um zu argumentieren. Das ist meine Hommage an Sie; ich bitte Sie, dies als solche zu betrachten.

Wenn Sie sich dadurch herausgefordert fühlen, die Einladung steht.

Mit ehrlicher Bewunderung und Wertschätzung
Comandante Ernesto Che Guevara

An Elías Entralgo, 31. August 1964

»Jahr der Wirtschaft«

Elías Entralgo
Präsident der Kommission für akademische Bildung
Universidad de La Habana
Ciudad

Verehrter Genosse,

ich habe Ihre freundliche Einladung erhalten, die mir auf indirekte Weise – und ich bin mir sicher, dass das nicht Ihre Absicht war – unsere radikalen Meinungsunterschiede bezüglich Führungsqualitäten verdeutlicht.

Es ist mir nicht möglich, an dem Gespräch, zu dem Sie mich eingeladen haben, teilzunehmen; da ich alle meine Zeit der Arbeit für die Revolution zur Verfügung stelle. Für mich ist es unbegreiflich, dass einer Führungskraft der Regierung und der Partei, für welche

Arbeit auch immer, welcher Art auch immer sie sei, eine finanzielle Vergütung angeboten wird.

Unter den vielen Vergütungen, die ich erhalten habe, war der höchste Lohn, dass ich als Teil des kubanischen Volkes wahrgenommen werde, das lässt sich nicht in Pesos und Centavos aufrechnen.

Es tut mir leid, dass ich Ihnen diese Zeilen schreiben muss, und ich bitte Sie, sie lediglich als empfundenen Groll über eine unmotivierte Beleidigung zu lesen, die nicht weniger schmerzlich ist, nur weil sie unbeabsichtigt war.

Revolutionäre Grüße
Vaterland oder Tod
Wir werden siegen

Comandante Ernesto Che Guevara

An Juana Rosa Jiménez, 11. September 1964

»Jahr der Wirtschaft«

Genossin Juana Rosa Jiménez
4ta. del Oeste e/ 5 y 6 Norte
Placetas
Las Villas

Liebe China,

ich habe deinen Brief erhalten. Ich erinnere mich sehr gut an dich, und ich freue mich, von dir zu hören.

Falls du mich um irgendeine Arbeit bittest, könnte ich versuchen, sie dir zu beschaffen, auch wenn es derzeit nicht leicht ist, ohne Anordnungen zu umgehen, etwas, das ich normalerweise nicht mache.

Dass du mit deiner Familie nach Havanna ziehst, halte ich nicht für erforderlich, außer du hast Lust, in der Hauptstadt zu leben, ein solches Gesuch kann ich dann aber nicht weitergeben.

Versuche, deine Probleme in Las Villas zu lösen, falls du wirklich in einer Notlage bist, kann ich versuchen, dir zu helfen.

Herzliche Grüße von deinem früheren Chef
Comandante Ernesto Che Guevara

An Julio González Noriega, 15. September 1964

»Jahr der Wirtschaft«

Genosse Julio González Noriega
Leitung Presseabteilung
des Ministeriums für Außenhandel
Ciudad

Sehr geehrter Genosse,

ich habe Ihre höflichen Geschäftsbriefe erhalten, in denen Sie sich, richtigerweise, an zweiter Stelle für die geistige Anregung bedanken (die logische Ordnung der Finanzselbstverwaltung).

Ich bedanke mich für die kostenlosen Sendungen, und um mit gleicher Münze zurückzuzahlen, werde ich Ihnen das fünfminütige

Interview am Donnerstag, den 17. um 2 Uhr nachmittags komplett gratis geben.

Ich weise jedoch darauf hin, wenn Sie mehr als fünf Sekunden den Zeitrahmen überschreiten, werde ich Ihnen für jede weitere Minute den bescheidenen Preis von 2,25 USD berechnen oder eines dieser von Ihnen angebotenen Exemplare anfordern, in denen es um Kunststoff geht, das können die Vertragspartner unter sich absprechen.

Bitte teilen Sie meinem Sekretariat vor Ihrem Besuch auf einem mit 0,25 USD gestempelten Papier mit, dass Sie die hier genannten Bedingungen akzeptieren. Es verabschiedet sich mit dem neuen Motto des Ministeriums: »Auch das Budget-Finanzsystem macht Geschäfte.«

Dr. Ernesto Che Guevara

An Pedro Pérez Vega, 23. September 1964

»Jahr der Wirtschaft«

Pedro Pérez Vega
Finca No. 102
»Mártires de Artemisa«
Artemisa, Pinar del Río

Verehrter Pedro,

ich glaube, du liegst richtig.

Wenn deine Informationen zum Lohn stimmen, habe ich keine Einwände gegen dein Gesuch.

Ich bin mir sicher, dass du erfolgreich sein wirst. Erarbeite dir den Stoff, den du hier in Kuba benötigst, und vergiss nicht, dass du während des ganzen Jahres, das du hier verbringst, bei der Arbeit Vorbild sein musst.

Revolutionäre Grüße
Vaterland oder Tod
Wir werden siegen

Comandante Ernesto Che Guevara
CC. Ángel Gutiérrez

An Manuel Moreno Fraginals, 6. Oktober 1964

»Jahr der Wirtschaft«

Genosse Manuel Moreno Fraginals
Avenida 9na. No. 6403 (altos)
e/64 y 66
Marianao

Verehrter Genosse,

vielen Dank für das zugesandte Buch, das Sie freundlicherweise mit einer Widmung versehen haben.

Ich habe es vor Kurzem ausgelesen und wollte Ihnen mitteilen, dass ich mich nicht daran erinnere, je ein lateinamerikanisches Buch gelesen zu haben, in dem die strenge marxistische Methode der Analyse derart im Einklang mit historischer Genauigkeit und Leidenschaftlichkeit ist, was mich wiederum so leidenschaftlich einnimmt.

Wenn die anderen Bände dieselbe Qualität besitzen, wage ich es, Ihnen zu prophezeien, dass *El Ingénio* in Kuba bald ein Klassiker sein wird.

Revolutionäre Grüße
Vaterland oder Tod
Wir werden siegen
Comandante Ernesto Che Guevara

An Charles Bettelheim, 24. Oktober 1964

»Jahr der Wirtschaft«

Genosse Charles Bettelheim
Sorbonne et 54
Rue de Varenne, Paris 7

Verehrter Genosse,

ich habe Ihren Brief erhalten und sende Ihnen mit getrennter Post die Zeitschriften, um die Sie mich gebeten haben.

Ich würde mich sehr freuen, mit Ihnen »einmal mehr über unsere verschiedenen Ansichten« diskutieren zu können.

Kurz nach dem Urknall, möglicherweise am ersten oder zweiten Tag der Schöpfungsgeschichte, habe ich eine Welt voller Ideen, die aufeinanderprallen, sich kreuzen und manchmal zusammenfinden, entdeckt. Ich würde sie gern unserem gemeinsamen Streitmaterial hinzufügen.

Ich freue mich auf Ihren Besuch und verbleibe mit revolutionären Grüßen

Vaterland oder Tod

Wir werden siegen

Comandante Ernesto Che Guevara

An Fidel, Havanna, 26. März 1965

»Jahr der Landwirtschaft«

Fidel:[108]

[...] für dich zur Kenntnis die Gesamtheit meiner Ideen bezüglich einiger grundsätzlicher Probleme unseres Staates. Ich werde versuchen, so konkret wie möglich zu sein und konstruktive Kritik zu üben, in der Hoffnung, dazu beitragen zu können, dass einige der nach wie vor gravierenden Probleme besser gelöst werden.

Außerdem möchte ich dir gern eine kurze Erklärung unseres

---

108 Diesen Brief schrieb Ernesto Che Guevara wenige Tage vor seiner Abreise in den Kongo. Ein Teil davon wurde 2006 im Verlag Ocean Sur als Prolog des Buches Ernesto Che Guevara, »Apuntes críticos a la economía política« veröffentlicht. Zusammen mit der Rede in Algier vom 25. Februar 1965 und dem Brief an die uruguayische Wochenzeitung Marcha im März desselben Jahres (bekannt unter dem Titel »El socialisme y el hombre en Cuba«) sind diese drei Dokumente ein Zeugnis von Ernesto Che Guevaras Gedanken über die Revolution, die ideologische Entwicklung und die Herausforderungen des Übergangs zum Sozialismus sowie die praktischen Probleme, denen sich das kubanische Experiment stellen musste. Che hoffte, dass dieser Beitrag für eine Weiterentwicklung des revolutionären Prozesses nützlich sein könnte.

Konzepts zu dieser Entelechie namens »Budget-Finanzierungssystem« liefern, und ich würde gern ein wenig über die Partei reden sowie zuletzt einige allgemeine Empfehlungen geben.

Dieses Schreiben wird also insgesamt vier Punkte beinhalten:

1. Fehler in der Wirtschaftspolitik
2. Das Budget-Finanzierungssystem
3. Die Funktion der Partei[109]
4. Allgemeine Empfehlungen

In den Anfängen unseres Marsches in Richtung Kommunismus haben wir mithilfe der Tschechoslowaken den *Rat für Wirtschaftsplanung* [Juceplan] eingerichtet. Ich denke, dass allen klar ist, dass diese Planung im Hinblick auf den Sozialismus und in dieser Zeit des Umbaus, in der wir uns befinden, unerlässlich ist. Das Problem ist jedoch, dass wir bisher keine wirkliche Planung haben, die Prozesse kanalisiert, sondern unsere Planung gleicht einem kaputten Ventil, dem manchmal einfach Luft entweicht, das ein anderes Mal verstopft ist, wodurch die Gefahr besteht, dass der Reifen platzt.

Abgesehen von allen Fehlern bei diesen Planungen, der Ausrichtung und Konzeption des *Rats für Wirtschaftsplanung*, glaube ich, dass wir alle einer Meinung sind, dass es im ökonomischen Sektor hierarchische Befehlsketten gibt, denen Rechnung getragen werden muss. Wir stimmen darin überein, dass die Regierung eine Vorstellung vom ökonomisch-politischen Wachstum entwickelt, auf der Basis von Ideen, die auf Initiative der Führungskräfte – und gegebenenfalls auch der eigenen Bevölkerung – entstehen. Diese sollten an den Rat kommuniziert werden, der sie analysiert und auf Plausibili-

109 Er bezieht sich hier auf die Partido Unido de la Revolución Socialista (PURS), den Vorläufer der Kommunistischen Partei Kubas, die im Oktober 1965 gegründet wurde.

tät prüft, um anschließend eine Empfehlung auszusprechen. Die Regierung würde Zielvorgaben als Basis für einen Plan beschließen und gegebenenfalls anpassen und die Erstellung eines Plans beim Rat in Auftrag geben, der Rat würde den Plan entwickeln und in Absprache mit allen Organismen entscheiden – selbst bei einem Jahresplan immer auf der Basis eines perspektivischen Plans, im Rahmen dessen die Schlüsselbehörden in beratender Funktion tätig sein könnten.

Wir haben so getan, als sei diese Fiktion Realität, aber was ist passiert? Die von der Regierung angeblich weitergegebenen Vorstellungen waren bisher einfach nur eine lose Sammlung von Einfällen, die der Rat mit den eigenen abgeglichen und wiederum der Regierung präsentiert hat. Die Zielvorgaben sind auf der Grundlage einer extrem oberflächlichen Analyse entstanden, bei der manchmal bestimmte Dinge verändert wurden, und immer bezogen sie sich auf einen Jahresplan, weil alle darüber hinausgehenden perspektivischen Pläne, noch bevor sie in Kraft traten, scheiterten. Der Rat machte seine Pläne mit der Idee, die Disbalance so gering wie möglich zu halten, gleichzeitig jedoch wurde er von allen produktiven und nicht produktiven Einheiten unter Druck gesetzt. Dadurch blieb der Plan sehr unausgewogen, die Zeit verging, und man musste schließlich im Ausland um Ausgleich, Hilfe, Verständnis usw. bitten. Anschließend verkomplizierte der Rat die Dinge durch selbst verursachte Fehler.

Ich glaube, wir haben auf ökonomischer Ebene sehr viele Fehler gemacht. Der erste und wichtigste Fehler ist, dass wir bei der Umsetzung unserer Ideen improvisiert haben, was letztendlich zu einem politischen Schlingerkurs geführt hat. Improvisation und Unsachlichkeit, würde ich sagen. Sodass unmögliche Wachstumsziele ausgegeben wurden. In der ersten Zeit war dieses unmögliche Wachstum auf Basis von globalen Modellen erfolgt, die ein Wachstum von 15 % oder 20 % jährlich voraussahen. Das änderte sich später, doch die Tatsache, dass ökonomische Entscheidungen nicht zentral getroffen wurden, führte dazu, dass jede einzelne Behörde eigene Pläne initiierte, die für sich allein umsetzbar gewesen wären, fasste man sie jedoch zusammen, war es unmöglich, die gesetzten Ziele zu erreichen; und das führt dazu, dass das 90-prozentige Erreichen eines Plans in unserem Land als echte Heldentat angesehen wird. Aus demselben Grund wurden eine Reihe nicht zu rechtfertigender Investitionen getätigt, die im Laufe der Projekte geändert oder gestoppt wurden, jedoch auch wieder ohne angemessene Begründung. Solche Fälle gibt es bei der Förderung des Reisanbaus, die dann wieder ausgesetzt wird, bei der Förderung des Maisanbaus, die dann wieder ausgesetzt wird, bei der Hirse, bei Baumwolle, bei der Schweinezucht, bei einigen Investitionen im Bereich Impfschutz, die ich nicht gerechtfertigt finde, in der Fischerei und zu einem großen Teil in der Geflügelpolitik. All das bezieht sich auf die Agrarwirtschaft.

In der Industrie haben wir im Hinblick auf Investitionen ähnliche Fehler gemacht. Die Antillana de Acero zum Beispiel ist ein Monster, das von der Nase aus gezeichnet wurde, weil wir immer so anfangen – und jetzt passen die Beine des Monsters nicht mehr auf das Papier. Die Politik zur Herstellung von Zement basiert auf unverhältnismäßigen Konzepten, die sich am Weltmarkt orientieren. Es sind Konservenfabriken gebaut worden, die derzeit nicht in Betrieb sind. Andere Fabriken, die Rohstoffe aus Dollarzonen benötigen, lösen nicht wirklich unsere Probleme. Das beste Beispiel für diese Missstände ist die INPUD, wobei sie hinsichtlich des Gebäudes und der Rationalisierung der Produktion eine der besten Fabriken ist, die wir erbaut haben; und es gibt darüber hinaus eine Vielzahl entsprechender Fabriken, die wir alle kennen.

Oft kommt eine sehr veraltete Technologie hinzu, wie zum Beispiel bei den polnischen Radios. Der Gipfel war, dass wir zunächst den gleichen Fehler bei den Fernsehern gemacht haben, bis wir damit aufgehört haben. All diese Investitionen müssen bezahlt werden, und teuer bezahlt werden. Man könnte in diesem Rahmen auch noch den Bau von Fischereibooten anführen, der sich zurzeit wegen der hohen Holzpreise und des Mangels an Holz nicht lohnt; ich glaube, dass Eisen funktionieren könnte, selbst wenn es heute teurer wäre als das auf dem Weltmarkt und zunächst Verluste entstehen, es könnte sich aber auf die lange Bank lohnen.

Was ebenfalls in das Kapitel der falschen Investitionen gehört, ist die Anschaffung von Containerschiffen zu einer Zeit, in der Unternehmen keine Möglichkeiten haben, sie einzusetzen. Deswegen sind diese Schiffe, die eigentlich unsere Devisenretter sein sollten, zu einer Quelle von Ausgaben geworden, ohne dass sich Probleme gelöst haben. Bei den Bussen, die in einer großen Anzahl angeschafft wurden, weil der Bedarf so hoch war, ist dasselbe passiert. Wenn sie besser gewartet worden wären, hätte das ein paar Probleme lösen können; und wir hätten vielleicht weniger Busse kaufen müssen.

Die Viehpolitik ist ähnlich ausgerichtet, sie hat sich in der Vergangenheit nicht im Geringsten darum gekümmert, dass sich das Vieh eingewöhnen konnte, ebenso ist es bei den Fischereibooten, die für unsere organisatorischen Möglichkeiten in viel zu großen Mengen eingekauft wurden. Und es gibt auch weniger gravierende Beispiele; da könnte man den Tourismus anführen, von dem man einst dachte, dass er die große Devisenquelle sein würde, und wo Millionen von Pesos begraben wurden.

Außerdem wurden grundsätzlich falsche Entscheidungen getroffen. Aus der Industrie könnte man die Substitution von Importen anführen, das Erste, das wir gemacht haben; ein einstweilen illusorisches Bestreben nach Selbstversorgung; die bekannten Fehler der Zerstörung des Zuckerrohrs sowie Viehfutter für Rinder und Schweine zu importieren. Ich glaube, dass ebenfalls der Kauf von Dünger zu völlig irren Preisen Ausdruck einer nicht durchdachten Politik ist und das Aussetzen einiger unserer üblichen Exporte, die wir ohne Probleme hätten fortsetzen können; dabei denke ich an Meeresfrüchte, einige Tabaksorten, Sisalstricke.

Ich möchte betonen, dass, wenn man all diese Fehler in Kategorien von mehr oder weniger schwerwiegend einordnen würde, mehr oder weniger verhängnisvoll, das grundsätzliche Problem immer noch der Schlingerkurs der Politik ist, und dieser politische Schlingerkurs ist das Ergebnis einer oberflächlichen und sehr unsachlichen Analyse der ökonomischen Probleme. Dabei unterliegt die Ökonomie einer Reihe von Gesetzen, und diese Gesetze zu missachten, kommt einen teuer zu stehen.

Man könnte noch eine Reihe weniger schwerwiegender Fehler auflisten, die manchmal aber einen sehr starken Einfluss auf unsere ökonomische Führung haben, zum Beispiel, dass die Führungskader nicht verpflichtet werden, Verantwortung zu übernehmen, es gibt für sie keine Kontrollinstanzen, Fehlverhalten wird nicht rechtzeitig kritisiert, und dann werden sie gefeuert. Das ist ein Teil der wirklich großen Probleme des Staates, die ich auch beheben möchte.

Die Politik der fröhlichen Geldverschwendung muss sehr bald korrigiert werden, sie hat die Wirtschaft bereits in so erheblichem Maße beschädigt, dass es nun zu einschneidenden Kürzungen kommen muss.

Allgemein kann man sagen, dass das Bewusstsein für Organisation als einer der Grundpfeiler der Entwicklung fehlt; wenn das administrative Chaos extrem groß ist, werden gewisse Strukturen verändert, auf der Suche nach Lösungen werden Haushalte eingefroren oder andere Aktionen gestartet, andere Male werden Führungsetagen ausgetauscht. Letzteres verbessert vieles; natürlich arbeitet eine gute Führungskraft besser als eine mittelmäßige oder schlechte, trotzdem sollte man nicht außer Acht lassen, dass, wenn der allgemeine organisatorische Rahmen die Führungskraft in ihrer Arbeit behindert, sie ihre Aufgabe nicht wirklich erfüllen kann.

Die Entscheidungsebenen sind nicht klar definiert; auch dessen habe ich mich während meiner ganzen Zeit als Industrieminister persönlich angenommen, bis zur Ebene der Ministerialdirektoren haben wir die Strukturen überarbeiten können, und in manchen Fällen sind wir sogar bis zu den Abteilungsleitern gekommen; auf den niedrigeren Produktionsebenen waren die Strukturen sehr unklar, eine administrative Zentralisierung sollte hier Abhilfe schaffen, sie war aber oft sehr unverhältnismäßig.

In anderen Produktionsbereichen gab es, glaube ich, noch viel weniger klare Strukturen, und da auch keine administrative Disziplin existierte, war das Chaos vollkommen; es war üblich, individuelle Lösungen für einzelne Probleme zu finden, und das hat oft dazu geführt, dass man in der Produktion darauf wartet, was als Nächstes passieren würde.

Dieses ganze organisatorische *maremagnum* hat man vor allem in den Bereichen Dienstleistung und Landwirtschaft gespürt, wo der Strukturwandel besonders tiefgreifend gewesen ist; zumindest ist er wesentlich tiefgreifender gewesen als in der Industrie, wo man die alten Strukturen beibehalten hat; hier hat man Fabriken konsolidiert, man hat größere Produktionseinheiten geschaffen, andere abgeschafft, dabei jedoch die Organisationsstruktur beibehalten. Man hätte in den Fabriken alles von Grund auf verändern müssen, das Ergebnis ist wahrlich erschreckend. Aus all diesen Gründen sind Informationen nicht so weitergegeben worden, wie es hätte sein sollen, und schließlich versagte die Kontrolle vollkommen. Manchmal versuchten wir, die Probleme in der Organisation mittels Schaubildern zu lösen – die berühmten Organigramme, die du so sehr hasst – und neuer Posten, um die kleinen Lücken im Organigramm auszufüllen, ohne auf die Kapazitäten der Führungspositionen zu achten und ohne ein angemessenes Ausbildungssystem für Personal zu haben […].

Zu alldem kommen die Fehler des Rats für Wirtschaftsplanung

[Junta Central de Planificación – Juceplan]. Wie wir bereits gesagt haben, lag der größte Fehler darin, die tschechoslowakische Organisationsstruktur zu kopieren (sie haben sie inzwischen verworfen, aber das sollte uns nicht kümmern, weil sie sie durch ein viel schlechteres und ein eindeutig kapitalistisches System ersetzt haben, was uns jedoch beschäftigen sollte, ist die Tatsache, dass sich die Tschechoslowaken über eine ganze Reihe von Indikatoren in der Lage glaubten, die Wirtschaft genauestens zu kontrollieren, wozu die kubanische Organisation nicht in der Lage war).

Den Rat verstehe ich konkret als Organ der Regierung für die Ausarbeitung einer Wirtschaftspolitik und in verschiedener Hinsicht als Kontrollorgan derselben. In welcher Weise diese Ausarbeitung und diese Kontrolle zu erreichen sind, lässt sich nicht genau sagen, oder ich kann es nicht genau sagen, und ich glaube, dass diese Unkenntnis uns in die aktuelle Lage gebracht hat. Um jedoch diese Funktionen ausüben zu können, müsste der Rat ein Exekutivorgan sein, was er die ganze Zeit nicht war und bis heute nicht ist.

Der Rat ist unfähig gewesen, die Wirtschaft zu lenken. Wir alle haben diese Unfähigkeit gesehen. In einem ganz bestimmten Moment, glaube ich, war das fatal, doch keiner von uns, der Teil des Rates war, ist in der Lage gewesen, das zu tun, was ich einmal tun wollte: eine Analyse- und Kontrollstruktur zu schaffen, die so gut ist, dass, wenn die Zeit gekommen ist, ihr die Leitung der Wirtschaft übergeben wird, weil sie sich durch eine kontinuierliche Arbeit, durch Empfehlungen und Analysen bewiesen hätte.

Die wirtschaftliche Rechnungsführung ist veraltet; die technokratische Revolution hat auch die Wirtschaft erreicht: Die neuen mathematischen Methoden erlauben uns eine wesentlich genauere Analyse. Außerdem lassen sich von der bürgerlichen Ökonomie Methoden übernehmen, die die sozialistische Ökonomie bisher nicht zur Kenntnis genommen hat, bislang hat sie nur das schlechteste und ausgesprochen kapitalistische Werkzeug der Marktregulierung übernommen.

Die selbstgefälligen allgemeinen Empfehlungen des Rates, die sich durch einen Mangel an Realität auszeichneten, im Gegensatz zu den Organen, die realitätsnah in der Ausarbeitung von Plänen voranschritten, führten dazu, dass der Rat statt an Prestige zu gewinnen, dieses verlor. Seit dieser ersten Sache mit den 24 Millionen Paar Schuhen und der enorm hohen Exportrate für Holz, die der erste Plan vorausgesehen hatte, hat die Diskreditierung des Rates bis heute zugenommen, und die mittlere Führungsebene hat alle Hoffnungen fahren lassen. Du kennst diese schrecklichen Marathonläufe nicht, die nötig sind, um den Plan zu erfüllen (so nennen wir das in unserer Sprache), und da ich alle Ebenen des Ministeriums gezwungen habe, diesen immer zu erfüllen, wirklich alle inklusive mich, war klar, dass dieser Plan vor seiner Umsetzung angepasst werden musste, und genau so kam es dann auch immer.

Deswegen ist die Enttäuschung bei den Verantwortlichen für die verschiedenen Bereiche der wirtschaftlichen Produktion dieses Landes so groß, und sie vertrauen der zentralen Behörde immer weniger. Mit der Einbindung von [Osvaldo] Dorticós hat es einige qualitative Veränderungen in dieser Behörde gegeben und außerdem spezifische Veränderungen im Hinblick auf die Handelsberichte, aber noch immer hat man nicht den Eindruck, weiterzukommen, und wenn es keine strukturellen und konzeptionellen Veränderungen – Strukturen, die mit einem neuen Konzept korrespondieren – gibt, welche gleichzeitig die Realität dieses Landes im Blick haben, und wenn der Rat nicht mit der exekutiven Macht ausgestattet wird, die ihm gebührt, während er mit der Aufstellung der Pläne betraut ist, werden wir auf einem ähnlichen Weg weitergehen.

Der Rat wird heutzutage mit einer ordentlichen Menge an ökonomischen Daten versorgt, aus meiner Erfahrung als Industrieminister weiß ich, dass diese Daten für eine profunde Analyse reichen, nichtsdestotrotz bleibt das Niveau der Analyse durch die entsprechenden Kader des Rates, das schon immer niedrig war, bei gleich null. Außerdem ist die gleiche Struktur oder sagen wir sind die gleichen Kader dieses Apparates in den oberen Ebenen nicht in der Lage, Dorticós bei der praktischen Umsetzung der Pläne zu unterstützen, egal wie läppisch diese sind. Der absolute Individualismus und die Klüngelpolitik haben die Struktur des Rates komplett deformiert. Das ist inzwischen so gravierend, dass das grundsätzliche Problem überhaupt nicht mehr sichtbar ist; das heißt, der Rat als ineffizientes, desorganisiertes Organ mit all seinen Streitereien und Kämpfen befindet sich in einem solchen Stillstand, dass man manchmal gedacht hat, dass dies das fundamentale Problem des Rates ist, in Wirklichkeit ist das fundamentale Problem, das viel mit den sekundären Problemen zu tun hat, dass er nicht die Wirtschaft führt; sodass, selbst wenn die Restrukturierungsmaßnahmen gut sind und die Organisation verbessert wird usw. usw., man in keinster Weise davon ausgehen kann, dass sich die Lage allein wegen der Umstrukturierung des Rates verbessern wird.

Zu den neuen Projekten der Reorganisation kann ich nichts sagen, auch wenn ich sie prinzipiell für richtig halte, ich kenne sie einfach nicht gut genug, aber in jedem Fall ist festzuhalten, dass dieser wenn auch sehr wichtige Aspekt nicht das fundamentale Problem ist, sondern die Behörde an sich – in der sich die Strukturen befinden werden, die sich um die Pläne und die Kontrolle kümmern – und ihre mangelnde Fähigkeit, ihre Interessen zur Umsetzung der Pläne bei den Verantwortlichen durchzusetzen. Mit die größten Fehler haben wir im Ministerium für Außenhandel [MINCEX] gemacht.

Es lohnt sich nicht, hier die praktischen Fehler anzusprechen, den Ärger mit den Devisen, das alles ist einfach nur die Konsequenz einer totalen Desorganisation und des Mangels an Visionen seitens des Rates, der Banken und des Ministeriums für Außenhandel, in diesem Fall.

Wir haben immer gedacht, dass sich der Außenhandel darum kümmert, wo auch immer Zucker zu verkaufen und Dinge einzukaufen. Und es ist richtig, dass Zucker unser wichtigstes Produkt ist, aber genau diese Politik war blind für die elementaren Bedürfnisse unserer Wirtschaft. Wir haben einen offenen Markt; wir halten diese Struktur nach wie vor aufrecht, und das wird auch lange so bleiben müssen. Der Import von ausländischen Gütern für die Industrieproduktion ist für den Außenhandel eine außerordentlich wichtige Größe, er beläuft sich auf bis zu 19 %. Das bedeutet, dass sich eine Reduzierung des Außenhandels sofort auf die Industrie auswirkt, auf die Landwirtschaft, die Investitionen, den Binnenmarkt, Transport usw.

Unsere schwache und außerdem deformierte industrielle Basis erlaubt es uns nicht, die Landwirtschaft zu versorgen, auch nicht das Volk allgemein, und wir müssen Produkte aus dem Ausland kaufen. Aber Bilanzen haben im revolutionären Kuba nie existiert; und auch wenn Bilanzierungen immer etwas Handgemachtes haben, haben sie ihre Vorteile; man muss sie einfach als Konzept nutzen. Wir betrachten die Importe und die Exporte getrennt: Der Export war die Summe des Zuckers, der sich produzieren lässt, plus die Summe einiger anderer Produkte, die die Produzenten, die INRA und wir gern verkaufen würden, und die Importe waren die Summe dessen, was jedes Organ, das mit Macht ausgestattet war, brauchte (und fast alle waren mächtig, denn fast alle hatten einen bestimmten Plan, den es zu erfüllen galt). Jetzt sind wir hoch verschuldet und, was noch schlimmer ist, verschuldet in den Bereichen Lebensmittel, Transport oder wegen falsch kalkulierter Investitionen; was so viel bedeutet, dass wir unsere Schulden niemals wegen der dabei entstehenden Zinsen tilgen können.

Unsere Importkapazitäten verkleinerten sich vor allem deshalb in großem Rahmen, weil es keinen Zucker gab, und trotzdem haben wir nicht versucht, aus der noch so kleinen Sache einen Peso mehr herauszuholen. Der Außenhandel hat eine Politik des Großhandels mit großen Kunden etabliert; er kümmert sich kein bisschen um den kleinen Zulieferer oder Konsumenten, der vielleicht ein Markt sein kann, den man in unseren Markt integrieren kann, mit Afrika zum Beispiel wäre das möglich; ich glaube, mit Europa und anderen Ländern ebenfalls, aber mit Afrika, denke ich, hätte man auf jeden Fall ein wenig Handel betreiben können, der verglichen mit den monströsen Zahlen unseres Außenhandels überhaupt keine Bedeutung hätte, doch es hätte ein Schritt sein können, der weitere Schritte nach sich gezogen hätte.

Unser Außenhandel war unfähig, langfristig zu planen. Es stimmt, dass die Beschränkungen der Jahrespläne – die makaberste vorstellbare Form der Lähmung einer Wirtschaft – dem Handel gutgetan haben, aber er hat so keine Bewegungsfreiheit gehabt, um das zu erzeugen, was seit Jahren so wichtig gewesen wäre: einen kontinuierlichen Fluss mit einer Reihe fundamentaler Rohstoffe, wie das zum Beispiel beim Öl gemacht wird, wo sich das Problem allein dadurch verkleinert, dass die Mengen jährlich angepasst werden, eine festgelegte Summe jedoch schon überwiesen ist. Das kann man mit allen Ländern der Welt machen; so planen auch die Kapitalisten.

Zusammengefasst kann man sagen, dass unserer gesamten Wirtschaft ein Konzept für den Außenhandel als Grundstein fehlte und weil es fehlte, folgte alles andere.

Ein Kurswechsel ist angezeigt, und jeder eingenommene oder gesparte Dollar sollte unsere Aufgabe Nummer eins werden; zweitens sollten wir so viele Frachtkosten wie möglich sparen, sie durchaus bezahlen, jedoch ohne Ressourcen zu verschwenden.

Wir müssen uns darauf konzentrieren, Wege zu finden, den Dollar durch eine andere konvertierbare Devise zu ersetzen, und dann das Potenzial analysieren, wie man ihn intern substituieren kann.

Die MINCEX kann viel bewirken, aber nicht allein; sie sollte in die Hierarchie des Apparats der Binnenwirtschaft eingebunden sein und de facto durch die Juceplan gelenkt werden. Die etablierte Methode des Industrieministeriums, die Kontrolle sämtlicher Exportprodukte aus Tabak der MINCEX zu überlassen, sollte auf alle Beziehungen von Außenhandel und Binnenwirtschaft und umgekehrt erweitert werden, das Ministerium sollte die entsprechende Abteilung der MINCEX kontrollieren können und ihr helfen. Dieses System sollte ebenfalls in der Binnenwirtschaft eingeführt werden, sodass das Industrieministerium die Produkte der INRA kontrolliert, die für sie notwendig sind (wie unverarbeiteter Tabak zum Beispiel), und die INRA die landwirtschaftlichen Maschinen usw.

Obwohl ich bereits über nicht gerechtfertigte Investitionen gesprochen habe, möchte ich auf etwas zurückkommen, was unser gesamtes ökonomisches System beschreibt: nämlich die Form, wie Investitionen getätigt werden. Wir beginnen mit der Bezahlung von Gerät aus den sozialistischen Ländern direkt nach der Unterzeichnung der Verträge; diese Verträge werden erfüllt und die Produkte verschifft, dort verbringen sie dann Jahre in irgendwelchen Lagerhallen oder im Freien irgendwo im Land, während die Arbeitskräfte, für die das Gerät oder das Material zur Fertigstellung einer Arbeit bestimmt waren, eilig zu einem anderen Projekt gebracht werden, um es im letzten Moment fertigzustellen; man bremst Projekte aus, für die im Ausland Gerät gekauft wurde, um dafür andere zu verwirklichen, die unglücklicherweise sehr oft keinen Sinn haben. Es lohnt sich nicht, an dieser Stelle Beispiele anzuführen, die wir alle kennen, wichtig ist vielmehr, eine minimale Disziplin aufzubringen, dem MICONS nicht ein einziges Projekt mehr als geplant aufzudrücken, wenn nicht gleichzeitig zu garantieren ist, dass die bereits geplanten Projekte nicht davon betroffen sind (außer natürlich, es handelt sich um eine außergewöhnliche Notlage). Man sollte auch nicht vergessen, dass Menschen ein Dach über dem Kopf brauchen und wir immer weniger Häuser bauen, wir immer weniger in Häuserbau investieren, während gleichzeitig jedes einzelne Haus immer teurer wird, sodass unsere Indizes konstant nach unten gehen, und dieser Zustand muss geändert werden.

Im Folgenden werde ich dir mit allem Mut und meinem Vermögen, kurz und bündig zu erklären, unsere Ideen zum Budget-Finanzierungssystem ausführen.

Die Grundlage dieser Ideen ist die praktische Erfahrung, die anschließend zur Theorie verarbeitet wurde. Zur besseren Veranschaulichung werde ich zuerst einige historische Überlegungen anführen, die das Konzept abrunden.

Marx sprach von zwei Perioden, die zum Kommunismus führen, der Übergangsperiode, auch Sozialismus genannt oder erste Phase des Kommunismus, und dem Kommunismus oder vollkommen entwickelten Kommunismus. Er ging von der Vorstellung aus, dass der Kapitalismus auf einen totalen Zusammenbruch zusteuere, nachdem er eine Entwicklungsstufe erreicht habe, in der die Produktivkräfte und Produktionsverhältnisse kollidieren usw., und er umriss diese erste Phase namens Sozialismus, widmete ihm aber nicht viel Zeit. In der *Kritik des Gothaer Programms* beschreibt Marx ihn als ein System, in dem eine Reihe von Marktkategorien weggefallen sind, was damit zu tun hat, dass die vollkommen entwickelte Gesellschaft diese neue Stufe bereits erreicht hat. Danach kommt Lenin, seine Theorie über ungleichmäßige Entwicklung, seine Theorie über das schwächste Glied und die Umsetzung dieser Theorien in der Sowjetunion, und damit wird eine von Marx nicht vorhergesehene Periode eingeführt. Die erste Periode des Übergangs oder die Periode des Aufbaus der sozialistischen Gesellschaft, die sich später in die sozialistische Gesellschaft verwandelt, um letztendlich zu einer kommunistischen Gesellschaft zu werden. Diese erste Periode meinen die Sowjets und die Tschechoslowaken bereits hinter sich gelassen zu haben; ich glaube, dass das objektiv nicht so ist, solange es immer noch eine Reihe privater Besitztümer in der Sowjetunion und natürlich auch in der Tschechoslowakei gibt. Das ist aber nicht das Wichtige, sondern dass die Wirtschaftspolitik dieser ganzen Periode nicht analysiert und daher auch nicht verstanden wurde. Nach vielen Jahren des wirtschaftlichen Wachstums in eine vorgegebene Richtung verwandelte man eine Reihe von greifbaren Tatsachen der sowjetischen Realität in vermeintliche Gesetze, die das Leben der sozialistischen Gesellschaft beherrschen, ich glaube, hier liegt einer der größten Fehler. Der größte jedoch, meiner Meinung nach, passiert in dem Moment, als Lenin, unter Druck durch die vielen Gefahren und Schwierigkeiten, die die sowjetische Gesellschaft bedrohten – das Scheitern der Wirtschaftspolitik, die nicht in den Griff zu kriegen war –, einen Schritt zurückmacht und die Neue Ökonomische Politik einführt und dadurch aufs Neue alten kapitalistischen Produktionsverhältnissen Tür und Tor öffnet. Lenin stützte sich auf die Existenz von fünf Stadien in der zaristischen Gesellschaft, die der neue Staat geerbt hatte.

Es ist notwendig hervorzuheben, dass mindestens zwei völlig verschiedene Lenins (vielleicht auch drei) existiert haben müssen: derjenige, dessen Geschichte in dem Moment zu Ende geht, in dem er den letzten Absatz von *Staat und Revolution* schreibt, wo er sagt, dass es viel wichtiger sei, eine Revolution zu machen, anstatt über sie zu reden, und der spätere Lenin, der sich den realen Problemen stellen muss. Wie oben angedeutet, ist es möglich, dass es eine Zwischenphase bei Lenin gab, in der er die theoretischen Konzepte, die ihn bis zu dem Moment der Revolution anleiteten, noch nicht alle verworfen hatte. In jedem Fall, von 1921 an und weiter bis kurz vor seinem Tod, trieb Lenin die Neue Ökonomische Politik voran und führte das ganze Land in Produktionsverhältnisse, die er Staatskapitalismus nannte, die man aber genauso gut prämonopolistischen Kapitalismus nennen kann bezogen auf die Anordnung der ökonomischen Beziehungen. In der letzten Phase von Lenins Leben bemerkt man, wenn man genau liest, eine starke Anspannung; es gibt einen sehr interessanten Brief an den Direktor der Staatsbank, in dem er sich über dessen vermeintliche Einkünfte lustig macht und die Bezahlung zwischen den Unternehmen und die Gewinne zwischen den Unternehmen kritisiert (Papier, das hin- und hergereicht wird). Dieser Lenin, der sich auch durch die Spaltungen innerhalb der Partei unter Druck sieht, misstraut der Zukunft. Auch wenn das etwas völlig Subjektives ist, habe ich den Eindruck, dass, wenn Lenin so lange gelebt hätte, um die Entwicklungen, deren Protagonist er war und die er völlig in der Hand hatte, zu gestalten, er sehr schnell die Beziehungen, die die Neue Ökonomische Politik etabliert hat, angepasst hätte. In seinen letzten Jahren sprach er oft davon, einige Dinge vom Kapitalismus zu übernehmen, im Kapitalismus gab es in dieser Zeit Formen der Ausbeutung, wie den Taylorismus, die heute nicht mehr existieren. Tatsächlich ist der Taylorismus auch nichts anderes als der Stachanowismus, pure Akkordarbeit oder besser gesagt aufgehübschte Akkordarbeit, und diese Form von Bezahlung wurde im Ersten Plan der Sowjetunion als eine Erfindung der sowjetischen Gesellschaft gepriesen. Fakt ist, dass das gesamte juristisch-ökonomische Gerüst der sowjetischen Gesellschaft auf der Neuen Ökonomischen Politik beruht; die alten kapitalistischen Beziehungen bleiben erhalten, die alten Kategorien des Kapitalismus bleiben erhalten, das heißt, Güter existieren in gewisser Weise, Gewinn, Zinsen, die die Banken erheben, und natürlich existieren auch die materiellen Bedürfnisse der Arbeiter. Nach meinem Konzept gehört dieses gesamte Gerüst zu dem, was wir, wie bereits gesagt, einen prämonopolitistischen Kapitalismus nennen könnten. Die Techniken zur Koordination und Konzentration des Kapitals waren im zaristischen Russland noch nicht so weit ausgereift, dass man große Trusts hätte entwickeln können. Einzelne Fabriken, unabhängige Einheiten waren üblich, etwas, das in der heutigen nordamerikanischen Industrie zum Beispiel überhaupt nicht vorkommt. Das heißt, heute gibt es in den USA nur drei große Unternehmen, die Automobile produzieren: Ford, General Motors und ein Zusammenschluss aller kleineren Unternehmen – klein für die Verhältnisse der USA –, die sich zusammengetan haben, um überleben zu können. Nichts dergleichen passierte im Russland jener Epoche, doch was ist der fundamentale Fehler des ganzen Systems? Dass es die Möglichkeit des Wachstums durch die kapitalistische Konkurrenz beschränkt hatte, es gleichzeitig aber in bestimmten Bereichen damit weitermachte, anstatt sie weiterzuentwickeln. Die individuellen materiellen Bedürfnisse waren die kapitalistische Waffe *par excellence,* und heute versucht man, damit wirtschaftliches Wachstum anzukurbeln, was in einer Gesellschaft, in der Ausbeutung nicht erlaubt ist, allerdings nur begrenzt möglich ist. Unter diesen Bedingungen entwickelt der Mensch nicht alle seine großartigen produktiven Fähigkeiten, und er entwickelt sich auch nicht als bewusster Erbauer einer neuen Gesellschaft.

Um materielle Bedürfnisse geht es konsequenterweise des Weiteren auch in den unproduktiven Arbeitsbereichen, wie etwa bei Dienstleistungen. Das Ergebnis sind dicke Fische mit Gehältern dicker Fische, Bürokraten, Datschen und Nippes in den dicken Autos der Chefs. Das ist vielleicht die Erklärung für die materiellen Bedürfnisse der Führungskräfte, der Beginn der Korruption, aber auf jeden Fall passt das zur übernommenen Prämisse des Wachstums, für die der individuelle Anreiz der Motor ist, weil man mittels des Individuums mit seinen direkten materiellen Bedürfnissen die Produktion und die Effektivität steigern kann.

Dieser Automatismus wird andererseits von verschiedenen Faktoren ausgebremst; das Wertgesetz kann nicht greifen, weil es keinen freien Markt gibt, wo erfolgreiche und nicht erfolgreiche Produzenten, leistungsfähige und nicht leistungsfähige, miteinander im Wettbewerb stehen und die nicht leistungsfähigen verhungern. Der Bevölkerung müssen eine Reihe von Produkten, Preise usw. usw. garantiert werden, und wenn man sich dazu entscheidet, die Rentabilität für alle Einheiten gleich zu gestalten, ändert sich das Preissystem, werden neue Beziehungen etabliert und verändert sich die Beziehung zu den Werten des Kapitalismus, dessen fundamentale Eigenschaft, trotz der monopolistischen Phase, immer noch die ist, sich nach dem Markt zu richten und eine Art römischer Zirkus zu sein, in dem nur die Stärksten gewinnen (in diesem Fall besitzen die Gewinner die am besten entwickelte Technologie). Dies alles hat zu einer schwindelerregenden Entwicklung des Kapitalismus geführt und zu einer Reihe neuer Techniken, die sich vollkommen von den alten Produktionstechniken unterscheiden. Die Sowjetunion vergleicht ihren Fortschritt mit den Vereinigten Staaten und spricht davon, dass es mehr Stahl produziert als jenes Land, aber in den Vereinigten Staaten wurde die Entwicklung nicht behindert.

Was passiert also? Es ist einfach so, dass der Stahl nicht mehr der fundamentale Faktor ist, um die Leistungsfähigkeit eines Landes zu messen, weil es die Chemie gibt, die Automatisierung, Nichteisenmetalle, und abgesehen davon muss man sagen, dass die Vereinigten Staaten zwar insgesamt weniger Stahl produzieren, dafür ist aber ein großer Teil dessen von hoher Qualität. In den allermeisten Wirtschaftssektoren in der Sowjetunion hat sich die Technik recht wenig weiterentwickelt. Warum? Weil es einen Mechanismus geben sollte, der automatisch funktioniert, Spielregeln für einen Markt festgelegt wurden, der nicht mehr so unerbittlich kapitalistisch ist, aber die Mechanismen, die man sich ausgedacht hatte, um die alten zu ersetzen, basierten auf uralten Konzepten, und hier beginnt der technologische Wirrwarr. Ohne den Wettbewerb, der nach den außerordentlichen Erfolgen, die die neuen Gesellschaften dank des revolutionären Geistes der ersten Stunde erzielten, durch nichts ersetzt wurde, ist die Technologie nicht länger die treibende Kraft der Gesellschaft. Dies passiert nicht im Verteidigungssektor. Warum? Weil es ein Sektor ist, in dem es nicht in erster Linie um Rentabilität geht und wo sämtliche Strukturen in den Dienst der Gesellschaft gestellt sind, wo alles, was geschaffen wird, dem Überleben des Einzelnen und der entstehenden Gesellschaft dient. Doch auch hier funktioniert der Mechanismus nicht; bei den Kapitalisten sind der Verteidigungsapparat und der Produktionsapparat sehr eng miteinander verzahnt, es sind dieselben Unternehmen, und alle großen wissenschaftlichen Fortschritte der Kriegsindustrie werden sofort auf die Technologien des Friedens übertragen, und die Konsumgüter machen gigantische Qualitätssprünge. In der Sowjetunion gibt es nichts dergleichen, es sind zwei voneinander abgetrennte Bereiche, und die wissenschaftlichen Entwicklungen für den Krieg finden im Frieden kaum Einsatz.

Diese Fehler, die in der sowjetischen Gesellschaft entschuldbar sind, weil sie die erste war, die sich auf dieses Experiment eingelassen hat, werden auch in viel weiter entwickelten oder einfach anderen Gesellschaften übernommen, was dann in eine Sackgasse führt, weil andere Staaten darauf reagieren. Der erste Staat, der sich gegen dieses System auflehnte, war Jugoslawien, Polen folgte später, und jetzt sind es Deutschland und die Tschechoslowakei, wobei ich Rumänien wegen spezifischer Charakteristika außer Acht lasse. Was passiert jetzt? Sie rebellieren gegen das System, aber keiner hat nach der Wurzel des Übels gesucht; man führt es auf dieses lästige bürokratische Geschwür zurück, auf die übermäßige Zentralisierung der Apparate, es wird gegen die Zentralisierung der Apparate gekämpft, und die Unternehmen haben eine Reihe von Triumphen zu verzeichnen und erlangen im Kampf für einen freien Markt eine immer größere Unabhängigkeit.

Wer kämpft dafür? Wenn man einmal die Ideologen außen vor lässt und die Technokraten, die das Problem von einem bestimmten wissenschaftlichen Blickpunkt aus analysieren, sind es die Produktionseinheiten selbst, die leistungsstärksten, die nach Unabhängigkeit streben. Das erinnert außerordentlich an den Kampf, den die Kapitalisten gegen die bürgerlichen Stände führen, die bestimmte Aktivitäten kontrollieren. Die Kapitalisten sind damit einverstanden, dass der Staat etwas besitzen soll, dieses Etwas sind die Leistungen, die Verluste produzieren oder dem ganzen Land dienen, doch der Rest soll in privater Hand bleiben. Der Geist ist derselbe; der Staat beginnt, sich in einen Verwalter der Beziehungen der Kapitalisten zu verwandeln. Um die Effizienz dessen zu messen, wird natürlich immer häufiger das Wertgesetz herangezogen, und das Wertgesetz ist das grundlegende Gesetz des Kapitalismus. Es gehört zur Ware und ist eng mit ihr verknüpft, es ist die wirtschaftliche Keimzelle des Kapitalismus. Wenn das Wertgesetz ein Missverhältnis offenbart, wird in der Wirtschaft die Leistungsstärke der verschiedenen Sektoren und Einheiten nachjustiert und jene Sektoren und Einheiten, die nicht ausreichend leistungsstark sind, verschwinden.

Fabriken werden geschlossen und jugoslawische (und jetzt polnische) Arbeiter emigrieren mitten in der Phase ökonomischer Expansion in die westeuropäischen Länder. Sie sind Sklaven, die von den sozialistischen Ländern wie eine Opfergabe an die technologische Entwicklung des gemeinsamen europäischen Marktes gesandt werden.

Wir haben für unser System den Anspruch, den beiden grundlegenden Denkkonzepten zu folgen, um zum Kommunismus zu gelangen. Der Kommunismus ist eine Frage des Bewusstseins. Man erreicht ihn nicht einfach so, indem man die Qualität der Produktion verändert oder indem einfach nur Produktivkräfte und Produktionsverhältnisse aufeinanderprallen. Der Kommunismus ist eine Frage des Bewusstseins, und dieses Bewusstsein muss im Menschen ausgebildet werden, folglich gehören die individuelle und die kollektive Erziehung unbedingt zum Kommunismus. Der Kommunismus ist auf ökonomischer Ebene keine quantitative Größe; vielleicht haben wir in einigen Jahren den Kommunismus erreicht, bevor die Vereinigten Staaten aus dem Kapitalismus aussteigen. Wir können die Möglichkeiten, den Kommunismus zu erreichen, nicht in Pro-Kopf-Einkommen messen; es gibt keine wirkliche Korrelation zwischen diesen Einnahmen und der kommunistischen Gesellschaft. China wird Jahrzehnte brauchen, um auf das Pro-Kopf-Einkommen der Vereinigten Staaten zu kommen. Auch wenn wir davon ausgehen, dass das Pro-Kopf-Einkommen eine sehr abstrakte Größe ist, weil es das Durchschnittseinkommen der nordamerikanischen Arbeiter misst, die Arbeitslosen dazurechnet, die Schwarzen dazurechnet, ist dieser Lebensstandard immer noch so hoch, dass es den meisten unserer Länder schwerfallen wird, dort hinzukommen. Nichtsdestotrotz schreiten wir in Richtung Kommunismus voran.

Ein anderer wichtiger Aspekt ist in diesem Zusammenhang die Technik; Bewusstsein plus Produktion materieller Güter ist Kommunismus. In Ordnung, aber was ist die Produktion, wenn nicht der immer stärkere Einsatz von Technik; und was ist der immer stärkere Einsatz von Technik, wenn nicht das Ergebnis der Konzentration von immer fabulöseren Mengen Kapitals, das heißt eine immer größere Konzentration von konstantem Kapital oder entfremdeter Arbeit im Verhältnis zu variablem Kapital oder lebendiger Arbeit. Dieses Phänomen entsteht im entwickelten Kapitalismus, im Imperialismus. Der Imperialismus besteht weiterhin fort, wegen seiner Fähigkeit, Profit und Ressourcen aus den abhängigen Ländern zu generieren und Konflikte, Widersprüche zu exportieren, aufgrund der Allianz mit der Arbeiterklasse seiner eigenen entwickelten Länder gegen die Gesamtheit der von ihnen abhängigen

Länder. In diesem entwickelten Kapitalismus sind die technokratischen Keimzellen des Sozialismus viel eher zu finden als im alten System der sogenannten wirtschaftlichen Rechnungsführung, das seinerseits Erbe eines Kapitalismus ist, der bereits überwunden ist und trotzdem als Modell für die sozialistische Entwicklung gedient hat. Seien wir ehrlich, es gibt noch eine Reihe von korrekten Produktionstechniken, die noch nicht in einem Missverhältnis zu den Produktionsverhältnissen stehen. Man könnte argumentieren, dass dies so ist, weil der weltweite Imperialismus eine Erleichterung verschafft hat, doch letztendlich sind dies nur einige Korrekturen im System, und wir wären nur sehr allgemein an die Sache herangegangen. Um einen Eindruck davon zu bekommen, welch außerordentlicher praktischer Unterschied zwischen dem Kapitalismus und dem Sozialismus heutzutage existiert, kann man die Automatisierung anführen; während sich die Automatisierung in den kapitalistischen Ländern mit einer geradezu schwindelerregenden Geschwindigkeit ausbreitet, liegt der Sozialismus in dieser Hinsicht weit zurück. Man könnte eine Reihe von Problemen anführen, mit denen sich die Kapitalisten in unmittelbarer Zukunft auseinanderzusetzen haben werden, da wäre etwa der Kampf der Arbeiter gegen die Arbeitslosigkeit, etwas sehr Reales, aber die Wahrheit ist, dass sich der Kapitalismus in diesem Bereich viel schneller entwickelt als der Sozialismus.

Wenn Standard Oil beispielsweise eine Fabrik erneuern muss, stoppt das Unternehmen die Produktion und zahlt den Arbeitern einen Ausgleich. Ein Jahr lang arbeitet niemand in der Fabrik, es werden neue Maschinen installiert, und anschließend wird sie mit größerer Leistungsstärke wieder hochgefahren. Was passiert bisher in der Sowjetunion? In der Akademie der Wissenschaften dieses Landes gibt es Hunderte, vielleicht sogar Tausende Projekte zur Automatisierung, die nicht in die Praxis umgesetzt werden können, weil die Leiter der Fabriken sich den Luxus, den Jahresplan nicht zu erfüllen, nicht leisten können, und da das Problem die Erfüllung des Plans ist – wenn sie ihm eine automatisierte Fabrik bauen würden, würden sie eine Produktionssteigerung fordern –, interessiert sie also der Anstieg der Produktivität überhaupt nicht. Natürlich könnte man dies auf einer praktischen Ebene lösen, indem man größere Anreize für automatisierte Fabriken schafft; so funktionieren das Liberman-System und die Systeme, die man gerade in der Deutschen Demokratischen Republik einführt, doch all das verweist auf den Grad des Subjektivismus, in den man verfallen kann, und den Mangel an technokratischer Präzision in der Lenkung der Ökonomie. Man muss immer wieder hart auf den Boden der Tatsachen aufschlagen, bevor man etwas ändert; und immer ändert man erst etwas, das äußerlich besonders negativ auffällt, aber nicht den wahren Kern der Probleme, die heute existieren: eine falsche Vorstellung vom kommunistischen Menschen, die darauf abzielt und abzielen wird, den Menschen [durch den materiellen Anreiz angestachelt] zu einer Nummer in der Produktion zu machen.

Auf der technokratischen Seite versucht unser System, das Fortschrittlichste der Kapitalisten zu übernehmen, und neigt deswegen zur Zentralisierung. Diese Zentralisierung ist keine absolute Größe; damit sie funktioniert, sollte sie im Einklang mit den Möglichkeiten eingesetzt werden. Man könnte sagen, dass so viel zentralisiert werden sollte, wie es die Möglichkeiten erlauben; das sollte die Maßgabe sein. Das spart Verwaltung, Arbeitskraft, es erlaubt einen besseren Einsatz von Maschinen, die auf bereits bekannter Technik beruhen. Es ist nicht möglich, in Havanna eine Schuhfabrik zu bauen und dieses Produkt im ganzen Land zu vertreiben, weil es ein Transportproblem gibt. Die Nutzung der Fabrik, ihre optimale Größe, wird durch die Analyse technoökonomischer Faktoren bestimmt.

Wir versuchen, so viele kapitalistische Kategorien wie möglich aus unserem System zu entfernen, deswegen erscheinen uns auch die Produkte aus einer sozialistischen Fabrik nicht würdig, dass man mit ihnen Handel treibt. Damit das so sein kann, müssen wir die Preise neu aufstellen. Dazu habe ich bereits veröffentlicht[110], ich habe dem wenigen, das wir darüber geschrieben haben, nichts hinzuzufügen, außer dass in diesem Bereich noch sehr viel Forschungsbedarf besteht.

Um das noch einmal zusammenzufassen, unser Ziel ist es, kapitalistische Strukturen zu beseitigen: den Handel zwischen Unternehmen, die Bankzinsen, die materiellen Interessen als Anreiz usw., und wir wollen uns die neuesten administrativen und technologischen Fortschritte des Kapitalismus zunutze machen.

Man könnte uns sagen, dass all diese unsere Bestrebungen dazu führen müssten, hier ebenfalls nach einem *Empire State* zu streben – weil die Vereinigten Staaten es haben –, und es ist logisch, dass wir kein *Empire State* haben können, trotzdem können wir viel von dem erreichen, was die nordamerikanischen Wolkenkratzer haben, und uns die Art des Bauens zunutze machen, auch wenn wir sie kleiner bauen würden. Wir können kein *General Motors* haben, das mehr Arbeiter hat als das Industrieministerium als Ganzes Angestellte, aber wir sollten eine ähnliche Organisation wie *General Motors* haben – und die haben wir. Diese verwaltungstechnischen Aspekte haben mit Technologie zu tun; Technologie und Verwaltung sind einem konstanten Veränderungsprozess unterworfen und haben sich im Laufe des kapitalistischen Entwicklungsprozesses eng miteinander verbunden, im Sozialismus dagegen haben sie sich voneinander getrennt, als wären sie zwei verschiedene Aspekte, von denen

110 Siehe dazu folgende Artikel von Ernesto Che Guevara: »Sobre la concepción del valor«, »Sobre el Sistema Presupuestario de Financiamiento«, »La banca, el crédito y el socialismo« und »La planificación socialista« in: *Nuestra Industria económica und Cuba Socialista (1963–1964)* und in: Ernesto Che Guevara, El Gran Debate. *Sobre la economía en Cuba. 1961–1965*, Ocean Sur, Mexiko 2018

einer sich absolut nicht mehr weiterentwickelt hat. Als sie sich der massiven Probleme in der Verwaltung gewahr wurden, suchten sie in der näheren Umgebung und entdeckten den Kapitalismus.

Ich betone, die beiden großen Probleme, die uns in unserem Rechnungssystem herausfordern, sind die Schaffung der kommunistischen Persönlichkeit und die Schaffung eines kommunistischen materiellen Milieus, zwei Säulen, die durch das Gebäude, das sie stützen sollen, zusammengehören.

Wir haben eine große Lücke in unserem System: Wie können wir es schaffen, dass die Menschen sich mit ihrer Arbeit auf eine Art und Weise verbunden fühlen, dass der materielle Anreiz nicht mehr nötig ist, und wie schaffen wir es, dass jeder Arbeiter wirklich das Bedürfnis verspürt, die Revolution zu unterstützen, und dass er gleichzeitig seine Arbeit mit Freude erledigt? Dass er das fühlt, was wir in der politischen Führung alle empfinden?

Wenn das ein Problem des Vorstellungsvermögens ist und wenn es nur möglich ist, sich für eine Arbeit zu interessieren, wenn man maßgeblich verantwortlich ist, wären wir dazu verdammt, dass ein Dreher oder eine Sekretärin nie mit Begeisterung die Arbeit verrichtet. Wenn die Lösung darin bestünde, die Entwicklung ebenjener Arbeiter dahin gehend zu fördern, dass man stärkere materielle Anreize schafft, wären wir sehr schlecht dran.

Es stimmt, dass es heute keine vollkommene Identifikation mit der Arbeit mehr gibt, und ich glaube, ein Teil der Kritik, die an uns geübt wird, ist verständlich, auch wenn der ideologische Inhalt dieser Kritik es nicht ist. Das heißt, man kritisiert an uns, dass die Arbeiter nicht an der Aufstellung der Pläne mitwirken und nicht in der staatlichen Verwaltung usw., was stimmt, aber es ist nicht so, dass das mit materiellem Desinteresse zu tun hat, dass sie bei der Produktion außen vor stehen. Um dem Abhilfe zu schaffen, sollten die Arbeiter die Fabriken leiten und auch für sie in finanzieller Hinsicht verantwortlich sein, der mögliche Ansporn wäre somit an die Leitungsfunktion gebunden. Ich glaube, das ist der zentrale Punkt; uns erscheint es ein Fehler, zu versuchen, die Arbeiter die Unternehmen führen zu lassen; dass einer der Arbeiter das Unternehmen leitet, einer, der alle anderen repräsentiert, wenn man so will, aber als Repräsentant aller in der Funktion und der Verantwortung, die ihm zugewiesen werden, weil es eine Ehre ist, die ihm zuteilwird, nicht als Repräsentant des ganzen Unternehmens als Gegenspieler des großen Unternehmens Staat. In einer korrekten zentralisierten Planung ist der vernünftige Einsatz der unterschiedlichen einzelnen Produktionselemente unabdingbar, und die Produktion darf nicht von einem Arbeiterrat abhängen oder von der Entscheidung eines einzelnen Arbeiters. Es ist aber schon so, dass, je weniger Kenntnis der zentrale Verwaltungsapparat und sämtliche Zwischenebenen haben, die Einlassungen der Arbeiter sehr nützlich sind.

Das stimmt zwar, aber auch unsere Praxis hat uns zwei andere Dinge gezeigt, die unbestreitbar sind: Eine gute Führung an der richtigen Stelle kann viel mehr bewirken als alle Arbeiter einer Fabrik zusammen, und ein Führungskader, der die Leitung in einer Fabrik neu übernimmt, kann diese Fabrik in die ein oder andere Richtung vollkommen verändern. Die Beispiele dafür sind unzählig, und wir kennen sie aus der gesamten Wirtschaft, nicht nur aus diesem Ministerium. Und wieder stellt sich die Frage: Warum kann ein Führungskader alles verändern? Wieso führt das dazu, dass auf der technokratischen, das heißt, der administrativen Ebene sämtliche seiner Angestellten besser arbeiten, oder warum lässt er die Angestellten in einer Weise teilhaben, dass sie neuen Schwung, eine neue Begeisterung für ihre Arbeit empfinden oder für die Verbindung dieser beiden Dinge? Wir haben darauf noch keine Antwort gefunden, und ich glaube, dass man dies noch weiter untersuchen sollte. Die Antwort darauf wird sehr eng mit der politischen Ökonomie dieser Phase in Beziehung stehen, und entsprechend müssen diese Fragen uneingeschränkt in diesem Kontext erörtert werden.

Wie bringt man die Arbeiter zur Teilhabe? Eine Frage, die ich nicht habe beantworten können. Das ist mein größtes Problem oder mein größtes Scheitern, und es lohnt sich, über sie nachzudenken, weil in ihr auch das Problem der Partei und des Staates, der Verbindungen zwischen der Partei und dem Staat enthalten ist.

Kommen wir nun zum dritten der vier Punkte, die ich angeführt habe: die Funktion der Partei und des Staates.

Bisher ist unsere arme Partei eine Art Aufziehsoldatenpuppe im Sowjetstil gewesen, die im Sowjetstil loslief: Als gute Puppe fing sie an, ihr Unwesen zu treiben, und zerschlug eine Menge Porzellan, und wir haben das Problem gelöst, indem wir die Kordel abgeschnitten haben. Jetzt liegt sie in einer Ecke, aber wir versuchen, die Puppe wieder zum Leben zu erwecken, und sie beginnt, ein Bein zu bewegen und noch eins; ich wage zu behaupten, dass sie jederzeit weiteres Porzellan zerschlagen kann, weil es grundsätzliche Probleme gibt, die nicht richtig angegangen worden sind und eine Entwicklung verhindern.

Nach meiner Auffassung ist die Partei ein Apparat, der zwei Aufgaben in sich vereint: ideologischer Motor der Revolution und ihr effizientestes Kontrollsystem zu sein.

Unter ideologischem Motor verstehe ich, dass die Partei und ihre Mitglieder die Leitlinien der Regierung aufnehmen und auf jede einzelne Ebene übersetzen, durch direkte Impulse auf die Exekutivorgane oder auf die Menschen.

Unter Kontrollapparat verstehe ich, dass die Basis der Partei und die dazugehörenden Organisationen auf allen Ebenen, ansteigend, befähigt sind, der Regierung das Bild von allem zu vermitteln, was tatsächlich passiert und nicht in den Statistiken auftaucht oder in ökonomischen Analysen, das heißt bezogen auf die Stimmung, die Disziplin, den Führungsstil, die Meinung des Volkes usw.

Damit die Partei und jedes einzelne Parteimitglied diesen Auftrag als ideologischer Motor erfüllen kann, müssen sie voranschreiten und ein möglichst genaues Bild dessen präsentieren, wie ein Kommunist zu sein hat. Ihr Lebensstandard, das heißt der Lebensstandard der Parteimitglieder, sollte niemals höher sein als der der anderen, weder als politische Kader noch als Kader innerhalb einer Produktion. Die Moral eines Kommunisten ist seine größte Auszeichnung, seine einzig wahre Waffe, deswegen muss man sie pflegen, selbst in den privatesten Bereichen seines Lebens; wie die Partei ganz praktisch dafür sorgen kann, dass die Parteimitglieder moralisch handeln, ist eine der schwierigsten Aufgaben, aber es versteht sich von selbst, dass weder Diebe noch Opportunisten noch Pharisäer innerhalb der Partei einen Platz haben dürfen, egal welche Verdienste sie in der Vergangenheit erworben haben.

In dieser Etappe wird der revolutionäre Kader mit seinen moralischen Qualitäten als Visitenkarte fundamentale Anstrengungen unternehmen müssen, um das Bewusstsein für die drei wichtigsten Leitlinien zu schaffen: die sowohl technokratische als auch kulturelle Ausbildung oder Vertiefung dieses Bewusstseins, die Verteidigung der Heimat, sowohl mit Waffen als auch ideologisch, und die Produktion in all ihren Facetten, und diese drei wichtigsten Leitlinien verteidigend, mit gutem Beispiel vorangehend, sollte der Kader in alle nationalen Pläne eingebunden werden, seinen Tätigkeiten die entsprechende Struktur geben, die die Regierung vorsieht. Bei der Suche danach, wie man am besten vorgeht, sollte man immer den Kampf gegen die Tendenz der Bürokratisierung der Partei vor Augen haben, das heißt gegen die Tendenz, sie zu einem weiteren Kontrollinstrument der Regierung zu machen oder zu einem Exekutivorgan oder einem parlamentarischen Organ mit jeder Menge Personal, das Gehalt bezieht und mit vielen Fahrten in Jeeps, Versammlungen usw.

Es ist notwendig, die Parteikader zu schulen, damit sie ihre Kontrollaufgaben erfüllen.

Die Partei muss sich natürlich selbst verwalten, unabhängig vom Staat, auch wo es jetzt immer wieder eine Reihe von Ämtern gibt, in denen Partei und Staat sich vermischen.

Notwendige Aufgaben wären die sofortige Wahl der mittleren Kader aus der Basis heraus nach einer ähnlichen Methode, wie sie für die Wahl der niedrigeren Kader angewendet wird, die nationale Führung zu restrukturieren und sie mit den Ideen vertraut zu machen, die wir derzeit zu diesem Thema haben.

Eine der ersten Aufgaben ist, dass die Partei auf allen Ebenen ihr Verhältnis zur Administration analysieren sollte. Welches Verhältnis wird die Partei in Zukunft zur Regierung haben? Welches die Provinzialdirektionen zu den Provinzialregierungen der JUCEI [Junta de Coordinación, Ejecucción e Inspección] und die regionalen und die lokalen zu ihren jeweiligen Entsprechungen? Das ist fast die Hauptaufgabe, der zentrale Aspekt, und wenn wir das lösen, werden wir den ganzen Apparat bereits weit nach vorne gebracht haben.

Bisher habe ich eine Reihe von allgemeinen Überlegungen angestellt, gute oder schlechte, die jedoch nichts zur Lösung des Problems beitragen. Ich glaube, dass es notwendig ist, eine Reihe von konkreten Maßnahmen zu ergreifen, damit die Partei weiter ihre Rolle spielen kann. Mir scheint, dass zu diesem Zeitpunkt einer der fundamentalen Punkte die Auswahl der mittleren Kader und die Restrukturierung des Organisationssekretariats ist, und zwar so, dass es tatsächlich eine Art Exekutivmacht über die politischen Kader, die im Organisationsapparats beschäftigt sind, erhält; das kann sehr schnell umgesetzt werden, und dann sollte ein System entwickelt werden, das man dem Sekretariat vorschlagen kann, wie man die mittleren Kader, die den Anforderungen nicht gewachsen sind, in die Produktion zurückbeordern kann. Gleichzeitig sollte man die Schulung der Kader nach den Vorstellungen der Partei im

Blick haben. Wenn meine Definition für »Kommunist« akzeptabel scheint, sollten strenge Systeme zur Disziplinierung, Kontrolle und Selbstkritik eingeführt werden, die den ganzen jämmerlichen Filz in der Partei beseitigen.

Die nationalen Hauptaufgaben sollten als fundamentale Aufgaben betrachtet werden, dann die Hauptaufgaben der Behörden als zweitwichtigste Aufgabe, und die Partei sollte für eine Reihe dieser Aufgaben Impulsgeber sein. Auf die Industrie Bezug nehmend: Gruppen mit Vorbildfunktion, Arbeiter mit Vorbildfunktion, zu Besuch in den am wenigsten erfolgreichen Fabriken. Kommunisten sollten kein zusätzliches Gehalt beziehen, sondern nur ihr gewöhnliches Gehalt oder ein durchschnittliches, Kommunisten, egal welchen Typs, sollten dazu bereit sein, sich von einem an einen anderen Ort des Landes versetzen zu lassen, wenn die Partei dies anordnet. Das heißt so viel wie, dass ein Kommunist, ein Buchhalter in Havanna, verpflichtet ist, nach Nicaro zu ziehen, wenn die Partei dies anordnet, und zwar als Mitglied der Partei und nicht als Funktionär.

Man sollte die Parteimitglieder in regelmäßig stattfindenden Versammlungen einer Überprüfung unterziehen, Anwärter aufnehmen und alte – solche, die große Schwächen offenbart haben – absetzen und in weniger gravierenden Fällen Mitgliedern erneut den Anwärterstatus auf Parteimitgliedschaft zuteilen.

Das Organisationssekretariat sollte sich zur Aufgabe machen, die Partei als Ganzes neu zu organisieren, ein Teil des Projekts sollte die Provinzialdirektionen und die ihr untergeordneten Strukturen umfassen, falls die derzeitigen Bedingungen die vorgeschlagene Restrukturierung nicht zulassen, sollte man die Organisation der Provinzialdirektionen und die ihr untergeordneten Strukturen überarbeiten, für diese Arbeit sollte sich eine Kommission bilden, die vom Organisationssekretariat unter der Beteiligung der Mitglieder in den Provinzen geleitet wird beziehungsweise eines Mitglieds aus jeder Provinz, eines von verschiedenen Provinzen gewählten Mitglieds.

Die Organisation soll eine kleine Gruppe von Genossen ernennen, die Übergangsstatuten für die Partei erarbeiten, die dazu dienen sollen, die Parteiarbeit zu regeln, bis auf einem Kongress endgültig über ein Parteiprogramm abgestimmt wird. Die Beziehung zwischen der Jugend und der Partei sollte geregelt werden. Auch sollte eine gemischte Kommission gebildet werden, entweder allein aus Parteimitgliedern bestehend, die gleichzeitig Administrativfunkionen innehaben, oder aus Parteimitgliedern und Beschäftigten der Administration. Diese Kommission würde die Beziehungen zwischen der Partei und der Verwaltung von der Ministerebene abwärts regeln.

Einige dieser Projekte könnten zunächst auf Ebene der Parteibasis diskutiert werden und andere direkt auf höheren Ebenen.

Ich glaube, die Hauptaufgaben sind folgende:

- Ein Konzept sollte erstellt werden, was ein Kommunist sein soll, was immer das für ein Konzept ist oder nach welchen Parametern auch immer es erstellt wird.
- Die Klärung der Frage der Beziehung zwischen Partei und Administration sollte in Angriff genommen werden.
- Die Funktionen der Partei sollten festgelegt werden, sei es so, wie ich vorgeschlagen habe, in die Kategorien ideologischer Motor und Kontrollsystem unterteilt, oder in andere, die festgelegt werden, und eine Arbeitsmethode sollte entwickelt werden, die es erlaubt, die Aufgabe zu teilen.

Auch wenn sich die Partei weiterhin in einigen Aspekten durch Kopflosigkeit auszeichnet, kann sie eine stabile Organisationsstruktur aufbauen.

Das ist mehr oder weniger das, was ich über die Partei zu sagen habe, es ist kaum mehr als ein Aufruf, die Strukturen zu überprüfen, und es bleibt meinem zentralen Anliegen untergeordnet: die Schaffung eines neuen Menschen.

Über den Staat habe ich noch weniger zu sagen. Ich glaube, dort gibt es den größten Wirrwarr, aber ich glaube auch, dass wir Anstrengungen unternehmen sollten, dies systematisch zu untersuchen. Deswegen bin ich der Ansicht, dass die ergriffenen Maßnahmen, die Administration zu restrukturieren, den Bürokratismus zu bekämpfen usw., einen tiefgreifenden Fehler aufweisen; wieder machen wir den gleichen Fehler, unsere Zeichnung mit der Nase zu beginnen, ohne eine Idee von dem Ganzen zu haben. Wenn sich die Juceplan um die Festlegung der Kennzahlen kümmert und man ebenfalls die Behörden mit einbezieht, sollte eine regionale Kommission die zentral erstellten Modelle nicht verändern. Man hat dies wegen einer Reihe von zentralen bürokratischen Beschränkungen oder Anforderungen der Juceplan oder wegen mangelnder Disziplin nicht weiter rationalisieren können. Es wäre besser, die Partei hier mit einzubeziehen und die Arbeit von oben nach unten gut zu strukturieren; man könnte an der Basis alles Notwendige untersuchen und anschließend die höheren Etagen in Augenschein nehmen und am Ende eine Empfehlung aussprechen und nicht gleich am Anfang.

Die Ideen der Juceplan zur Restrukturierung erscheinen mir durchaus logisch, aber ich kann nicht beurteilen, ob sie aus der Perspektive dessen, was der Staat in seiner ersten Phase des Übergangs sein sollte, konzeptionell sinnvoll sind, was gleichzeitig mit der Frage nach dem kommunistischen Menschen zusammenhängt und folglich mit der Frage, wie man die Menschen einerseits darauf vorbereiten und die Wirtschaftspolitik dieser Phase planen soll und folglich andererseits, wie die Struktur, die sich auf die Wirtschaftspolitik gründet, sein soll. Wir brauchen eine Abteilung, die seriöse Forschungen anstellt, um befähigt zu sein, sehr komplexe Fragen zu beantworten, und damit beginnt, einen neuen sozialistischen Staat zu strukturieren, der ganz anders ist als die derzeit existierenden. Aber mehr weiß ich nicht zu dem Thema: Ich muss es in dieser vagen Form belassen.

Im folgenden Kapitel, in dem es um allgemeine Empfehlungen geht, werde ich versuchen, konkret zu sein.

Wirtschaftspolitik: Ich glaube, eine kleine Gruppe von Leuten sollte sich dem Studium der Neuen Ökonomischen Politik widmen, aber wir sollten nicht auf diese Leute warten und auch nicht davon ausgehen, dass dieses Studium ein einfaches Unterfangen sein wird. Es wird nur sehr wenige Menschen in Kuba geben, die dazu in der Lage sind, wenn es überhaupt jemanden gibt, weil sich dem in der Vergangenheit nur wenige Menschen gewidmet haben, und vielleicht war Marx der Einzige, der dies in Gänze getan hat.

Auf jeden Fall gibt es in der Neuen Ökonomischen Politik eine Reihe von beachtenswerten Konzepten, um die dringenden Aufgaben anzugehen. Das Allerwichtigste [ist], unser Streben im besten Sinne zu »globalisieren«. Ich glaube, wenn man in all der Begeisterung kurz auf den Boden der Tatsachen kommt und sich mit anderen Ländern vergleicht, ohne erneut in die Anspruchshaltung eines 15- oder 20-prozentigen Wachstums zu fallen, können wir uns überlegen, was wir bis [19]80 erreichen wollen. Auf dieser Basis wird dann deutlich werden, was wir produzieren müssen, was importieren, wann wir produktive und wann unproduktive Investitionen tätigen müssen, und wir werden auch die Antwort auf die größte aller Fragen haben: Können wir das mit unserer derzeitigen Herangehensweise und unserer derzeitigen wirtschaftlichen Entwicklung schaffen, ja oder nein?

Es gibt einige Studien der Genossen aus dem Ministerium, die das verneinen. Es sind Vorstudien, ich weiß nicht, ob du sie lesen möchtest. Das würde bedeuten, dass wir bis zum Jahr 80 nur mit Viehzucht und Zuckerrohr nicht in der Lage wären, uns adäquat zu entwickeln, dazu braucht es mehr. Und dieses Mehr ist die Industrie.

Wie viel kann man für die Industrie ausgeben? Für welche Industriezweige? Wie viel für Dienstleistung, Transport usw.? Es geht an dieser Stelle nicht um die Frage nach der Quantität, sondern um eine Vision. Diese Vision für das große Ganze lässt sich innerhalb nur eines Tages entwerfen. Man könnte anschließend die offensichtlichen Dinge analysieren, wie zum Beispiel, dass es nicht so viele Märkte für Fleischerzeugnisse gibt, wie man gemeinhin annimmt, dass die verschiedenen kapitalistischen Zusammenschlüsse einen Protektionismus betreiben, der den unkontrollierten Verkauf von Produkten verhindert, was dazu führen wird, dass einige Produkte aus der Rindfleischindustrie in den nächsten Jahren nicht teurer werden; außerdem müssen riesige Investitionen getätigt werden, aber investiert man hier, kann man weniger an anderer Stelle investieren.

Das heißt, es muss grundsätzlich ein Gleichgewicht geschaffen werden zwischen dem tatsächlichen Bedarf und den Wünschen. Wenn das möglich wäre und man sich an einen Aktionsplan halten würde, der nicht wirklich detailliert sein müsste, könnte man intern langfristige Kennzahlen entwickeln – für wesentlich weiter elaborierte Fünfjahrespläne als dieser erste von 66 bis 70, der aus einer Reihe von widersprüchlichen Kompromissen besteht und eigentlich nicht existiert, er ist auf die Landwirtschaft ausgerichtet und nach 1970 müsste man die große Wende einleiten. Ich sage das mit all meiner Überzeugung (egal, ob das zählt); wenn wir uns auf die Landwirtschaft und die landwirtschaftliche Industrie konzentrieren, werden wir kein stabiles wirtschaftliches Wachstum haben, die Voraussetzung, um ein reiches Land zu werden.

Es muss in die Industrie investiert werden und innerhalb der Industrie in die modernste Branche; es braucht eine solide Basis an Maschinen; zumindest in der Metall verarbeitenden Industrie. Das ist unabdingbar. Die Petrochemie muss das Augenmerk sein, die Zuckerverarbeitung, die Chemie überhaupt, wozu auch Dünger gehört, der Chemiesektor sollte so groß wie möglich werden. Die Automatisierung ist die einzige Form, um im Wettbewerb mitzuhalten. Das besorgniserregende Problem der Wartung muss angegangen werden.

Wenn man all das tut, außerdem die Grundlagen für den Bergbau schafft, innerhalb der Möglichkeiten landwirtschaftliche Maschinen, Industrien wie zum Beispiel den Schiffsbau entwickelt, dabei umsichtig vorgeht, im Rahmen einer zügigen, kontinuierlichen und umfassenden Ausbildung, kann man weit kommen; wenn man in dieser Hinsicht nichts unternimmt, wird Kuba ab dem Jahr 70 wieder Probleme mit der Arbeitslosigkeit haben.

Es gibt dringende Aufgaben zu erledigen. Zu den wichtigsten gehört, endgültig die Spielregeln für die Juceplan festzulegen, Juceplan endgültig mit einer unanfechtbaren Autorität auszustatten, zumindest im Hinblick auf die Jahrespläne. Festzulegen gilt es auch, dass niemand von den vereinbarten Vorgaben abweicht. Nach und nach muss das Budget-Finanzierungssystem in der Landwirtschaft eingeführt werden; das wäre ideal, um eine immense Menge an Problemen anzugehen, die immer dann auftauchen, wenn die Kader ehrlich sind und den Arbeitern bewusst ist, was sie zu tun haben. Man muss sich das Problem der Preise noch einmal anschauen und zusammen mit den Preisen die Gehälter; das wird uns sonst irgendwann um die Ohren fliegen. Heute ist die Situation noch nicht angespannt, aber in bestimmten Industrieregionen, wo die Löhne eingefroren wurden, während in der Landwirtschaft die Löhne von Tag zu Tag steigen, wächst die Unzufriedenheit. Die Investitionspolitik muss mit extrem viel Vorsicht und sehr viel Maß betrieben werden, basierend auf einem einzigen Plan einer einzigen Behörde, kontrolliert durch die Juceplan.

Osmany hat neulich etwas sehr Vernünftiges gesagt; wir stoppen Bauprojekte, um Arbeiter Zuckerrohr schneiden zu lassen, und die Verantwortlichen, die für die Zuckerrohrernte zuständig sind, unterhalten dann mit eigenen Arbeitern eigene Bauprojekte. So etwas passiert nach wie vor.

Es muss zumindest darum gehen, all die Behörden anders zu strukturieren – gemäß einem einzigen Plan der Juceplan –, und anschließend muss es gewisse Leitlinien geben, sodass eine ganze Reihe von Missständen in den Beziehungen zwischen den Behörden, in den horizontalen und vertikalen Beziehungen usw. beseitigt werden können. Es ist wichtig, so wie ich es vorhin angeführt habe, die Rolle der Partei genauestens festzulegen: Wenn das nicht vollständig möglich ist, zumindest die Rolle auf bestimmten unteren Ebenen, das sollte immer und für das ganze Land gelten. Es geht auch darum, die Ausbildung der Parteikader in einem weiteren, philosophischen Sinne, wozu auch der am weitesten entwickelte marxistische Humanismus gehört, voranzutreiben. Hier geht es nicht darum, eine Position zu beziehen, sondern vielmehr darum, den aktuellen Stand der Forschung zu kennen, zumindest Sammelschriften zu lesen und zu versuchen zu verstehen, worum es in der Debatte genau geht. Aus den Parteikadern Denker zu machen, Menschen, die sich nicht nur mit der gegenwärtigen Lage unseres Landes beschäftigen, sondern mit der marxistischen Theorie, mit der man sich nicht nur schmücken sollte, sondern sie als außerordentlichen Leitfaden für die Aktion nutzen. (Die Kader kennen weder Trosky [sic] noch Stalin, aber sind ganz dogmatisch in ihrer Überzeugung, dass sie »böse« sind.) Wir sollten mit Dogmatismus und den Rechtfertigungen aufhören und für alle Ebenen der Partei dieselbe Disziplin fordern (ich denke dabei an *Hoy)*[111].

Eine Erziehung gestalten, in Übereinstimmung mit allem, was man erreichen will, kohärent auf allen Ebenen und in Einklang mit den Zielen.

---

111 Er bezieht sich auf die Zeitung Hoy, das Parteiblatt des Partido Socialista Popular.

Demselben Prinzip im Bereich der internationalen Beziehungen folgen.

Ich glaube, dass das die wichtigsten Punkte sind; ich glaube auch, nichts Neues gesagt zu haben. Ich habe den Eindruck, dass das hier alles ein bisschen vertane Zeit ist für alle, denn ich habe Kopien anderer Schriften, die früher entstanden sind und einen ähnlichen Ton anschlagen, und ehrlich gesagt hat sich nur sehr wenig verändert seitdem und überhaupt nichts Grundsätzliches. Trotzdem, es hat gegenwärtig eine Reihe von großen Fortschritten in der Verwaltung gegeben, und vielleicht können einige Wechsel in der Führungsebene den Apparat verbessern und dein Vertrauen in sie stärken.

[…]

So kann man sehr weit kommen, vielleicht werden die Fehler nicht sofort korrigiert, manchmal ist es auch besser, ein wenig zu warten, bis man sie korrigiert, und es nicht sofort zu tun, ohne über die Möglichkeit nachzudenken, dass ein neuer Fehler entstehen könnte.

Unsere lange Freundschaft gibt mir den Schutz, diese Kritik zu üben, und ich tue es mit all meiner Wertschätzung, Bewunderung und grenzenlosen Loyalität dir gegenüber.

Ich bin mir nicht wirklich sicher, ob du überhaupt bis zu dieser Seite kommst, weil es so viele sind.

Vaterland oder Tod

[Ohne Unterschrift]

BRIEFE AUS DER FERNE: KONGO UND BOLIVIEN

1965–1967

Einleitung

»Ein weiteres Mal spüre ich an meinen Fersen die Rippen von Rosinante« schreibt Che 1965 an seine Eltern. Seit seiner Entscheidung, 1956 an der *Granma*-Expedition nach Kuba teilzunehmen und sich dem kubanischen Volk und seinem Kampf gegen die Batista-Diktatur zu widmen, hatte Che immer auch die Absicht, die Revolution in ganz Lateinamerika auszubreiten. Zuerst jedoch führte er 1965 eine kubanische Gruppe an, um die revolutionäre Bewegung im Kongo in Afrika zu unterstützen.

Nach der Fertigstellung seines Kongo-Tagebuchs in Tansania, wo ihn seine Frau Aleida für einige Wochen besucht, kehrt er im März 1966 heimlich nach Kuba zurück, um dort eine Gruppe von Guerillakämpfern auszubilden, die ihn nach Bolivien begleiten soll. Er verlässt Kuba im Dezember 1966.

In diesem neuen Lebensabschnitt pflegt Che erneut den vagabundierenden Lebensstil seiner Jugend – jetzt jedoch führt er dieses Leben als revolutionärer Anführer. Als jemand, der die kubanischen Revolutionen miterlebt hat und sich in politischer Ökonomie und Theorie ständig weiterbildet, möchte er seine Erfahrungen und sein Wissen weitergeben. Dies zeigt sich in den Briefen an seine revolutionären Genossen Fidel Castro und Armando Hart, die hier erstmals veröffentlicht werden.

In diesen letzten Briefen lässt sich deutlich herauslesen, dass Che sich bewusst darüber ist, seine Gefühle und Zuneigung nicht immer angemessen ausgedrückt zu haben. Das Bedürfnis, dies nachzuholen, seine innersten Gedanken zu äußern, seine Hoffnungen und Träume, die Liebe und Bewunderung für seine Frau Aleida, die gemeinsamen Kinder, die Eltern, Fidel und anderen kubanischen Genossen gegenüber finden in diesen Briefen Ausdruck. Che schreibt Aleida 1967 aus Bolivien, dass er »seine Einzige« vermisse und dass der »Himmel voller unbekannter Sterne« ihn daran erinnere, »wie wenig ich das Leben als private Person gelebt habe«.

Diese Briefe erinnern überraschenderweise an die Sehnsüchte und Ängste seiner Jugend, gleichzeitig drücken sie eine tiefe Zufriedenheit aus, das Leben im Einklang mit den eigenen Werten gelebt zu haben.

An Aleida March, [ohne Datum]

Meine Liebe,

dieser Brief ist vielleicht der letzte für lange Zeit. Ich denke an dich und an all die Stellen deines Körpers, die ich zurückgelassen habe. Ich habe trotz allem, was ich hier tue, viel Zeit zum Nachdenken.

Ich schicke dir den Ring doch nicht, ich dachte, dass es nicht richtig wäre, Geld dafür auszugeben, jetzt, wo wir es so nötig brauchen. Ich werde dir etwas vom Zielort schicken. Jetzt schicke ich dir leidenschaftliche Küsse, die dein kaltes Herz zum Schmelzen bringen; teile einen von ihnen für die Kinder auf. Gib einen nicht ganz so leidenschaftlichen den Schwiegereltern und anderen Familienmitgliedern. Den frisch Verheirateten eine Umarmung verbunden mit dem Vorschlag, den Erstgeborenen Ramón zu nennen.

In den Tropennächten werde ich mich wieder in den mehr schlechten als rechten Dichter verwandeln (dabei wird es weniger um die Dichtkunst als vielmehr um Gedanken gehen), und du wirst meine einzige Heldin sein.

Lern schön. Arbeite ausreichend und erinnere dich ab und zu an mich.

Ein letzter, leidenschaftlicher, purer, von deinem
Ramón[112]

Abschiedsbrief an seine Kinder

An meine Kinder

Liebe Hildita, Aleidita, Camilo, Celia und Ernesto,

wenn ihr irgendwann einmal diesen Brief lesen müsst, dann weil ich nicht mehr unter euch bin.

Ihr werdet euch kaum an mich erinnern, und die ganz Kleinen werden sich gar nicht erinnern. Euer Vater ist ein Mann gewesen, der handelt, wie er denkt, und ganz sicher ist er seinen Zielen treu gewesen. Werdet gute Revolutionäre. Lernt fleißig, um die Techniken zu beherrschen, mit denen man die Natur beherrschen kann.

---

112 Ernesto Che Guevaras Kampfname in dieser Zeit.

Erinnert euch daran, dass die Revolution das Wichtigste ist und dass jeder Einzelne von uns allein nichts wert ist.

Vor allem aber seid immer tief in euch in der Lage, Ungerechtigkeit aufzuspüren, gegen wen auch immer, egal wo auf der Welt. Das ist das Beste, was ein Revolutionär tun kann.

Auf ewig, ihr Lieben, ich hoffe nach wie vor, euch wiederzusehen. Ein dicker Kuss und eine feste Umarmung von

Papá

Abschiedsbrief an seine Eltern

An meine Eltern

Ihr Lieben,

ein weiteres Mal spüre ich an meinen Fersen die Rippen von Rosinante, ich kehre mit meinem Schild in der Hand auf den Weg zurück.

Es ist nun fast zehn Jahre her, dass ich euch schon einmal einen Abschiedsbrief schrieb. Soweit ich mich erinnere, habe ich darüber gejammert, kein besserer Soldat zu sein und kein besserer Arzt; Zweiteres interessiert mich nicht mehr, ein so schlechter Soldat bin ich gar nicht.

Im Prinzip hat sich nichts geändert, nur dass ich bewusster bin, mein Marxismus ist verwurzelt, geläutert. Ich glaube an den bewaffneten Kampf als einzige Lösung für die Völker, die für ihre Befreiung kämpfen, und ich folge meinem Glauben. Viele werden mich Abenteurer nennen, und das bin ich auch, nur von einem anderen Schlag und einer von denen, die ihre Haut für die Wahrheit riskieren.

Vielleicht ist das hier jetzt endgültig. Ich bin nicht darauf aus, aber es ist rein logisch möglich. Wenn es so ist, sende ich euch eine letzte Umarmung.

Ich habe euch sehr geliebt, nur dass ich dies nie habe ausdrücken können, ich bin so hart bei allem, was ich tue, und ich glaube, manchmal habt ihr mich nicht verstanden. Es war nicht leicht, mich zu verstehen, andererseits, glaubt mir, wenigstens heute.

Nun wird der Wille, den ich mit der Hingabe eines Künstlers bearbeitet habe, die schlappen Beine und die müden Lungen tragen. Ich werde es tun.

Erinnert euch ab und zu an diesen kleinen *condottieri* des 20. Jahrhunderts.

Ein Kuss an Celia, an Roberto, Ana María und Patotín, an Beatriz, an alle. Eine feste Umarmung von eurem verlorenen und störrischen Sohn.

Ernesto

An Carlos Rafael Rodríguez, [1965]

Lieber Carlos,

im Steigbügel von Rosinante nehme ich Position ein und grüße dich.

Andere Sonnen werden meine Theorien zum Leuchten bringen und werden bequemer sein, aber ich habe den Eindruck, dass sie merken werden, dass etwas fehlt, wenn da niemand ist, mit dem man diskutieren kann.

Um mich wie immer zu verabschieden: Wenn ich recht habe, kann man sehr wohl einen Krieg wie diesen gewinnen (und wir werden ihn gewinnen).

Es umarmt dich
Che

Abschiedsbrief an Fidel Castro[113]*, Havanna*

Fidel,

ich erinnere mich gerade an viele Dinge, als ich dich im Haus von María Antonia kennenlernte, als du mir vorschlugst, mitzukommen, an die ganze Anspannung der Vorbereitungen.

Eines Tages ging jemand herum und fragte, wen man im Todesfall benachrichtigen solle, und die Tatsache, dass das wirklich passieren konnte, schockierte uns. Anschließend wussten wir, es stimmte, dass man in einer Revolution entweder siegt oder stirbt (wenn es eine richtige Revolution ist).

Viele Genossen haben wir auf diesem langen Weg zum Sieg ver-

---

113 Dieser Brief wurde von Fidel Castro bei dem Festakt anlässlich der neu gebildeten Kommunistischen Partei Kubas am 3. Oktober 1965 vorgelesen. Vorab sagte er: »Ich werde einen handgeschriebenen Brief, das letzte Schreiben von Ernesto Guevara vorlesen, ein Brief, der selbsterklärend ist [...]. Er trägt kein Datum, weil dieser Brief gelesen werden sollte, sobald dies angebracht wäre, aber er wurde am 1. April diesen Jahres verschickt.« Dieser Brief war die erste öffentliche Erklärung für die Abwesenheit von Ernesto Che Guevara.

loren. Heute hat das alles einen weniger dramatischen Ton, weil wir reifer sind, aber Tatsache ist Tatsache. Ich für meinen Teil habe meine Pflichten, die mich an die kubanische Revolution auf ihrem Territorium banden, erfüllt, und ich verabschiede mich von dir, von den Genossen, von deinem Volk, das zu meinem geworden ist.

Ich verzichte hiermit offiziell auf meine Ämter in der Führung der Partei, auf meinen Posten als Minister, auf meinen Rang als Kommandant und auf meine kubanische Staatsangehörigkeit. Ich bin durch kein Gesetz mehr an Kuba gebunden, die noch bestehenden Verbindungen lassen sich nicht wie Ernennungen aufheben.

Wenn ich mein zurückliegendes Leben betrachte, glaube ich, durchaus ehrenvoll und mit Hingabe für die Festigung des revolutionären Sieges gearbeitet zu haben.

Mein einziger wirklich bedeutender Fehler war es, dir nicht von Anfang an, in dieser ersten Zeit in der Sierra Maestra, mehr Vertrauen entgegengebracht und deine Qualitäten als Anführer und Revolutionär nicht ausreichend deutlich gesehen zu haben. Ich habe großartige Tage erlebt und habe in diesen strahlenden und traurigen Tagen der Kubakrise an deiner Seite den Stolz verspürt, zu unserem Volk zu gehören.

Selten hat sich ein Staatsmann mehr hervorgetan als du in jenen Tagen, ich bin ebenfalls stolz darauf, dir ohne Zögern gefolgt zu sein, im Einklang mit deiner Denk- und Sichtweise und deiner Art, Gefahren einzuschätzen und Prinzipien treu zu sein.

Andere Teile der Welt verlangen nun meinen bescheidenen Einsatz.

Ich kann das tun, was dir aufgrund deiner Verantwortung Kuba gegenüber vorenthalten ist, deswegen ist die Zeit des Abschieds gekommen.

Du sollst wissen, dass ich das mit einer Mischung aus Freude und Schmerz tue, hier lasse ich meine größten Hoffnungen als Erbauer zurück und die mir Liebste von allen, die ich liebe … und ich lasse ein Volk zurück, das mich wie einen Sohn aufgenommen hat; das zerreißt mir das Herz. Ich werde auf die neuen Schlachtfelder die Hoffnung tragen, die du mir eingeimpft hast, den revolutionären Geist eines Volkes, das Gefühl, die heiligste aller Pflichten zu erfüllen: gegen den Imperialismus zu kämpfen, wo auch immer er ist; das ist Trost und wird jedwede Wunde heilen.

Ich sage noch einmal, dass ich Kuba von jeglicher Verantwortung freispreche, außer jener, die sich aus seiner Vorbildfunktion ergibt. Wenn mein Stündchen unter anderen Himmeln schlagen sollte, wird mein letzter Gedanke diesem Volk gelten und ganz besonders dir. Ich danke dir für alles, was du mir beigebracht hast, ich werde versuchen, deinem Beispiel bis zu den letzten Konsequenzen meiner Taten treu zu bleiben. Ich habe mich immer mit der Außenpolitik unserer Revolution identifiziert, und das werde ich auch weiterhin tun. Wo auch immer ich sein werde, werde ich mich als kubanischer Revolutionär verantwortlich fühlen, und als solcher werde ich handeln. Dass ich meiner Frau und meinen Kindern keine materiellen Güter hinterlasse, sorgt mich nicht: Es freut mich, dass dies so ist. Ich bitte um nichts für sie, der Staat wird sie mit dem Nötigen versorgen, damit sie leben und sich weiterbilden können.

Es gäbe noch viele Dinge, die ich dir und unserem Volk gerne sagen würde, aber Worte können das nicht ausdrücken, und ich sollte einfach nicht noch mehr Seiten vollkritzeln.

Auf immer zum Sieg. Vaterland oder Tod.

Ich umarme dich mit all meiner revolutionären Hingabe

Che

An Fidel Castro, Kongo, 5. Oktober 1965

Lieber Fidel,[114]

ich habe deinen Brief erhalten, er hat in mir widersprüchliche Gefühle ausgelöst, da wir im Namen des proletarischen Internationalismus Fehler machen, die uns sehr teuer zu stehen kommen können. Außerdem trifft es mich persönlich, dass, weil ich mich vielleicht nicht richtig ausgedrückt habe oder du mich nicht ganz verstehst, der Eindruck entstanden ist, dass ich grundlos an der schrecklichen Krankheit namens Pessimismus leide.

Als dein griechisches Geschenk hier ankam,[115] sagte es mir, dass einer meiner Briefe auf dich gewirkt habe, als habe ihn ein verurteilter Gladiator geschrieben, und der Minister[116], der mir deine optimistische Nachricht überbracht hat, hat mir das bestätigt. Der Bote wird dir viele Eindrücke aus erster Hand schildern können, zumal er einen großen Teil der Front abgelaufen ist; deswegen lasse ich die Anekdoten weg. Ich werde nur so viel sagen, dass ich, laut meiner Gefolgsmänner, meinen Ruf, sachlich zu sein, angesichts der realen Situation hier tatsächlich eingebüßt habe und nur noch grundlos optimistisch bin. Ich kann dir versichern, wenn ich nicht wäre, würde dieser schöne Traum inmitten der allgemeinen Katastrophe platzen.

---

114 Dieser Brief wurde erstmals 1999 in den Pasajes de la guerra revolucionaria: Congo veröffentlicht. In deutscher Übersetzung: Ernesto Che Guevara, *Der afrikanische Traum. Das wieder aufgefundene Tagebuch vom revolutionären Kampf im Kongo,* Verlag Kiepenheuer & Witsch, Köln 2021.

115 Che bezieht sich hier auf Tembo, was auf Swahili »Elefant« bedeutet, das Pseudonym von Emilio Aragonés, Mitglied des Zentralkomitees der Kommunistischen Partei Kubas.

116 Gemeint ist hier José Ramón Machado Ventura, Gesundheitsminister in Kuba (1960–1968). Derzeit ist er Mitglied des Politbüros der Kommunistischen Partei Kubas. Sein Treffen mit Che fand am 4. Oktober 1965 statt.

In meinen Briefen habe ich immer darum gebeten, mir nicht einfach viele Leute zu schicken, sondern Anführer, ich habe gesagt, dass hier so gut wie keine Waffen fehlen, außer einige Spezialwaffen, sondern dass im Gegenteil genug bewaffnete Männer hier sind, dass Soldaten fehlen, und ich habe ganz besonders darum gebeten, wenn Geld geschickt wird, das besser zu verteilen, und dann sind da noch alle die anderen Bitten. Keinem dieser Dinge wurde nachgekommen, und es wurden fantastische Pläne geschmiedet, die uns möglicherweise international diskreditieren und mich in eine sehr schwierige Lage bringen könnten.

Zur Erklärung:

Soumialot und seine Genossen haben euch einen riesigen Bären aufgebunden. All die Lügen aufzulisten, in die sie sich verstrickt haben, erspare ich euch, lieber erkläre ich euch die Situation anhand der Landkarte, die ich beigefügt habe. Es gibt zwei Zonen, bei denen man sagen kann, dass es dort eine organisierte Revolution gibt, diese hier, in der wir uns aufhalten, und ein Teil der Provinz Kasai, wo Mulele ist, dieses Gebiet ist weitgehend unbekannt. Im Rest des Landes gibt es nur unabhängig voneinander agierende Banden, die im Dschungel leben; alles, was sie verloren, verloren sie kampflos, so wie sie Stanleyville kampflos verloren. Das ist nicht das Schlimmste, sondern der Geist, der unter der Gruppe in dieser Zone hier – die einzige, die Kontakt nach Außen hat – herrscht. Der Dissens zwischen Kabila und Soumialot wird immer gravierender, und er ist der Vorwand dafür, dass man Stadt für Stadt kampflos übergibt. Ich kenne Kabila gut genug, um mir keine Illusionen über ihn zu machen, bei Soumialot ist es anders, aber so ganz ohne ist er auch nicht, da ist zum Beispiel die Vielzahl von Lügen, die er euch aufgetischt hat, die Tatsache, dass er sich nicht herablässt, einmal in diese gottverdammte Gegend zu kommen, seine regelmäßigen Saufgelage in Daressalam, wo er nur in den besten Hotels wohnt, und die Art von Verbündeten, die er gegen die Gruppe hier hat.

(Das mit den Saufgelagen wurde mir von anderen Gruppen erzählt. Das stimmt vielleicht nicht.) In den letzten Tagen ist eine Gruppe des Tschombé-Heers in die Zone von Baraka eingedrungen – in der ein Generalmajor, der Soumialot-Anhänger ist, mit nicht weniger als 1000 bewaffneten Männern stationiert ist – und hat diesen strategisch wichtigen Punkt fast ohne Kampfeshandlungen einnehmen können. Jetzt streiten sie darüber, wer die Schuld daran hat, ob die, die nicht gekämpft haben, oder die vom See, die ihnen nicht genug Munition geschickt haben. Die Wahrheit ist, dass sie auf beschämende Weise weggelaufen sind, sie ließen im Dschungel einfach so eine 75-mm-Kanone zurück und zwei 82-mm-Granatwerfer; die, die sie bedient haben, sind spurlos verschwunden, und jetzt bitten sie mich um Kubaner, damit wir sie da rausholen, wo sie sind (man weiß nicht genau, wo), und dass wir gemeinsam mit ihnen kämpfen. 36 Kilometer entfernt liegt Fizi, aber sie tun nichts, um es zu verteidigen, sie wollen nicht einmal Schützengräben entlang des einzigen Durchgangswegs zwischen den Bergen ausheben. So sieht die traurige Situation hier aus. Weil es notwendig ist, die Leute gut auszuwählen und nicht nur Quantität zu schicken, hast du mir über den Boten zugesichert, dass die Männer hier gute Männer sind; ich bin mir sicher, dass die meisten hier gute Männer sind, sonst hätten sie schon vor langer Zeit gekniffen. Darum geht es nicht, sondern darum, dass man hier ganz schön aufgeräumt sein muss, um das auszuhalten, was hier passiert, es geht nicht um gute Männer, hier braucht es Supermänner […].

Und dann sind da noch meine 200; glaub mir, dass diese Leute zum jetzigen Zeitpunkt eher wenig Vorteile bieten, außer wir würden tatsächlich alleine kämpfen, in diesem Fall brauchte es eine Division, und man müsste schauen, mit wie vielen uns der Feind angreift. Vielleicht ist Letzteres etwas übertrieben, und man brauchte ein Bataillon, um die Front wieder aufzubauen, die wir bei unserer Ankunft hier hatten, und dann Albertville anzugreifen, aber in diesem Fall ist die Anzahl egal, allein können wir kein Land befreien, das nicht kämpfen will, man muss den Kampfgeist wecken und die Soldaten mit der Laterne von Diogenes und der Geduld von Hiob suchen, eine Aufgabe, die immer schwieriger wird, weil so viele Idioten unterwegs sind, die für die Leute hier den Job machen ...

Das mit den Booten ist ein ganz eigenes Thema. Ich bitte schon seit einer ganzen Weile um zwei Mechaniker, die sich mit Motoren auskennen, um zu vermeiden, dass sich die Landungsbrücken von Kigoma in einen Friedhof verwandeln. Es kamen hier vor etwas mehr als einem Monat drei sowjetische Schlauchboote auf einmal an, zwei sind schon nicht mehr fahrbereit, und das dritte, mit dem auch der Bote übergesetzt ist, leckt überall. Den drei italienischen Booten wird es genauso ergehen wie den anderen, es sei denn, sie haben eine kubanische Crew. Deswegen und wegen der Artillerie müsste man Tansania gewinnen, was nicht leicht sein wird. Diese Länder sind nicht Kuba, sie setzen nicht alles auf eine Karte, egal wie gut sie ist (die Karte, die gespielt wird, ist ziemlich schwach). Der Bote erhält von mir den Auftrag, gemeinsam mit der verbündeten Regierung auszuloten, welche Hilfe sie bereit ist zu leisten. Du musst wissen, dass fast alles, was mit dem Schiff kam, von Tansania beschlagnahmt wurde, der Bote soll auch darüber reden.

Die Sache mit dem Geld ist das, was mich am meisten schmerzt, weil ich meine Warnungen so oft wiederholt habe. Auf dem Höhepunkt meiner Dreistigkeit als »Verschwender«, nachdem ich viele Tränen vergossen hatte, habe ich mich entschieden, an eine Front, die wichtigste Front zu gehen, unter der Bedingung, die Kampfhandlungen anzuführen und eine spezielle, gemischte Kolonne zu formieren, die unter meinem Kommando steht, einer ausgearbeiteten, allen bekannten Strategie folgend. Dafür habe ich, unter seelischen Schmerzen, 5000 Dollar pro Monat kalkuliert. Nun erfahre ich, dass eine 20-mal so hohe Summe auf einen Schlag den Nichtstuern gegeben wird, die sich in sämtlichen Hauptstädten der afrikanischen Welt ein schönes Leben machen, zusätzlich zahlen ihnen die wichtigsten fortschrittlichen Länder die Miete und in vielen Fällen auch noch die Reisekosten. An dieser furchtbaren Front, wo die Bauern alle nur vorstellbaren Leiden durchmachen und der Raffgier der eigenen Verteidiger ausgesetzt sind, wird nicht ein Pfennig ankommen und auch nicht bei den armen Teufeln, die im Sudan festhängen (der Whiskey und die Frauen sind bei den Ausgaben der alliierten Regierungen nicht mitgerechnet, und die sind nicht billig, wenn man gute Qualität haben will).

Mit 50 Ärzten hat die befreite Zone des Kongos übrigens das beneidenswerte Verhältnis von einem Arzt pro 1000 Einwohnern, ein Niveau, das die UdSSR, die Vereinigten Staaten und zwei oder drei weitere der fortschrittlichsten Länder der Welt erreicht haben, nur dass hier die Ärzte nach politischen Präferenzen verteilt werden und es überhaupt keine Gesundheitsversorgung gibt. Anstatt hier so zu klotzen, wäre es besser, eine Gruppe revolutionärer Ärzte zu schicken, die sich nach Bedarf vergrößern lässt, ebenso wie einige gute Krankenpfleger vom gleichen Schlag.

Zusammen mit der Karte schicke ich dir eine Zusammenfassung der militärischen Situation, ich werde mich auf einige wenige Empfehlungen beschränken, die ich euch bitte, unbedingt zu berücksichtigen: Bitte keine Fantasieabteilungen, stellt mir 100 Führungskräfte zusammen, die nicht alle schwarz sein müssen, und nehmt sie vor allem von Osmanys [Cienfuegos] Liste. An Waffen, die neue Bazooka, elektrische Zünder mit Stromquelle, einige R-4 und sonst erst einmal nichts; vergesst die Gewehre, wenn sie nicht elektronisch sind, dann nützen sie uns nicht. Unsere Granatwerfer sind wohl in Tansania, zusammen mit Leuten, die sie bedienen können, hätten wir hier zunächst mehr als genug. Vergesst das mit Burundi und geht mit Fingerspitzengefühl an das mit den Booten ran (wir dürfen nicht vergessen, dass Tansania ein unabhängiges

Land ist und wir fair spielen müssen, zumal ich ja auch Probleme verursacht habe). Schickt so schnell wie möglich die Mechaniker her und jemanden, der weiß, wie man halbwegs sicher über den See kommt; das ist so abgemacht und Tansania akzeptiert das. Lasst mich die Sache mit den Ärzten regeln, einige von ihnen sollten aber nach Tansania geschickt werden. Macht bitte nicht noch mal den Fehler, das Geld so zu verprassen, lasst mich das mit ihnen regeln, sie werden sicher nicht auf mich hören, wenn das Geld so einen Durchlauf hat. Bitte vertraut ein wenig meinen Einschätzungen und lasst euch nicht vom Schein trügen. Gebt nicht Ruhe, bis ihr von den zuständigen Leuten die richtigen Informationen habt, offenbar sind sie nicht in der Lage, dieses Knäuel zu entwirren, und haben utopische Ideen, die nichts mit der Realität zu tun haben.

Ich habe versucht, möglichst genau und sachlich, kurz und bündig und wahrhaftig zu sein. Glaubst du mir?

Eine Umarmung

[Ohne Unterschrift]

An Armando Hart, 4. Dezember 1965[117]

Mein lieber Sekretär,

ich gratuliere dir, dass sie dir die Möglichkeit geben, Gott zu spielen; du hast sechs Tage Zeit dazu. Bevor du damit fertig bist und

---

117 Als Che diesen Brief schrieb, war Armando Hart gerade zum Organisationssekretär der neu gebildeten Kommunistischen Partei Kubas ernannt worden.

dich ausruhst (wenn du nicht so schlau bist wie der Gott davor, der sich schon früher ausruhte), will ich ein paar klitzekleine Gedanken über die Kultur unserer Avantgarde und generell unseres Volkes anführen.

In dieser langen Ferienzeit habe ich meine Nase in philosophische Schriften gesteckt, was ich schon seit geraumer Zeit zu tun gedachte. Die erste Schwierigkeit, auf die ich gestoßen bin: In Kuba gibt es keine entsprechenden Veröffentlichungen, abgesehen von den sowjetischen Schinken, die den Nachteil haben, dich nicht zum Denken zu bringen; das hat die Partei bereits für dich getan, und du musst das nur noch schlucken. Das ist als Methode absolut antimarxistisch, außerdem sind diese Bücher für gewöhnlich sehr schlecht.

Die zweite, nicht weniger wichtige Schwierigkeit ist meine Unkenntnis philosophischer Sprache gewesen (ich habe hart mit Meister Hegel gekämpft, und in der ersten Runde hat er mich zwei Mal k.o. geschlagen). Deswegen habe ich mir eine Art Studienplan erstellt, der, glaube ich, erheblich überarbeitet und verbessert werden könnte, um als Basis einer echten Schule des Denkens zu taugen; wir haben schon viel erreicht, aber irgendwann müssen wir schließlich auch mal denken. Mein Plan sieht natürlich Lektüre vor, aber man könnte ihn auch um wichtige Publikationsreihen der *Editora Política* ergänzen.

Wenn du dir deren Veröffentlichungen anschaust, wirst du sehen, wie übertrieben viele französische und sowjetische Autoren sie hat. Die Gründe dafür sind Bequemlichkeit im Hinblick auf die Beschaffung von Übersetzungen und eine ideologische Gefolgschaft. So gibt man keine marxistische Kultur an das Volk weiter, das ist maximal marxistische Unterhaltung, die notwendig ist, wenn es sich denn um gute Unterhaltung handelt (was hier nicht der Fall ist), aber nicht ausreicht.

Mein Plan ist dieser:

I. Klassiker der Philosophie
II. Große Dialektiker und Materialisten
III. Moderne Philosophen
IV. Klassiker der Ökonomie und ihre Vordenker
V. Marx und das marxistische Denken
VI. Aufbau des Sozialismus
VII. Irrlehren und Kapitalisten
VIII. Polemiken

Jede Reihe steht für sich, und so könnte man dabei vorgehen:

I. Man nimmt die bereits ins Spanische übersetzten bekannten Klassiker, ergänzt sie durch das wissenschaftliche Vorwort eines Philosophen, eines Marxisten, wenn möglich, und fügt ein ausführliches Glossar an. Parallel dazu veröffentlicht man ein philosophisches Wörterbuch und eine Geschichte der Philosophie. Vielleicht könnten das Dennyk [Dynnik] sein und die von Hegel. Diese Reihe könnte einer ausgewählten chronologischen Ordnung folgen, das heißt, man beginnt mit ein oder zwei Büchern der größten Denker und führt die Reihe weiter bis in die Moderne, dann geht man zurück in die Vergangenheit mit weniger wichtigen Philosophen und ergänzt Werke der bedeutendsten usw.

II. Bei den älteren Philosophen könnte man genauso vorgehen, sie aber in Sammelwerken zusammenfassen (vor einiger Zeit habe ich ein Werk mit Demokrit, Heraklit und Leukipp gelesen, das in Argentinien veröffentlicht worden ist).

III. Hier würde man die wichtigsten modernen Philosophen veröffentlichen, jeweils begleitet von wissenschaftlich genauen Studien von Leuten (es müssen keine Kubaner sein), die mit der entsprechenden Kritik des Idealismus vertraut sind.

V. Das wird bereits umgesetzt, aber ohne irgendeine Systematik, und es fehlen die grundlegenden Werke von Marx. Hier wäre es wichtig, die gesamten Werke von Marx und Engels, Lenin, Stalin und anderen großen Marxisten zu veröffentlichen. Zum Beispiel hat niemand je etwas von Rosa Luxemburg gelesen, die zwar in ihrer Kritik an Marx auch irrt (III. Band), aber sie wurde ermordet, und ihr Bewusstsein bezogen auf den Imperialismus ist viel größer als unseres in dieser Hinsicht. Es fehlen auch marxistische Denker, die später von der Spur abgekommen sind, wie Kautsky, Hilfering [Hilferding] (so wird das nicht geschrieben), die aber wertvolle Beiträge leisteten, und viele zeitgenössische Marxisten, die nicht im engeren Sinne dazugehören.

VI. Aufbau des Sozialismus. Bücher, die sich mit ganz konkreten Problemen beschäftigen, nicht nur der aktuellen Regierungen, sondern auch der Vergangenheit, wissenschaftliche Untersuchungen zu den Beiträgen der Philosophen und vor allem der Ökonomen oder Staatsmänner.

VII. Hier würden die großen Revisionisten (wenn du willst, kannst du hier Chruschtschow anführen) genau unter die Lupe genommen; mehr als alle anderen, und hier sollte auch dein Freund Trotzki dabei sein, der lebte und schrieb, wie es scheint. Außerdem große Theoretiker des Kapitalismus wie Marshall, Keynes, Schumpeter usw. Ebenfalls genauestens untersucht mit den entsprechenden Erklärungen der Experten.

VIII. Wie der Titel bereits andeutet, ist das die streitbarste Reihe von allen, die marxistische Theorie entwickelte sich eben genau so. Proudhon schrieb die *Philosophie des Elends,* und wir kennen sie wegen des *Elends der Philosophie.* Eine kritische Edition, die immer noch nicht vollständig ist, kann dabei helfen, die Epoche und die Entwicklung von Marx selbst zu verstehen. In diese Zeit fallen auch Robertus [AR: lässt sich nicht recherchieren] und Dühring und später die Revisionisten und die großen Streitschriften der 20er-Jahre in den UdSSR, vielleicht die wichtigsten für uns.

Ich merke gerade, dass jemand fehlt, deswegen ändere ich die

Reihenfolge (ich schreibe mit fliegender Feder). Das wäre die IV, Klassiker der Ökonomie und ihre Vordenker, wo sich alle ab Adam Smith fänden, die Physiokraten usw.

Es ist eine außerordentliche Arbeit, aber Kuba wäre es wert und könnte es versuchen, glaube ich. Ich will dich mit diesem Geschreibsel nicht länger ermüden. Ich habe mich an dich damit gewandt, weil ich die aktuell Verantwortlichen für ideologische Schulung nicht kenne, und vielleicht wäre es aus anderen Erwägungen nicht klug, mich an sie zu wenden (nicht nur aus ideologischen Gründen, worum es aber auch geht).

Also, mein illustrer Kollege (in philosophischen Dingen), ich wünsche dir viel Erfolg. Ich hoffe, wir sehen uns am siebten Tag. Eine Umarmung denen, die sich umarmen lassen, deine streitsüchtige bessere Hälfte in aller Beiläufigkeit eingeschlossen.

R[amón].

An Aleida March, [aus dem Kongo]

Meine Einzige auf der Welt,[118]

(Das habe ich mir vom alten Hikmet ausleihen dürfen.)

was hast du nur für ein Wunder an meinem armen und alten Panzer vollbracht, dass mich echte Umarmungen nicht mehr interessieren und ich stattdessen von deinen Höhlungen träume, in

---

118 Unter den Dichtern schätzte Ernesto Che Guevara den türkischen Dichter Nazim Hikmet ganz besonders.

denen du mich empfängst, und von deinem Geruch und deinen schroffen, heimatlichen Zärtlichkeiten?

Das hier ist eine weitere Sierra Maestra, aber ohne dass es nach Aufbau schmecken würde, ich habe noch nicht einmal die Befriedigung, es als meins zu fühlen.

Alles geht sehr langsam vonstatten, so als sei der Krieg etwas für übermorgen. Bisher ist deine Angst davor, dass sie mich töten, so wenig begründet wie deine Eifersucht.

Meine Arbeit besteht darin, mehrere Klassen am Tag Französisch zu unterrichten, Swahili und Medizin zu lernen. In ein paar Tagen beginne ich mit der richtigen Arbeit, aber als Training. So eine Art Minas del Frío, das aus Kriegszeiten, nicht das, wo wir zusammen waren.

Gib jedem Kind einen fürsorglichen Kuss (auch Hildita).

Mach ein Foto von euch allen und schick es mir. Ein nicht so großes und dann noch ein ganz kleines. Lern Französisch, mehr noch als Krankenpflege, und liebe mich.

Ein langer Kuss, wie beim Wiedersehen. Es liebt dich
Tatu

An seine Tochter Hilda Beatriz Guevara Gadea, 15. Februar 1966

An Hildita[119]

Hildita, meine Liebe,

heute schreibe ich dir, auch wenn dich der Brief erst viel später erreichen wird; aber ich will, dass du weißt, dass ich an dich denke, und ich hoffe, dass du einen schönen Geburtstag hast. Jetzt bist du schon fast eine Frau, und man kann dir nicht mehr schreiben wie einem Kind, dem man Blödsinn und kleine Lügengeschichten erzählt.

Du sollst wissen, dass ich immer noch weit weg bin und dich lange Zeit nicht sehen werden ich gebe mein Bestes, um gegen unsere Feinde zu kämpfen. Das ist nicht viel, aber ich tue etwas, und ich glaube, du wirst immer stolz auf deinen Vater sein können, so wie ich auf dich stolz bin.

Denke dran, dass der Kampf noch viele Jahre dauern wird, und wenn du eine Frau bist, wirst du deinen Teil des Kampfes leisten müssen. Währenddessen muss man sich vorbereiten, immer bereit, für die gerechte Sache einzutreten. Außerdem hör auf deine Mamá und glaub nicht, dass du schon alles weißt. Das wird mit der Zeit kommen.

Du solltest dafür kämpfen, in der Schule eine der besten zu sein. Besser in jedem Sinne, du weißt schon, was ich sagen will: beim Lernen und im revolutionären Sinne, das heißt: gutes Verhalten, Verantwortungsgefühl, Liebe zur Revolution, Kameradschaftlichkeit usw. Ich war in deinem Alter nicht so, aber ich habe auch in einer anderen Gesellschaft gelebt, wo der Mensch der Feind des

---

119 Diesen Brief schrieb Che Guevara an Hildita, seine älteste Tochter aus erster Ehe, an ihrem zehnten Geburtstag.

Menschen war. Du hast jetzt das Privileg, in einer anderen Zeit zu leben, und dessen muss man sich würdig zeigen.

Und geh immer mal zu Hause vorbei, um nach den anderen Kindern zu sehen, ermahne sie, fleißig zu sein und sich gut zu benehmen. Vor allem Aleidita, du bist als große Schwester sehr wichtig für sie.

Also, meine Liebe, noch mal, ich hoffe, du hast einen schönen Geburtstag. Umarme deine Mutter von mir und Gina, und dich umarme ich ganz fest und lange, für all die Zeit, in der wir uns nicht sehen, dein

Papá

An Haydée Santamaría, [ohne Datum]

Liebe Yeyé,[120]

Armando und Guillermo haben mir von deinem Leid erzählt. Ich respektiere und verstehe deine Entscheidung, aber ich hätte dich gern persönlich umarmt, anstatt dir diesen Brief zu schreiben. Die Sicherheitsauflagen während meines Aufenthaltes hier waren sehr streng, wodurch ich nur sehr wenige Leute treffen konnte, die ich gern gesehen hätte (ich bin nicht so kalt, wie ich manchmal er-

---

120 Che war im Juli 1966 heimlich nach Kuba zurückgekehrt, um die Männer militärisch auszubilden, die mit ihm nach Bolivien gehen würden. Das Trainingscamp befand sich in San Andrés, in Pinar del Río. Von dort aus schrieb er diesen Brief an Haydée Santamaría, eine Kämpferin der Rebellenarmee, die auch an dem Überfall auf die Moncada-Kaserne beteiligt war. Nach dem Sieg der Revolution stand sie an der Spitze der bedeutenden kulturellen Institution Casa de las Américas.

scheine). Ich sehe Kuba gerade fast wie ein Ausländer, der zu Besuch kommt; alles aus einem anderen Blickwinkel. Und dieser Eindruck, unabhängig von meiner isolierten Situation, macht mir klar, welchen Eindruck die Besucher mitnehmen.

Ich danke dir für die Zusendung der Medikamente. Ich sehe, du hast dich in eine Literatin verwandelt, die die Synthese beherrscht, aber ich muss dir sagen, dass du mir am besten an einem Neujahrstag gefällst, wenn dir alle Sicherungen durchbrennen und du Kanonen in die Gegend abfeuerst. Dieses Bild und das in der Sierra (selbst an unsere Streitereien in jenen Tagen erinnere ich mich gerne) sind die, die ich von dir für den persönlichen Gebrauch behalten werde. Die Zärtlichkeit und die Entschlossenheit von euch allen werden uns in den bevorstehenden schwierigen Zeiten helfen.

Es liebt dich
dein Kollege

An Aleida March, Bolivien, Dezember 1966

Meine Einzige:[121]

ich nutze die Reise eines Freundes, um dir diese Zeilen zukommen zu lassen, natürlich hätte ich sie auch per Post senden kön-

---

121 Dies ist der einzige Brief, den Aleida March von Che aus Bolivien erhielt, und der letzte, den sie überhaupt von ihm erhielt. Der Brief wurde ihr am 2. Dezember 1966 von dem Peruaner Juan Pablo Chang, el chino, übergeben, nachdem er das Camp von Nancahuazú besucht hatte und bevor er mit Che in Bolivien in den Kampf zog.

nen, aber der »paraoffizielle« Weg scheint doch immer persönlicher. Ich könnte dir sagen, dass ich dich so sehr vermisse, dass ich kaum schlafe, aber ich weiß, dass du mir nicht glauben würdest, deshalb sehe ich davon ab. Aber es gibt Tage, an denen das Heimweh unerträglich wird und mich völlig einnimmt. Du hast keine Ahnung, wie ich vor allem an Weihnachten und an Neujahr deine zeremoniellen Tränen vermisst habe, unter einem Himmel voller unbekannter Sterne wurde mir plötzlich klar, wie wenig ich das Leben als private Person gelebt habe […].

Von meinem Leben hier kann ich nur wenig Interessantes erzählen, meine Arbeit gefällt mir, aber dadurch, dass ich nichts anderes mache, ist sie manchmal ein bisschen ermüdend. Ich lerne, wenn mir etwas Zeit bleibt, und manchmal träume ich; ich spiele Schach gegen wenig begabte Gegner, und ich gehe viel spazieren. Ich verliere Gewicht, ein bisschen aus Heimweh und wegen der Arbeit.

Küss alle meine Lieblingsstellen an dir und auch den Rest, und einen Kuss voller Sehnsucht und anderer Betrübnisse von deinem armen und geschlagenen

Ehemann

An seine Kinder, [Von irgendwo in Bolivien, 1966]

Meine lieben Aliusha, Camilo, Celita und Tatico,

ich schreibe euch von ganz weit weg und in großer Eile, deshalb kann ich euch nicht von meinen neusten Abenteuern erzählen. Das ist schade, weil sie sehr spannend sind, und Pepe, der Kaiman, hat mir viele neue Freunde vorgestellt. Ich erzähle euch ein anderes Mal davon.

Jetzt wollte ich euch sagen, dass ich euch sehr lieb habe und die ganze Zeit an euch denke, und an Mamá, auch wenn ich euch ganz Kleinen fast nur von Fotos kenne, weil ihr noch so klein wart, als ich gegangen bin. Ich lass bald mal ein Bild von mir machen, damit ihr wisst, wie ich jetzt aussehe, ein bisschen älter und hässlicher.

Dieser Brief wird ankommen, wenn Aliusha sechs Jahre alt wird, deswegen ist er auch ein Geburtstagsgruß mit ganz herzlichen Glückwünschen.

Aliusha, sei immer schön fleißig und hilf deiner Mamá so gut du kannst. Denk dran, du bist die Älteste.

Du, Camilo, sollst nicht so viele Schimpfwörter benutzen, in der Schule kann man die nicht sagen, und man muss sich früh daran gewöhnen, sie nur da zu benutzen, wo es geht.

Celita, hilf immer schön deiner Oma im Haus und sei weiterhin so lieb, wie du beim Abschied warst. Erinnerst du dich daran? Ich wette nicht.

Tatico, werde groß, werde ein Mann, wir werden sehen, was dabei rauskommt. Wenn es dann immer noch den Imperialismus gibt, werden wir ausziehen und gegen ihn kämpfen, wenn das vorbei ist, können du, Camilo und ich zusammen Urlaub auf dem Mond machen.

Gebt den Großeltern einen Kuss von mir, Myriam und ihrer Tochter, Estela und Carmita und für euch alle einen elefantengroßen Kuss von

Papá

PS: Gebt Hildita auch einen elefantengroßen Kuss und sagt ihr, dass ich ihr schreiben werde.

ANHÄNGE

Von Juan Almeida an Che, Sierra Maestra, 20. Dezember 1957

Che,

du bist wahrscheinlich schon von Ramirito darüber informiert worden, dass der Kommandant dir nicht persönlich hat schreiben können, da er dabei ist, das Manifest zu verfassen, das so bald wie möglich veröffentlicht werden wird und die Antwort auf den aufgeblähten Pakt sein wird, den du ja bereits kennst. Ich finde, dass es großartig ist, es hat uns hier auf dieser Seite alle sehr froh gemacht, du kannst dir also vorstellen, wie es auf der anderen ankommt; meine sehr bescheidene Meinung dazu lautet, dass das Bombardement für sie bestimmt unvergesslich werden wird. In dieser ganzen Zeit ist Armando hier gewesen. Aber auch ihn haben ein paar Salven gestreift oder besser gesagt Bombensplitter.

Du wirst wissen, dass wir angeordnet hatten, Veguita anzugreifen, es hat nicht geklappt, weil diejenigen, die die Granaten und die Molotowcocktails werfen sollten, ich weiß nicht, ob man das so schreibt, auf jeden Fall haben sie sie nicht geworfen, und deshalb ging alles schlecht aus. Guerrita wurde am Knöchel verletzt, als das Gefecht losging, jedenfalls, es ging alles schlecht aus; ich glaube, die Befehle waren für die Beteiligten nicht eindeutig. Bei besagtem Gefecht sind uns fünf Mann abhandengekommen, die sich davongemacht haben.

Wir schicken dir den Mexikaner zurück, ich hoffe, er ist nicht ein so großer Scharlatan, wie ich vermute. Er hat leider ein Problem, von dem er nicht einmal selber weiß, wie er da wieder rauskommt.

Wir haben ihm 200 Dollar gegeben, damit er da rauskommt, sieht aber so aus, als habe er vorgehabt, sich mit unserem Geld in Mexiko ein schönes Leben zu machen. Nimm ihn hart ran; er will so viele Dinge, dass du sie ihm auf demselben Weg zurückgeben musst, von dem er gekommen ist. Ich erzähle dir das mit dem Geld, damit er nicht auch noch versucht, dich zu verarschen.

Also, Che, das sind mehr oder weniger die Nachrichten des Tages. Gruß

Dein Bruder
Almeida

Von Celia Sánchez an Che Guevara, Sierra Maestra, 13. Dezember 1957

Lieber Che,

es sind ungefähr drei Wochen her, dass uns der Schmerz dafür traf, dass wir diese Revolution in die Hände von Prío und seiner Politikerclique gegeben haben. Und heute traf uns der Schmerz darüber, dass du dich verletzt hast. Von all dem müssen wir uns erholen und gegen die Soldaten und unsere Nationale Führung kämpfen. Ich habe ihnen drei extrem deutliche Briefe geschrieben und darin sehr klar gemacht, dass wir alle in der Sierra nicht damit einverstanden sind. Ich habe mich in diesem Brief sehr dafür eingesetzt, dass Fidel an die Einheit schreibt, damit heute und in der Zukunft sein Name und unsere Haltung bekundet werden. Jetzt müssen wir sie vergessen und weiter Soldaten töten und Zuckerrohr abbrennen. Ungeachtet deiner Verletzung haben wir die Hoffnung, dass du dich bald von deinen Schmerzen erholen wirst und deinen heldenhaften Kampf wie bisher fortsetzt.

Soweit wir das aus den internen Informationen über das Abbrennen des Zuckerrohrs beurteilen können, sieht es so aus, als würde genug abgebrannt werden, aber … der nationalen Führung und ganz besonders René verdanken wir, dass sich das Motto »Es gibt keine Zuckerernte unter Batista« nicht erfüllt, als er von hier abgereist ist, haben wir den 12. November verabredet. So würde keine Zeit bleiben, dass die Fabriken mit dem Mahlen beginnen; so würden die Soldaten ihre Kräfte für die Verteidigung der Fabriken einsetzen und hätten sich nicht auf die Sierra konzentriert, all das hat dazu geführt, dass wir Ciro und Juanita verloren haben. Uns bleibt nichts anderes übrig, als uns all dem zu stellen und weiter zu kämpfen.

Eine feste Umarmung für deine Truppe und für dich mit all unserer Bewunderung

[Unterschrift unleserlich]

Von Armando Hart an Che, Sierra Maestra, 25. Dezember 1957

Mein verehrter Che[122],

ich schicke dir diese zweite Nachricht – als Antwort auf die Kopie deiner Nachricht an Daniel und seine Antwort. Ich habe es mehr

122 Der folgende Brief wurde 1958 in einer kubanischen Zeitung veröffentlicht, zusammen mit der Nachricht, dass der Revolutionär Armando Hart Davalos, einer der nationalen führenden Kräfte der Bewegung 26. Juli, verhaftet worden sei. Nach Harts eigenen Aussagen Jahre später hatte er diese Zeilen während eines intensiven und höchst kontroversen Gedankenaustauschs mit Che geschrieben.

denn je bedauert, dass ich dich seit Tagen nicht gesehen habe, glaub mir, wir hatten hier Tausende Sachen zu regeln, und meine Anwesenheit hier ist inzwischen unerlässlich.

Ich bin mir sicher, dass eine einzige Unterhaltung zwischen uns beiden tausend Probleme lösen würde, selbst deine gerechtfertigte Voreingenommenheit bezüglich unserer Positionen würde verschwinden.

Ich sollte dir aber sagen, dass du nicht nur unhöflich, sondern auch ungerecht warst. Dass du glaubst, wir seien Rechte, oder dass wir aus dem kreolischen Kleinbürgertum kommen oder es besser gesagt repräsentieren, ist logisch und überrascht mich kein bisschen, es kann mich auch nicht verletzen, weil es zu deiner Interpretation der historischen Entwicklung der Russischen Revolution passt. Letzten Endes ist uns nichts anderes übrig geblieben, als diese kleine nationale Revolution anzuzetteln, weil die Anführer des Weltproletariats den großartigen Knall von 1917 in eine nationalistische Revolution verwandelt haben, die sich vor allem – für die Russen durchaus nachvollziehbar – in eine Freiheitsbewegung gegen den zaristischen Feudalismus entwickelt hat, wir anderen Völker außerhalb von Russland hatten infolgedessen keine Möglichkeit mehr, eine universelle Revolution in Gang zu setzen, die heute vielleicht auf unerwarteten Wegen daherkäme …

Das Verhängnisvolle all dessen ist, dass Stalin kein Franzose war oder Engländer oder Deutscher und von daher auch immer nur Russland regiert hat. Wäre er in Paris geboren worden, wäre er vielleicht weitblickender gewesen.

Ich wiederhole noch mal, das ist alles nicht unsere Schuld, sondern dem politischen Unvermögen der großen Genies der Oktoberrevolution geschuldet.

Was mich tatsächlich ein bisschen wütend macht, ist dein mangelndes Verständnis für unsere Haltung im Hinblick auf einen Pakt, den wir immer ablehnen mussten. Wenn ich in Santiago bin, werde ich dir alle Unterlagen zu dieser Sache schicken. Ich möchte dir damit sagen, lieber Che, wenn es Meinungsverschiedenheiten bezogen auf den internationalen Charakter der revolutionären Politik gibt, ich einer der Radikalsten im politischen Denken unserer Revolution bin.

Wir haben den Pakt abgelehnt und gefordert, dass unsere Mindestanforderungen erfüllt werden, wir haben das nicht öffentlich gemacht, weil das Volk es zu der Zeit nicht verstanden hätte, stattdessen haben wir abgewartet, dass sich die Möglichkeit erschöpft, dass unsere Mindestanforderungen akzeptiert werden, um dann mit Fidel die Notwendigkeit einer öffentlichen Zurückweisung zu diskutieren. Und wie sehr wir uns bestätigt fühlten, als wir sahen, dass Fidel in der Öffentlichkeit von ganz ähnlichen Vorschlägen sprach. Wie sehr wir uns bestätigt fühlten, als in Miami einer der Unterzeichner der *Carta de la Sierra,* Raúl Chibas, meinte, dass unser Ansatz sich mit seinem Ansatz decke, wie sehr wir uns bestätigt fühlten zu sehen, dass es eine vollkommene Übereinstimmung zwischen dem »linken Führer des Kleinbürgertums« und dem tatsächlichen Kleinbürgertum gab, das wir deiner Meinung nach verkörpern.

Ich möchte dir noch sagen, dass ich sehr froh darüber bin, als Kleinbürger bezeichnet zu werden, weil ich diesbezüglich ein reines Gewissen habe, solche Klischees treffen mich nicht. Und sie treffen mich deshalb so wenig, weil, während ich das gewesen bin, ich auch derjenige war, der sich am meisten von allen um die Organisation der Arbeiter gekümmert hat, damit sie die tragende Kraft unserer Revolution sind. Wenn wir vom richtigen Weg abgekommen sind, dann zeige mir doch bitte, wo es langgeht, aber wirf mich bitte niemals in einen Topf mit den Leuten, die 25 Jahre lang die CTC angeführt haben, ohne dass sie die große soziale Revolution hätten entfesseln können, für die ich bis zum bitteren Ende kämpfen werde.

Mit Respekt. Dein
Jacinto

Von Camilo Cienfuegos, 24. April 1958

Che, mein Seelenbruder,

ich habe deine Nachricht erhalten, Fidel hat dich also zum Leiter der Militärschule bestimmt, das freut mich sehr, weil wir so in der Zukunft auf hervorragend ausgebildete Soldaten zählen können. Als man mir sagte, dass »du uns mit deiner Anwesenheit beehren wirst«, behagte mir das nicht besonders, du bist einer der Wichtigsten in diesem Kampf gewesen, wenn wir dich in dieser Phase des Aufstands benötigt haben, wird Kuba dich noch viel mehr brauchen, wenn der Krieg einmal vorbei ist, von daher macht der Gigant es genau richtig, für dich zu sorgen.

Ich wünschte, ich könnte immer an deiner Seite sein, du warst sehr lange Zeit mein *jefe,* und das wirst du auch immer bleiben, dank dir habe ich die Möglichkeit, mich jetzt noch mehr einbringen zu können, ich werde alles tun, um dich nicht zu blamieren.
Für immer dein *Chicharron*
Camilo

»An die Rebellen in Las Villas«, von Fidel, Sierra Maestra, 2. Oktober 1958

Wir haben mit tiefer Freude die Nachricht erhalten, dass eine Gruppe Kubaner ebenfalls in jener Provinz kämpft.

Welche revolutionären Kräfte auch immer hinter eurer Gruppe stehen, wir haben der Bewegung Anweisung gegeben, euch alle mögliche Hilfe zukommen zu lassen.

Wir würden gern wissen, wie eure Situation vor Ort ist. Wir

können aufgrund der großen Entfernung nur wenig direkt für euch tun, aber wir wollen euch unsere aufrichtige Solidarität aussprechen.

Wir halten es angesichts des Kampfes gegen die Tyrannei für notwendig, dass diese Front unbedingt aufrechterhalten wird. Wir können uns vorstellen, mit welchen Anfangsschwierigkeiten ihr zu kämpfen habt. Wenn die geografischen Gegebenheiten in der Zone es euch unmöglich machen gegenzuhalten oder die Munition ausgeht, rate ich euch, dass ihr euch in unsere Richtung bewegt, am besten marschiert ihr bei Nacht und verschanzt euch tagsüber an Orten, wo euch die Flieger nicht sehen können, und folgt einer Zickzack-Route. Wenn der Feind ein- oder zweimal in den Hinterhalt gelockt wird, wird er die Verfolgung einstellen, dann kann man 20 bis 30 Kilometer die Nacht marschieren. Wir haben zwischen Bayamo und Victoria de la Tunas eine Patrouille stehen, die euch als Verbindung dienen kann, wir werden versuchen, unseren Angriff zu verstärken, um so eine Entlastung zu schaffen.

Die Überbringerin dieser Nachricht verfügt über genauere Informationen und weiß von Erfahrungen zu berichten, die von Interesse sein könnten. Ich warte auf Nachricht. Wir hoffen auf den Erfolg dieser Front und schicken euren mutigen Kämpfern eine brüderliche Umarmung.

Fidel Castro

Von Lidia Doce an Che Guevara, [ohne Datum]

Mein lieber *Comandante*[123],

wie geht es Ihnen? Erinnern Sie sich noch an mich? Ich jedenfalls habe nicht einen Moment aufhören können, an Sie zu denken, immer auf Post wartend, um zu sehen, ob Sie mir geschrieben haben, ich denke, Sie haben die Kamera bereits erhalten und sind zufrieden mit mir, ich wollte Sie an etwas erinnern, falls Sie es vergessen haben sollten, Sie haben mir einmal in Las Vegas eine Pistole angeboten, und ich glaube, Sie haben sie dann vergessen, heute bräuchte ich sie hier in Havanna, ich habe nämlich keine. Wann ordnen Sie an, mich abzuholen?

Ich hoffe, mein lieber *Comandante,* ich hoffe, dass die Uniformen bei Ihnen angekommen sind, ich wusste nicht, wohin ich sie schicken sollte. Ich tue hier, was ich nur kann, aber ich bin unglücklich, weil ich meinen *Comandante* nicht hier habe, der mir Befehle gibt, und da ich weiß, was ich zu tun habe, organisiere ich die Frauen. Sie nennen sich Grupo Feminino 26 de Julio. Wie finden Sie das? Ich habe viel zu tun, zu viel für mich allein, seitdem [Delio] Ochoa hoch ist, bin ich hier sehr allein, teilen Sie mir doch bitte mit, ob Sie das erreicht hat, was ich Ihnen in Bayamo bestellt habe, nämlich Teller, Töpfe, alles was Ihre Kommandantur benötigt.

Gott, ordnen Sie bitte bald an, mich abzuholen! Ich sehne mich

123 Lidia Doce Sánchez, Botin der I. und IV. Kolonne, ermordet nach Folter am 12. September 1958. Che widmet ihr ein Porträt unter dem Titel »Lidia«, das anschließend in »Lidia und Clodomira« umbenannt wurde, weil Letztere ebenfalls und in der gleichen Weise von den Schergen der Diktatur gefoltert und ermordet worden war. Lidia schickte diesen Brief im September 1958, wenige Tage vor ihrem Tod.